중ㅎ ... ... 필수영문법

하루 1시가 완전정복하기

대략 하루 1시간씩 집중 학습으로 37일 동안 중학교 과정 필수 영문법을 모두 마스터할 수 있는 Study Plan입니다.

Day 01 ■■■	Day 02 ■■■	Day 03 ■■■	Day 04 ■■■	Day 05 ■■■	Day 06 ■■■	Day 07 ■■■
Part 1 명사				Part 2 동사/준동사		
명사 (001~007)	대명사 (008~012)	관사/부정대명사 (013~018)	전치사 (019~022) Final Test 1	be동사 (023~025)	일반동사1 (026~030)	일반동사2 (031~033)
월 일	월 일	월 일	월 일	월 일	월 일	월 일

Day 08 ■■■	Day 09 ■■■	Day 10 ■■■	Day 11 ■■■	Day 12 ■■■	Day 13 ■■■	Day 14 ■■■
Part 2 동사/준동사						
to부정사 (034~037)	동명사/분사 (038~041) Final Test 2	감각동사/지각동사 (042~043)	사역동사 (044~045)	동사+목적어+ to부정사 (046~047)	의미상 주어 (048~049)	수동태 (050~055) Final Test 3
월 일	월 일	월 일	월 일	월 일	월 일	월 일

Day 15 ■■■	Day 16 ■■■	Day 17 ■■■	Day 18 ■■■	Day 19 ■■■	Day 20 ■■■	Day 21 ■■■
Part 2 동사/준동사						Part 3 조동사
현재완료 (056~057)	과거완료 (058~059)	현재완료진행/수동 (060~061)	수 일치/시제 일치 (062~066) Final Test 4	be to 용법/ 관용적 to부정사 (067~070)	동명사와 to부정사 의 기타 용법 (071~074) Final Test 5	조동사1 (075~080)
월 일	월 일	월 일	월 일	월 일	월 일	월 일

Day 22 ■■■	Day 23 ■■■	Day 24 ■■■	Day 25 ■■■	Day 26 ■■■	Day 27 ■■■	Day 28 ■■■
Part 3 조동사	Part 4 수식				Part 5 문형	
조동사2 (081~086) Final Test 6	형용사/부사 (087~091)	비교급 (092~095)	최상급 (096~097)	현재분사/과거분사 (098~100) Final Test 7	의문문/ 간접의문문 (101~102)	명령문/감탄문 (103~104)
월 일	월 일	월 일	월 일	월 일	월 일	월 일

Day 29 ■■■	Day 30 ■■■	Day 31 ■■■	Day 32 ■■■	Day 33 ■■■	Day 34 ■■■	Day 35 ■■■
Part 5 문형		Part 6 접속사/관계사				
분사구문 (105~109)	문장의 5형식 (110~115) Final Test 8	접속사 (116~119)	상관접속사 (120~121)	관계대명사1 (122~124)	관계대명사2 (125~126)	관계부사 (127~128) Final Test 9
월 일	월 일	월 일	월 일	월 일	월 일	월 일

Day 36 ■■■	Day 37 ■■■	
Part 7 가정법		
가정법 과거/ 과거완료 (129~130)	I wish/as if 가정법 (131~134) Final Test 10	
월 일	월 일	

* **Study Plan 활용하기** 가능하면 하루에 Day 1씩 공부를 합니다. 공부를 한 후에는 Day 옆에 있는 ◯에 꼭 v체크를 하고 공부한 날짜도 기록하세요. 1회독으로 충분한 학생도 있겠지만 그렇지 않은 경우에는 2~3회 독 하면서 역시 ◯에 v체크하세요.

* **필수개념 확인하기** 각 Day의 문법 아래에 표시된 숫자는 해당 문법에 포함된 필수개념을 의미합니다. 각각 의 필수개념은 다음 페이지에 수록된 {중학영문법 필수개념 134}에서 확인할 수 있습니다.

중학교 1·2·3학년이 꼭 알아야 하는
중학영문법 필수개념 134

★ {중학영문법 필수개념 134}는 중학교 과정에서 학년별로 공부해야 할 영문법 내용을 다시 분류에서 정리한 도표입니다.

★ 따라서 학생들은 이 책의 순서대로 명사부터 차근차근 쭉~ 공부해도 되고, 아니면 학년별로 알아야 할 문법개념을 찾아 공부하거나 본인이 특별히 약하다고 여기는 문법개념만을 골라 공부하세요.

영역	분류	필수개념	중1	중2	중3
Part 1 **명사**	**Day 01 명사**	001 셀 수 있는 명사	★		
		002 복수를 표시하는 방법 ❶	★		
		003 복수를 표시하는 방법 ❷	★		
		004 There is ~ / There are ~	★		
		005 셀 수 없는 명사	★		
		006 셀 수 없는 명사의 종류 ❶	★		
		007 셀 수 없는 명사의 종류 ❷	★		
	Day 02 대명사	008 인칭대명사	★		
		009 1인칭, 2인칭, 3인칭	★		
		010 '격'이란?	★		
		011 소유대명사	★		
		012 지시대명사	★		
	Day 03 관사/부정대명사	013 부정관사의 개념	★		
		014 부정관사 a / an	★		
		015 정관사의 개념	★		
		016 정관사 the	★		
		017 부정대명사의 기본 표현		★	
		018 부정대명사의 확장		★	
	Day 04 전치사	019 전치사의 개념	★		
		020 시간을 나타내는 전치사	★		
		021 장소를 나타내는 전치사	★		
		022 위치를 나타내는 다양한 전치사	★		
Part 2 **동사/** **준동사**	**Day 05 be동사**	023 be동사의 현재형과 부정	★		
		024 be동사의 과거형과 부정	★		
		025 be동사의 의문문과 대답	★		
	Day 06 일반동사1	026 일반동사의 현재형	★		
		027 주어가 3인칭 단수일 때 일반동사의 현재형	★		
		028 일반동사의 부정	★		
		029 일반동사의 현재진행형	★		
		030 일반동사의 과거형 – 규칙	★		
	Day 07 일반동사2	031 일반동사의 과거형 – 불규칙	★		
		032 일반동사의 과거형 부정	★		
		033 일반동사의 과거진행형	★		
	Day 08 to부정사	034 to부정사의 명사적 용법	★		
		035 to부정사의 형용사적 용법		★	
		036 to부정사의 부사적 용법		★	
		037 to부정사의 부정		★	
	Day 09 동명사/분사	038 동명사의 개념	★		

중학영문법
총정리

한권으로 끝내기

중학영문법 총정리 한권으로 끝내기

2판 10쇄 2023년 12월 26일

지은이 허준석 · 정다운
펴낸이 유인생
편집인 안승준
마케팅 박성하 · 심혜영
디자인 NAMIJIN DESIGN
편집 · 조판 Choice
삽화 이수열
펴낸곳 (주) 쏠티북스
주소 (04037) 서울시 마포구 양화로 7길 20 (서교동, 남경빌딩 2층)
대표전화 070-8615-7800
팩스 02-322-7732
이메일 saltybooks@naver.com
출판등록 제313-2009-140호

ISBN 979-11-88005-38-3

중학영문법 총정리

총정

New Version
'혼공쌤' 허준석의
'쉽고 빠르게 끝내는 중학영문법'

한권으로 끝내기

허준석 · 정다운 | 지음

쏠티북스

제가 영어를 본격적으로 접한 것은 중학교 1학년이 되었을 때입니다. 영문법을 공부하면서 영어는 외울 것이 참 많다는 생각을 했습니다. 대학에 들어가 영어 전공을 하면서 한국 사람들의 영어 공부에 대한 고민을 많이 했습니다. 그리고 23세가 되던 해, 미국 친구들을 많이 사귀면서부터 영어를 언어로 보게 되었고, 그동안 딱딱하게만 느껴졌던 영문법이 쉽게 이해되기 시작했습니다.

영어 교사가 된 이후에도 그때 얻었던 느낌과 노하우를 살려, 쉽고 재미있는 강의를 해왔습니다. 그리고 2008년 EBS 중학 사이트에서 그 노하우를 담아 강의한 '매직 영문법'은 100만 명이라는 수강생을 배출하였습니다. 그 강의를 진행하면서 받은 엄청난 양의 질문과 수강 후기의 내용을 수년간 확인하고 정리했습니다. 이런 저의 노력을 아낌없이 담은 것이 바로 이 책입니다.

중학교 영문법은 3년에 걸쳐 교과서의 단원별로 그 내용들이 쪼개져 있습니다. 3년 동안 영문법을 공부하다 보면 겹치는 부분이나 연결되는 부분을 파악하지 못해 나중에는 '내가 도대체 3년간 뭘 배운 거야? 이 개념이 이것과 같은 건가?'라고 의문을 가지게 됩니다. 흡사 밑빠진 독에 물 붓는 느낌이 들고 영문법은 어렵다는 생각을 하게 됩니다.

그래서 이 책은 중학교 3개 학년의 핵심 영문법을 난이도 순서대로 배열하였습니다. 쉬운 개념부터 순서대로 여러 번, 재미있게 반복하다 보면 저절로 이해될 것입니다. 왜냐하면 이 책은 중학교 과정의 영문법을 단순히 암기하기보다는, 왜 이런 문법이 나오게 되었는지에 대해 쉽게 설명되어 있기 때문입니다. 아울러 핵심을 찌르는 삽화를 수록하여 자칫 딱딱해지기 쉬운 영문법 학습에 재미와 흥미를 유발할 수 있도록 하였습니다.

또한 중학교 과정의 각종 평가시험의 기출 및 변형 문항을 영어 강사이자, 학교 교사의 안목으로 객관식부터 서술형까지 선별하여 담았습니다. 개념을 충분히 익히고, 그 개념과 관련된 문제들을 차근차근 푼다면 부쩍 영어 실력이 향상된 자신을 발견하게 될 것입니다.

이 책을 한 번 보는 것에 그치지 말고, 가볍게 2~3회 볼 것을 적극 권합니다. 그리고 중간에 조금 어려운 부분이 있다 하더라도 일단 끝까지 계획대로 완독하길 바랍니다. 이 책을 처음 넘기는 순간부터 영문법을 큰 그림으로 이해하게 될 것이고 영문법 공부가 참 재미있다고 느끼게 될 것입니다.

아울러 이 책은 중학교에 재학중인 학생은 물론이거니와 앞으로 중학 영문법을 미리 예습하고자 하는 초등학교 고학년생, 그리고 중학교 영문법을 공부했지만 여전히 체계가 잡혀 있지 않아 다시 한 번 단기간 내에 정리하면서 자신의 부족한 부분을 파악하고 보충하고 싶은 고등학생에게도 꼭 필요한 교재라고 자부합니다.

혹여나 공부하다 질문이 있을 때에는 언제든지 저의 네이버 카페인 '혼공영어'(http://cafe.naver.com/junteacherfan)로 오셔서 질문해주시고, 책을 모두 공부한 다음에는 자축하는 메시지도 남겨주세요. 혼자 공부하는 '혼공족'이라도 여러분들은 절대 혼자가 아닙니다. 영어 공부의 문제점 등을 수시로 알려주세요. 최선을 다해 소통하겠습니다. 그럼, 이제 중학교 1, 2, 3학년 영문법을 〈중학영문법 총정리 – 한권으로 끝내기〉로 확실하게 내 것으로 만들기 바랍니다.

Thanks to...

이 책이 나오기까지 음으로 양으로 도와주신 아내 김효정 선생님, 거친 원고를 부드럽게 다듬어주신 쏠티북스 식구들, 제가 고등학교 교사이기에 다소 부족한 현장 감각을 채워주신 정다운 선생님, 학습자의 관점에서 다시 꼼꼼하게 책을 검토해주신 저의 조교 김유정 님, 마지막으로 세상에서 가장 사랑하는 부모님, 장인, 장모님, 늘 응원해주는 남동생 허준영 선생님께 이 자리를 빌어 머리 숙여 감사를 표합니다.

저자 **허준석**

Contents

Part 4 수식

Part 5 문형

Part 6 접속사/관계사

Part 7 가정법

정답 및 해설 (별책)

이 책은 중학교 과정에서 반드시 알아두어야 할 핵심 영문법을 다루고 있습니다. 머리말에서도 언급하였듯이 중학교 영문법은 3년 동안에 걸쳐 배우지만 대부분의 학생들이 3년의 과정 동안 겹치는 부분이나 연결되는 내용을 제대로 파악하지 못하는 경우가 많습니다.

전체 영문법을 통합적으로 이해하지 못하고 부분적으로 암기만 하는 학습은 금방 까먹게 되어 영문법 실력이 체계적으로 정리되지 않아 공부에 흥미를 잃어버리게 됩니다.

〈중학영문법 총정리〉 한권으로 끝내기는 이런 학생들을 위해 {친절한 개념 설명 → Check Up!(확인학습) → Exercise → Final Test}로 이어지는 확장 학습을 할 수 있도록 구성되었습니다. 따라서 이 교재에 구성과 특징을 잘 파악하여 학습한다면 중학교 과정의 영문법에 대한 실력을 확실하게 다질 수 있을 것입니다.

★ 134개의 필수개념
중학교 필수 영문법을 총 134개의 Rule로 정리하였습니다. Rule은 영문법 필수개념 정리라고 할 수 있습니다. 개념 정리라고 하면 자칫 딱딱하고 따분한 학습이 될 수 있지만 이 교재는 영문법을 쉽고 빠르게 이해할 수 있도록 친근한 구어체식 설명을 하였습니다. 쉬운 이해를 위해 필요한 경우 삽화까지 제시하여 흥미로운 학습을 할 수 있도록 하였습니다.

★ 준석쌤의 꿀팁
Rule에서 정리한 영문법 중에서 보충 설명이 필요하거나 꼭 알아 두어야 할 추가 개념을 정리한 코너입니다. 그야말로 중학교 필수 영문법을 마스터하는데 필요한 꿀맛같은 팁이라 할 수 있습니다. 이 코너의 내용도 빠짐없이 학습한다면 영문법을 보다 깊이 이해하고 자신감을 갖을 수 있을 것입니다.

★ Check-Up

학습한 영문법을 제대로 이해하였는지 여부를 바로바로 점검해 볼 수 있는 확인학습 코너입니다. 이 코너에 제시된 확인학습 문제들은 간단한 단답형, 그림 제시형, 문장 제시형까지 다양하게 수록되어 있기 때문에 학습한 영문법의 핵심 사항을 최대한 빠르게 확인할 수 있을 것입니다.

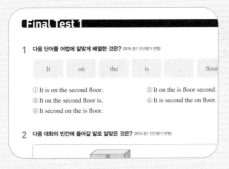

★ Exercise

Day별로 마지막에 구성되어 있는 코너입니다. 이 코너에는 해당 Day에서 학습한 영문법의 내용을 다룬 다양한 문제들을 마무리 학습용으로 제시하였습니다. 문법에 알맞은 단어를 배열하는 문제, 영작 문제, 문법적으로 틀린 표현 바로 잡는 문제들을 통해 해당 Day에서 학습한 영문법을 확실하게 정리하고 마무리합니다.

★ Final Test

문법 분류에 따라 적게는 두 개 많게는 다섯 개의 Day를 통합한 종합 문제 코너입니다. 이 코너에는 Check-Up과 Exercise에 등장한 문제 형태뿐만 아니라 지문이 제시된 단답형 서술형과 주관식 문제까지 다루고 있습니다. 총 10회가 수록된 Final Test를 통해 이 교재의 최종 마무리 학습은 물론이거니와 학교 내신시험과 학력평가까지 완벽하게 준비할 수 있습니다.

★ 정답 및 해설

별권으로 제공되는 정답 및 해설에는 본문에 수록된 Check-Up, Exercise, Final Test의 정답과 해설이 담겨져 있습니다. 단순하게 정답만 확인하는 게 아니라 해당 문제의 해석과 해설도 함께 수록되어 있어 영문법 정리의 최종 학습 도우미가 되어 줄 것입니다.

prologue

미리 알아두면 매우 좋은,
영문법 필수용어

이 책을 본격적으로 공부하기에 앞서 알아둬야 할 8품사, 문장 성분, 구와 절에 대해 정리해 놓았어요. 문법 용어의 의미를 미리 익혀두면 [중학영문법 총정리 한권으로 끝내기]를 공부할 때 도움이 많이 될 거예요.

1 영단어와 8품사

우리가 말과 글에서 사용하는 다양한 단어들을 종류별로 구분하는데, 이를 **품사(品詞 물건 품 + 말 사)**라고 해요. 영단어는 명사, 대명사, 동사, 형용사, 부사, 전치사, 접속사, 감탄사라는 8가지 종류로 구분할 수 있는데 이를 8품사라고 해요.

❶ 명사(名詞 이름 명 + 말 사) 사람이나 장소, 동물, 식물이나 사물의 이름을 나타내는 단어입니다. 이것은 셀 수 있는 명사와 셀 수 없는 명사로 구분해요. **예** Jason(제이슨), Busan(부산), Korea(한국) .....
- 셀 수 있는 명사 : book(책), apple(사과), kid(아이), dog(개) .....
- 셀 수 없는 명사 : sugar(설탕), water(물), love(사랑) .....

❷ 대명사(代名詞 대신할 대 + 이름 명 + 말 사) 명사를 대신하여 사람이나 사물을 가리키는 단어입니다.
- 인칭(人稱 사람 인 + 일컬을 칭)대명사 : 주로 사람을 대신해서 일컫는[稱] 대명사로 1인칭, 2인칭, 3인칭으로 구분해요. **예** I(나), you(너), she(그녀), we(우리), they(그들) .....
- 지시(指示 가리킬 지 + 보일 시)대명사 : '이것', '저것' 등 사람이나 사물을 가리키는 대명사 **예** this/these(이것/이것들), that/those(저것/저것들) .....
- 관계(關係 관계할 관 + 맬 계)대명사 : 앞에 나온 명사를 대신하는 동시에 뒤에 오는 문장을 서로 연결해 주는 대명사로, 접속사 역할을 하는 단어 **예** who(누구), that(그것), whose(누구의), which(어느 것) .....
- 부정(不定 아닐 부 + 정할 정)대명사 : 여기서 부정(不定)은 정해지지 않았다는 의미. 특정한 사람이나 사물을 가리키지 않고 막연히 어떤 사람, 사물을 가리키는 대명사 **예** some, any, one, another .....

❸ 동사(動詞 움직일 동 + 말 사) 사람이나 물건 등의 움직임이나 상태를 나타내는 단어로, 주어나 시제에 따라 모양이 변하므로 동사의 변화에 대해 이 교재를 통해 꼭 알아두어야 해요! 영어로 동사는 verb이지요. 그래서 많은 문법책에서 동사를 V로 표시한답니다.
- be동사 : '~이다/~있다'의 의미를 가진 동사 **예** am, are, is, was, were .....
- 일반동사 : 명사의 움직임이나 상태를 나타내는 말. be동사와 조동사를 제외한 모든 동사를 일컬어서 일반동사라고 불러요. **예** go, eat, study, know .....
- 조(助 도울 조)동사 : 조동사는 be동사나 일반동사를 돕는[助] 역할을 하는 동사예요. 반드시 다른 동사의 앞에서 써야 하고 동사의 의미를 더해주는 역할을 하거나 의문문/부정문 등을 만들기 위해 사용된답니다. 조동사 뒤에는 꼭 동사의 원형(원래 형태)이 온다는 사실을 기억하세요. **예** do, can, should, may

❹ 형용사(形容詞 모양 형 + 얼굴 용 + 말 사) 명사의 성질, 모습, 상태 등을 나타내는 단어로, 주로 명사나 대명사의 앞/뒤에서 그 명사를 꾸며주는 역할을 합니다. **예** quick, easy, beautiful

❺ 부사(副詞 버금 부 + 말 사) 주로 행동이나 상태가 어떻게 이루어지는지 나타내기 위해 동사를 꾸며주는 역할을 하며, 형용사나 다른 부사, 문장 전체를 꾸며주기도 합니다. **예** quickly, easily, beautifully

❻ 전치사(前置詞 앞 전 + 둘 치 + 말 사) 말 그대로 전치(前置)는 앞에 둔다는 뜻으로, 명사나 대명사 앞에 쓰여 다른 명사/대명사와의 관계(위치, 시간, 방향, 소유)를 나타내는 단어를 전치사라고 불러요. 전치사 뒤에 대명사

가 올 때는 항상 목적격 대명사를 써야 한다는 것, 미리 기억하고 계세요! **예** in(～안), on(～위), with(～함께), between(～사이)

❼ 접속사(接續詞 사귈 접＋이을 속＋말 사) 단어와 단어, 구와 구, 절과 절, 문장과 문장을 연결하는(접속시키는) 역할을 하는 단어가 접속사예요. **예** and(그리고), but(그러나), so(그래서), because(～ 때문에)

❽ 감탄사(感歎詞 느낄 감＋읊을 탄＋말 사) 기쁨, 슬픔, 놀람 등의 감정을 표현하는 단어입니다. **예** Oh!, Alas!, Wow!, Oops!

2 영어 문장을 이루는 성분

하나의 문장이 만들어지려면 갖추어야 하는 요소들이 있는데, 이를 문장 성분이라고 해요. 다시 말해, 문장 성분이란 영단어가 문장을 구성하면서 일정한 기능을 하는 거예요.

❶ 주어(主語 주인 주＋말 어) '누가' 또는 '무엇이'에 해당하는 말로, 문장에서는 행동의 주체가 되는 요소예요. 영어로는 subject이지요. 그래서 문법책에서는 주어를 subject의 약자인 S로 표시하지요. **예** I love you. (이 문장에서 대명사 I는 주어 기능을 해요.)

❷ 서술어(敍述語 차례 서＋지을 술＋말 어) 주어의 상태나 동작을 나타내는 말로, 영어에서는 동사에 해당해요. 주로 주어 뒤에 위치하며 주어의 인칭/시제에 따라 모양이 변화하죠. **예** I love you. (이 문장에서 동사 love가 서술어 기능을 해요.)

❸ 목적어(目的語 눈 목＋과녁 적＋말 어) '누구를' 또는 '무엇을'에 해당하며 행동의 대상이 되는 말입니다. 영어에서는 우리말과 달리 목적어가 동사의 뒤에 와요. 영어로 목적어는 object이지요. 그래서 문법책에서는 약자인 O로 표시한답니다. 이 교재에서 학습하겠지만 4형식 문장에 등장하는 직접목적어(direct object)는 약자로 D.O., 간접목적어(indirect object)는 I.O.로 표시하지요. **예** I love you. (이 문장에서 대명사 you는 문장의 주어 I가 사랑하는 대상 즉 목적어 기능을 해요.)

❹ 보어(補語 더할 보＋말 어) 보어는 주어나 목적어를 보충 설명해 주는 말로, 주어를 보충해주면 주격 보어, 목적어를 보충해주면 목적격 보어라고 불러요. 영어로 보어는 complement예요. 그래서 문법책에서는 C로 줄여서 써요. 주격 보어는 S.C., 목적격 보어는 O.C.로 줄여서 쓴답니다. **예** She is a student. (이 문장에서 student는 주어 She가 학생이라는 상태를 보충 설명해주는 주격 보어로 쓰였네요.) He makes me happy. (이 문장에서 happy는 목적어 me가 행복하다는 상태를 설명하는 단어이므로 목적격 보어로 쓰였네요.)

3 영어 문장에서 구와 절

❶ 구(句 구절 구) 두 개 이상의 단어가 모여 문장에서 8품사의 역할을 하지만, 문장을 이루지는 못하는 형식을 '구'라고 말합니다. 즉, 여러 단어가 모여 있지만 그 안에 주어와 동사가 없으면 '구'라고 보면 되지요. **예** in the morning (여러 단어가 모여 있으나, 주어와 동사가 없어 하나의 문장을 이루지 못하므로 구이죠.)

❷ 절(節 마디 절) 절(節)은 두 개 이상의 단어가 모여 문장에서 8품사의 역할을 하면서 그 안에 주어와 동사가 있는 것을 말해요. **예** She is a student. (여러 단어가 있고, 주어 she와 동사 is가 있어 하나의 완전한 문장으로 이루어져 있으니 절이에요.)

중학영문법 총정리 | 한권으로 끝내기

Part 1

명사

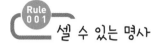

DAY 01 명사

공부한 날
월   일

Rule
001
셀 수 있는 명사

이런, 준석이가 실수를 했나보네요. 물건을 사고 팔 때, 한 개인지 여러 개인지를 구분하는 것은 무척 중요하답니다. 영어도 이런 상업 문화에서 시작되었다고 해요. 그래서 한 개인지 두 개 이상인지를 구분하기 시작했답니다. **한 개를 '단수'**라 하고, **두 개 이상을 '복수'**라고 한답니다. 단수와 복수를 구분하지 못하면 장사하면서 손해를 많이 보겠죠?

─── 정답 및 해설 p. 2 ───

Check-Up 1 다음 그림을 보고 빈칸에 '단수' 또는 '복수'를 쓰시오.

(1) _____   (2) _____   (3) _____   (4) _____

Rule
002
복수를 표시하는 방법 ❶

★ -s를 기억하라!

❶ 명사＋s : boats, hats, rivers

❷ 모음＋y로 끝나는 명사＋s : days, boys, toys, monkeys

*monkey 명 원숭이

❸ 항상 짝을 이루어야 하는 명사 : scissors, pants, chopsticks

*scissors 명 가위 *chopsticks 명 젓가락

14 중학영문법 총정리

정답 및 해설 p. 2

Check-Up 2 다음 단어의 복수형을 쓰시오.

(1) girl → _____   (2) key → _____

(3) cup → _____   (4) toy → _____

(5) book → _____   (6) table → _____

(7) river → _____   (8) apple → _____

Rule 003 복수를 표시하는 방법 ❷

★ -es를 기억하라!

❶ -s, -ss, -x, -ch, -sh, -o로 끝나는 명사+es :   *ax 명 도끼 *dish 명 접시, 음식
  buses, classes, axes, churches, dishes, potatoes, tomatoes (예외: photos, studios, zeros)

❷ 자음+y로 끝나는 명사는 y를 i로 바꾸고+es : fly → flies, city → cities, baby → babies

❸ -f, -fe로 끝나는 명사는 f, fe를 v로 바꾸고+es : leaf → leaves, knife → knives

❹ oo가 들어간 단어는 ee로 바꿈 : foot → feet, tooth → teeth, goose → geese   *goose 명 거위

★ 위의 규칙과 관계없는 것들은 불규칙이라 부른다 : man → men, child → children

준석쌤의 꿀팁

1 -es를 붙이는 경우를 암기하기 힘들죠? s, ss, x 등은 발음하면 '스'로 끝납니다. 거기에 다시 -s를 붙이게
  되면 '스스'라고 해야겠죠. 이렇게 발음하기 어렵기 때문에 그 사이에 e를 쓰고 s를 붙이게 되는 거랍니다.

2 y, f, fe도 뒤에 바로 -s가 붙으면 발음하기 힘들어요. 그래서 y는 i로, f, fe는 v로 바꾼 뒤 -es를 붙인답
  니다.

정답 및 해설 p. 2

Check-Up 3 다음 단어의 복수형을 쓰시오.

(1) box → _____   (2) watch → _____

(3) dress → _____   (4) berry → _____

(5) fox → _____   (6) wolf → _____

(7) woman → _____   (8) foot → _____

*watch 명 시계 *fox 명 여우 *wolf 명 늑대

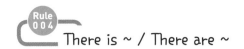

Rule 004 There is ~ / There are ~

섬이다! 섬!

매일매일 우리는 발견을 해요. '어! 책상 위에 1,000원 짜리가 한 장 있네.'와 같은 발견 말이죠. 영어로 '~가 있다'라는 표현을 There is / are라고 합니다. 뒤에 **단수 명사가 오면** There is를, 뒤에 **복수 명사가 오면** There are를 쓰면 됩니다.

예 There is / an island.　　　　　There are / three islands.

있다 / (하나의) 섬이　　　　　　　　있다 / 세 개의 섬들이

*island 명 섬

―――――― 정답 및 해설 p. 2 ―

Check-Up 4 다음 괄호 안에서 어법에 맞는 것을 고르시오.

(1) There (is / are) a chair.　　　　(2) There (is / are) children.

(3) There (is / are) an apple.　　　　(4) There (is / are) a baby.

(5) There (is / are) some potatoes.　　(6) There (is / are) two men.

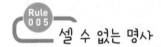

Rule 005 셀 수 없는 명사

물 하나 가져왔어요.

준석이처럼 손에 물을 가져오는 사람은 없죠? 이와 같이 손가락으로 하나씩 셀 수 없는 명사가 있답니다. 우리말과 달라서 어렵게 느껴지는데, '사과 한 개, 사랑 한 개, 강아지 한 마리'처럼 숫자를 세어보세요. '**사랑 한 개**'는 어색하죠? 그렇다면 셀 수 없는 명사랍니다. 이와 같이 셀 수 없는 명사의 종류를 학습해봅시다.

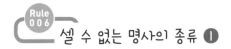

셀 수 없는 명사의 종류 ❶

1 형태가 없어 보고, 듣고, 만지고, 냄새 맡을 수 없는 것을 나타내는 이름(추상명사)

> 예 beauty(아름다움), friendship(우정), love(사랑), health(건강), happiness(행복), peace(평화)

2 세상에 하나밖에 없는 특정한 사람이나 장소의 이름(고유명사)

> 예 Tom, Kevin, Jason, Han River, Mt. Everest

준석쌤의 꿀팁

1 추상명사는 눈으로 볼 수는 없지만 존재하고 있는 것, 보통 감정이나 생각을 나타내는 단어인 경우가 많답니다.

2 고유명사는 특정한 대상이나 장소를 나타내는 이름을 말하는 단어로, 문장 중간에 있더라도 항상 첫 번째 철자는 대문자로 쓴답니다.

───── 정답 및 해설 p. 2 ─────

Check-Up 5 다음 단어를 셀 수 있으면 ○, 셀 수 없으면 × 표시하시오.

(1) Korea　　(　)　　　　　(2) luck 　　(　)

(3) teacher 　(　)　　　　　(4) store 　(　)

(5) kindness 　(　)　　　　　(6) Paris 　(　)

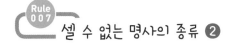

셀 수 없는 명사의 종류 ❷

물이나 우유는 s를 붙여 복수 취급을 할 수 없어요. 대신 cup(컵), glass(유리잔), loaf(덩어리), piece(장, 점) 등과 같은 단위를 써서 셀 수 있어요.

1 액체, 덩어리, 조각으로 이루어진 것(물질명사)

> 예 milk, coffee, bread, paper, water
> a glass of milk(우유 한 잔), a cup of coffee(커피 한 잔), a loaf of bread(빵 한 덩어리)
> a piece(sheet) of paper(종이 한 장), two glasses of water(물 두 잔)

2 여러 종류를 포함하는 것(집합명사)

> 예 furniture, luggage
> a piece of furniture(가구 한 점), a piece of luggage(짐 하나)
> two pieces of furniture(가구 두 점)

1 돈(money)은 셀 수 있는 명사가 아닌가요?

돈은 단위에 따라 가치가 달라지죠? 돈 하나, 돈 둘.. 이렇게 세는 사람은 아마 없을 거예요. 그래서 돈은 셀 수 없는 명사로 구분합니다. 대신 지폐(bill)나 동전(coin)은 셀 수 있는 명사죠.

2 가구나 짐은요?

원어민들은 furniture, luggage를 '가구류, 짐류'와 같이 여러 종류로 받아들입니다. -s를 붙이지 않아도 '가구'라는 단어 안에는 식탁, 침대, 의자 등 이미 여러 의미가 함께 포함되어 있는 거예요. 따라서 piece 와 같은 단위를 써서 수를 표현한답니다.

───── 정답 및 해설 p. 2 ─────

Check-Up 6 다음 우리말과 일치하도록 빈칸에 알맞은 영단어를 쓰시오.

(1) a _____ of sugar   설탕 한 숟가락

(2) a _____ of cheese   치즈 한 장

(3) three _____ of water   물 세 병

(4) two _____ of milk   우유 두 잔

Exercise

정답 및 해설 p. 2

1 다음의 단어들을 셀 수 있는 명사와 셀 수 없는 명사로 구분하여 빈칸에 쓰시오.

> banana   salt   beauty   child   water   friendship
>
> juice   fly   bread   tooth   paper   Amazon
>
> boy   river   friend   mouse   air   Kevin   gold   car

(1) 셀 수 있는 명사	(2) 셀 수 없는 명사

2 다음 그림을 보고 괄호 안에서 알맞은 단어를 고르시오.

(1) There (is / are) two apples.

(2) A (girl / girls) is playing the piano.

(3) Sumi has two (brother / brothers).

(4) Please give me some (water / waters).

3 다음 문장의 밑줄 친 부분을 어법에 알맞게 고치시오.

(1) There are five child. → _____

(2) The girl has two pencil. → _____

(3) There are ten bird. → _____

(4) Put some salts in the soup. → _____

(5) I drink two glass of wine a day. → _____

4 다음 우리말과 일치하도록 빈칸에 알맞은 영단어를 쓰시오.

(1) I have two _____. 　　　　　　　　　나는 친구가 두 명 있다.

(2) Can you give me a _____ of water? 　물 한 잔만 주시겠어요?

(3) We need three _____. 　　　　　　　우리는 감자 세 개가 필요하다.

(4) _____ is really important. 　　　　　우정은 정말 중요하다.

(5) My _____ are very cute. 　　　　　　내 여동생들은 매우 귀엽다.

(6) The _____ are tasty. 　　　　　　　그 쿠키들은 맛있다.

(7) Good _____ to you! 　　　　　　　너에게 행운을 빌어!

(8) There _____ a lot of trees. 　　　　많은 나무들이 있다.

(9) There _____ a piece of paper. 　　　종이 한 장이 있다.

(10) Jane visited many _____ in Korea. 　Jane은 한국에서 많은 도시를 방문했다.

Rule 008
인칭대명사

준석이의 꿈은요 …

준석이는 사과를 좋아해요.
준석이를 응원해주세요!

준석이의 말투가 무언가 어색하다는 생각이 들지 않나요? 우리가 아주 어렸을 때 저렇게 말하곤 했지요. 하지만 '저(나)의 꿈은…, 저(나)는 사과를 좋아해요, 저(나)를 응원해주세요!'라고 하는 게 더 자연스럽죠? 이와 같이 준석이라는 **이름(명사)**을 대신해서 쓰는 **'저, 나'**를 인칭대명사라고 해요.

Rule 009
1인칭, 2인칭, 3인칭

어떤 조직이나 단체에는 이렇게 순서가 있지요? 이와 마찬가지로 인칭대명사에도 순서가 있답니다. 세상에서 가장 중요한 순서는 바로 **'나'**랍니다. 그래서 **'나, 내, 저'**가 들어간 표현들은 1인칭이에요. 그 다음으로 내 앞에 있는 **'너'**가 2인칭입니다. 마지막으로 **'나'**와 **'너'**도 아닌 사람이나 사물은 3인칭입니다.

―――――――――――――――――――――― 정답 및 해설 p.3 ――

Check-Up 1 다음 빈칸에 알맞은 숫자를 쓰시오.

(1) 나 → _____ 인칭   (2) 그녀 → _____ 인칭   (3) 너 → _____ 인칭

(4) 그것 → _____ 인칭   (5) 그들 → _____ 인칭

'격'이란?

> 나 Michael입니다.
> 나 사랑해주세요.

외국인이 위와 같이 말해도 우리는 '나는 Michael입니다.', '나를 사랑해줘요.'라고 이해하죠? 이 말을 영어로 옮겨볼까요?

- I am Michael.

  나는   Michael입니다

- Love me, please.

  사랑해줘요 나를

우리말에는 '은, 는, 을, 를'과 같은 표현이 있지요.(이를 문법적으로 '조사'라고 해요.) 하지만 영어에는 없답니다. 영어는 I(나는, 저는), me(나를)처럼 단어가 정해져 있답니다. 만약 Me am Michael. Love I, please. 이렇게 쓰면 바른 표현일까요? 당연히 아니죠! '나를 Michael입니다. 나는 사랑해줘요.'와 같은 이상한 문장이 됩니다.

우리말로 '～은, 는'이 붙는 단어는 문장의 주인 역할을 하므로 **주격**, '～의'가 붙으면 누구의 것을 나타내기 때문에 **소유격**이라고 합니다. 마지막으로 '～을, 를'이 붙으면 **목적격**이라고 해요. 아래 표를 보면서 영어와 우리말 의미를 익히세요.

인칭	단수			복수		
	주격(～은, 는)	소유격(～의)	목적격(～을, 를)	주격(～은, 는)	소유격(～의)	목적격(～을, 를)
1인칭	I 나는, 저는	my 나의, 저의	me 나를, 저를	we 우리들은	our 우리들의	us 우리들을
2인칭	you 너는, 당신은	your 너의, 당신의	you 너를, 당신을	you 너희들은, 당신들은	your 너희들의, 당신들의	you 너희들을, 당신들을
3인칭	he 그는	his 그의	him 그를	they 그들은	their 그들의	them 그들을
	she 그녀는	her 그녀의	her 그녀를			
	it 그것은	its 그것의	it 그것을			

참, **단수는 하나를 의미**하고, **복수는 둘 이상을 의미**하는 것으로 알고 있죠? 단수, 복수의 개념은 Day 01에서 이미 학습했으니 기억이 나지 않으면 다시 돌아가서 복습하세요.

1 Kevin과 같은 사람 이름도 주격, 소유격, 목적격으로 만들어야 할 때가 있겠죠? 주격, 목적격은 Kevin 이라고 쓰면 됩니다. 소유격은 's를 붙여서 Kevin's 라고 쓰면 된답니다.

2 목적격은 '을, 를'로 해석되지만 '~에게'라는 의미로 해석해야 하는 경우도 있다는 것을 꼭 알아두세요.

예 **Call me.**
　　전화해 나에게

정답 및 해설 p. 3

Check-Up 2 다음 빈칸에 알맞은 숫자, 영단어, 우리말을 쓰시오.

인칭	단수			복수		
	주격	소유격	목적격	주격	소유격	목적격
(1) __ 인칭	(2) _____ 나는, 저는	my 나의, 저의	(3) _____ 나를, 저를	(4) _____ 우리들은	our (5) _____	us (6) _____
(7) __ 인칭	you 너는, 당신은	your 너의, 당신의	(8) _____ 너를, 당신을	you 너희들은, 당신들은	(9) _____ 너희들의, 당신들의	you 너희들을, 당신들을
3인칭	he 그는	his 그의	(10) _____ 그를	(13) _____ 그들은	their (14) _____	(15) _____ 그들을
	she 그녀는	(11) _____ 그녀의	her 그녀를			
	it 그것은	(12) _____ 그것의	it 그것을			

Rule 011 소유대명사

"This is mine. Precious!"

'내 반지'는 영어로 my ring이라고 해요. 하지만 계속해서 '내 반지, 내 반지' 이렇게 말하기 번거롭죠? 그래서 '내 것'이라고 간단하게 말하곤 합니다. 이런 식으로 **'~의 것'이라고 표현하는 것을 소유대명사**라고 한답니다.

예 **my car** → mine 　　　　　　**her pencil** → hers
　　내 자동차　　내 것 　　　　　　그녀의 연필　　그녀의 것

어때요? 소유대명사를 쓰니 훨씬 더 간편하죠? 이제 소유대명사를 넣어서 표를 완성해볼게요.

인칭	단수				복수			
	주격	소유격	목적격	소유대명사	주격	소유격	목적격	소유대명사
1인칭	I	my	me	mine (나의 것)	we	our	us	ours (우리들의 것)
2인칭	you	your	you	yours (너의 것)	you	your	you	yours (너희들의 것)
3인칭	he	his	him	his (그의 것)	they	their	them	theirs (그들의 것)
	she	her	her	hers (그녀의 것)				
	it	its	it	없음				

소유대명사를 외우기가 힘들다고요? 1인칭의 mine, 3인칭의 his만 외우세요. 나머지는 소유격에 s만 붙이면 된답니다. 위의 표에서 다시 확인해보세요.

1 혹시 'Kevin의 것'이라는 단어를 만들고 싶나요? 소유격을 만들 때의 방법과 같아요. Kevin + 's를 써서 Kevin's라고 하면 'Kevin의 것'이라는 의미로 쓰이게 된답니다.

2 his는 소유격도 되고 소유대명사도 되지요. 언제 '그의'로 쓰이고, 언제 '그의 것'이라고 쓰이는지 궁금하지요? 문장 전체 속에서 해석해보면 된답니다.

예 It is his.

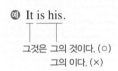

그것은 그의 것이다. (○)
그의 이다. (×)

정답 및 해설 p. 3

Check-Up 3 다음 빈칸에 알맞은 소유대명사를 쓰시오.

(1) my car → _____   (2) her pencil → _____

(3) his house → _____   (4) our money → _____

(5) your radio → _____

*house 명 집 *money 명 돈

지시대명사

말하는 사람 바로 앞에 있는 사람이나 물건을 가리킬 때, '이것, 이 사람'이라 합니다. 반대로 조금 멀리 떨어진 것을 '저것, 저 사람'이라고 합니다. 이렇게 **명사를 대신해서 사람이나 물건을 가리킬 때 사용하는 것을 지시대명사**라고 합니다.

단수	복수
this 이것	these 이것들
that 저것	those 저것들

예 This / is my wallet.
이것은 / 내(나의) 지갑이야.

That / is her ring.
저것은 / 그녀의 반지야.

Those / are his friends.   *wallet 명 지갑   *friends 명 친구
저 사람들은 / 그의 친구들이야.

These / are Kevin's clothes.   *ring 명 반지   *clothes 명 옷, 의복
이것들은 / Kevin의 옷들이야.

1 다음 빈칸에 알맞은 숫자와 영단어를 쓰시오.

인칭	단수				복수			
	주격	소유격	목적격	소유대명사	주격	소유격	목적격	소유대명사
(1) __ 인칭	I	my	(2) _____	(3) _____	(4) _____	(5) _____	us	(6) _____
(7) __ 인칭	(8) _____	your	(9) _____	(10) _____	you	(11) _____	(12) _____	yours
(13) __ 인칭	he	(14) _____	(15) _____	(16) _____	(21) _____	their	(22) _____	(23) _____
	(17) _____	her	(18) _____	hers				
	it	(19) _____	(20) _____	없음				

2 다음 우리말과 일치하도록 빈칸에 알맞은 영단어를 쓰시오.

(1) 그의 → _____

(2) 우리들을 → _____

(3) 그들의 것 → _____

(4) 그의 것 → _____

(5) 이것 → _____

(6) 저것 → _____

(7) 이것들 → _____

(8) 저것들 → _____

3 다음 우리말과 일치하도록 빈칸에 알맞은 영단어를 쓰시오.

(1) 이것은 내 책이다.

→ _____ is _____ book.

(2) 저것은 그녀의 것이다.

→ _____ is _____.

(3) 저것들은 그들의 것이다.

→ _____ are _____.

(4) 이것은 내(나의) 지갑이다.

→ _____ is _____ wallet.

(5) 저 사람들은 그의 친구들이다.

→ _____ are _____ friends.

(6) 이것들은 Kevin의 옷들이다.

→ _____ are _____ clothes.

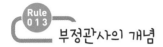

DAY 03 관사/부정대명사

Rule 013 부정관사의 개념

> 네, 사과 하나요.

> 사과 하나 주세요.

사과는 하나, 둘, 이렇게 셀 수 있는 명사라고 알고 있죠? 영어에서는 하나(단수)인지 아닌지(복수)를 구별하는 것이 중요하다고 배웠고요. 특히 '사과 하나'일 때는 one apple 이렇게 말할 수도 있지만, 간편하게 an apple이라고 말합니다. 이와 같이 **많은 것 중에 정해지지 않은 것, 즉 부정(不定)의 '하나, 하나의'라는 의미로 명사 앞에 쓰이는 것을 부정관사**라고 합니다.

Rule 014 부정관사 a / an

1 a를 쓰는 경우: 명사가 자음으로 시작할 때

　예 a car, a school, a book, a desk, a computer

2 an을 쓰는 경우: 명사의 발음이 모음으로 시작할 때

　예 an apple, an hour, an egg, an orange

> ### 준석쌤의 꿀팁
>
> 자음, 모음이라는 말이 어려운가요? 모음은 '아, 에, 이, 오, 우'와 같이 입 안에 혀가 어딘가에 닿지 않는 소리를 말한답니다. 이런 모음들을 제외한 소리들은 자음이라고 생각하면 편해요. 그런데 hour 같은 단어는 알쏭달쏭 하다구요? 알파벳으로도 대충 알 수 있지만, 애매할 때에는 직접 발음을 해보세요. 시작하는 알파벳은 h이지만 '아우어'로 '아' 발음되니까 부정관사는 an을 쓴답니다.

Check-Up 1 다음 빈칸에 알맞은 부정관사를 쓰시오.

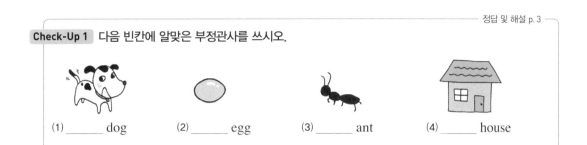

(1) _____ dog　　(2) _____ egg　　(3) _____ ant　　(4) _____ house

정관사의 개념

부정관사 a와 an은 막연하게 많은 것 중 '하나'를 의미할 때 쓰는 것이지요. 그래서 '책장에서 a book을 꺼내와라'라고 할 때는 보통 책장에 책이 여러 권이 있고 그 중에 아무거나 한 권을 가져오면 됩니다. 하지만, the book을 쓰면 상황이 달라져요. '바로 그 책'이라는 의미가 되고, 책장에 책이 한 권이 있든지 여러 권이 있든지 바로 '그 책'을 찾아와야 합니다. 이와 같이 **'그'라는 의미를 가진 단어를 정관사 the**라고 합니다. 여기서 정은 정(定)해져 있다는 의미이지요.

정관사 the

미국 초등학교 교과서 기준으로 정관사 the는,

1 앞에서 한번 나온 것을 다시 말할 때 쓰고, '그'라는 의미를 가진다.

　예 Sam gave me a book. The book is interesting.　　　　　　*interesting 형 재미있는
　　Sam이 나에게 책 한 권을 주었다. 그 책은 재미있다.

2 말하는 사람들이 이미 다 알고 있는 대상을 가리킬 때 쓴다.

　예 I met the boy yesterday.
　　나는 어제 그 소년을 만났다.

3 지구, 태양, 달과 같이 유일한 대상을 가리킬 때 쓴다.

　예 The sun rises in the east.　　　　　　*east 명 동쪽
　　태양은 동쪽에서 뜬다.

Check-Up 2 다음 우리말과 일치하도록 빈칸에 알맞은 영단어를 쓰시오.

(1) _____ _____ moves around _____ _____. 지구는 태양 주위를 움직인다.

(2) There is a bench under _____ _____. 그 나무 아래에 벤치가 하나 있다.

(3) _____ _____ was so funny. 그 영화는 매우 재미있었다.

*around 쩐 주위에 *funny 휑 재미있는

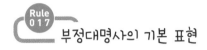

부정대명사의 기본 표현

위의 '약간, 좀'과 같이 **막연한 사람, 사물을 나타낼 때 쓰는 대명사가 바로 부정대명사**입니다. 중학교에서 가장 많이 나오는 부정대명사들은 아래와 같아요.

some / any	all	both
약간의(어떤)	모든 것, 모든	둘 다

neither	none	every	each
둘 다 ~가 아닌	아무도 ~ 아닌(둘 이상)	모든	각각의 것, 각각의

There are many students in the classroom. 많은 학생들이 그 교실에 있다.

• Some are wearing glasses. 어떤 학생들(몇몇)은 안경을 쓰고 있다.

• I didn't buy any flowers. 나는 어떤 꽃도 사지 않았다.

• Every student is reading books. 모든 학생들은 책을 읽고 있다.

• All students are studying English. 모든 학생들은 영어를 공부하고 있다.

• Each student has a textbook. 각각의 학생들은 교과서를 한 권 가지고 있다. *textbook 휑 교과서

• None of them is(are) sleeping. 그들 중 누구도 자고 있지 않다.

I have two kids. 나는 두 명의 아이들이 있다. *kid 휑 아이

• Both are very tall. 둘 다 키가 매우 크다.

• Neither is lazy. 둘 다 게으르지 않다. *lazy 휑 게으른

부정대명사의 확장 : one, another, the other, others, the others

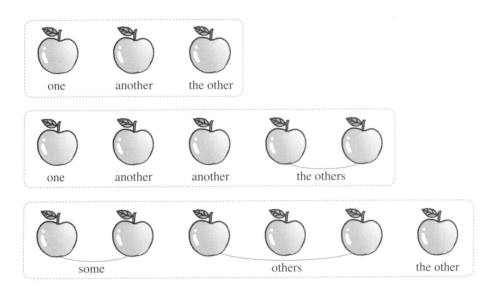

막연한 첫 물건 '하나'를 one이라고 해요. 몇 개를 선택하면 some이라고 표현하면 되고요. '또 다른 하나'는 another라고 하는데, 'an(한 개의)+other(다른 것)'이 결합한 거라 생각하면 됩니다. 만약 또 다른 여러 개를 표현하고 싶으면 an을 빼고 others만 쓰면 되고요. 항상 마지막에 남는 것은 정해져 있기 때문에 the를 붙여서 한 개면 'the other(다른 것)', 여러 개면 'the others(다른 것들)'라고 하면 됩니다.

정답 및 해설 p. 3

Check-Up 3 다음 그림을 보고, 빈칸에 알맞은 부정대명사를 쓰시오.

(1) _____ (2) _____ (3) _____

(4) _____ (5) _____ (6) _____

1 다음 빈칸에 알맞은 부정관사를 쓰시오.

(1) _____ orange   (2) _____ hour   (3) _____ horse

(4) _____ ox   (5) _____ fox   (6) _____ airplane

(7) _____ pig   (8) _____ MP3 player   (9) _____ house

2 다음 우리말과 일치하도록 빈칸에 a, an, the 중 알맞은 것을 쓰시오.

(1) She has _____ sister.   그녀는 언니가 한 명 있다.

(2) _____ movie was interesting, wasn't it?   그 영화는 재미있었어. 그렇지 않니?

(3) There is _____ cat on _____ chair.   그 의자 위에 고양이 한 마리가 있다.

(4) She left home _____ hour ago.   그녀는 한 시간 전에 집을 떠났다.

(5) My classroom is on _____ fifth floor.   나의 교실은 5층에 있다.

3 다음 괄호 안에서 어법에 맞는 것을 고르시오.

(1) If she needs a book, I'll lend her (one / ones / them).

(2) Would you like (other / another) cup of coffee?

(3) Jessica is from Canada and Michael is from Canada, too. (One / Both) of them are from Canada.

(4) He doesn't like coffee and she doesn't like coffee, either. (One / None) of them likes coffee.

(5) (Both / All / Every) dog has its own day.

4 다음 우리말과 일치하도록 괄호 안에 주어진 단어를 알맞게 배열하시오.

(1) 너는 책상 위의 모든 책을 읽어야 한다. (all the books / you / read / should / on the desk)

→ _____

(2) 모든 학생들은 그 고양이를 좋아한다. (student / likes / the cat / every)

→ _____

(3) 각 선수들은 초록색 티셔츠를 입고 있다. (player / is / a green T-shirt / each / wearing)

→ _____

(4) 두 소녀는 모두 그림 그리기에 관심이 있다. (both / interested in / are / girls / drawing a picture)

→ _____

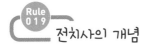

Rule 019 전치사의 개념

주로 시간, 장소를 표현할 때 우리말에는 '~에, ~에서'와 같은 표현이 있지요. 영어에서 그 역할을 하는 것이 전치사랍니다. 우리말은 '여섯 시 + 에', '공원 + 에서'와 같이 명사 뒤에 씁니다. 하지만 영어에서는 명사 앞에 쓰기 때문에, **명사 '전'에 온다고 해서 전치사라고 합니다.**

Rule 020 시간을 나타내는 전치사

시간을 나타내는 전치사는 at, in, on을 주로 쓰며 '(언제) ~에'로 해석합니다.

1 at을 쓰는 경우: 주로 특정 시간, 시각 앞

　🄔 at 6(6시에), at noon(정오에), at night(밤에)

　　I usually wake up at 6:00. 나는 보통 6시에 일어난다.

　　Let's meet at noon. 정오에 만나자.

　　She will be back at night. 그녀는 밤에 돌아올 것이다.

2 in을 쓰는 경우: 월, 계절, 연도, 세기 앞

　🄔 in December(12월에), in winter(겨울에), in 2000(2000년도에), in the 20th century(20세기에)

　　She traveled to Australia in December. 그녀는 12월에 호주로 여행을 갔다.

　　It snows a lot in winter. 겨울에는 눈이 많이 온다.

　　I was born in 2000. 나는 2000년도에 태어났다.

　　It started in the 20th century. 그것은 20세기에 시작되었다.

3 on을 쓰는 경우: 요일, 날짜, 특정한 날 앞

> 🔵 on Monday(월요일에), on June 14(6월 14일에), on Christmas(크리스마스에)
>
> I study English on Monday. 나는 월요일에 영어 공부를 한다.
>
> The festival begins on June 14. 그 축제는 6월 14일에 시작한다.   *festival 명 축제
>
> What are you going to do on Christmas? 크리스마스에 무엇을 할 거니?

준석쌤의 꿀팁

in을 쓰는 경우에 월, 계절, 연도, 세기가 오지 않는 경우가 있답니다. '아침에, 저녁에, 오후에' 라고 쓸 때
와 '~후에'라는 의미로 쓰이는 경우입니다.

in the morning(아침에), in the afternoon(오후에), in the evening(저녁에)

in 10 minutes(10분 후에), in one hour(한 시간 후에), in two weeks(2주 후에)

정답 및 해설 p. 4

Check-Up 1 다음 빈칸에 at, in, on 중에 알맞은 것을 쓰시오.

(1) _____ the afternoon	(2) _____ July	(3) _____ Sunday
(4) _____ night	(5) _____ Mother's Day	(6) _____ November 11
(7) _____ 6:30	(8) _____ 2015	(9) _____ summer

*November 명 11월

Rule 021 장소를 나타내는 전치사

간단히 장소을 나타내는 전치사는 at, in을 주로 쓰며 '(장소) + 에서'로 해석합니다. in은 at보다는 어디 안
에 있는 느낌, 말하는 사람과 밀접한 연관이 있는 장소라는 느낌을 줄 때 씁니다. at은 단순히 '누가 어디에 있다'
라는 '만나는 지점'이라는 느낌을 표현합니다.

> 🔵 Let's meet at the bus stop. 그 버스정류장에서 만나자.
>
> Go straight and turn right at the first corner. 직진해서 첫 번째 모퉁이에서 오른쪽으로 돌아라.
>
> They play baseball at school. 그들은 학교에서 야구를 한다.
>
> My sister is sleeping in the living room. 나의 여동생이 거실에서 자고 있다.   *living room 거실
>
> She walks her dog in the park. 그녀는 공원에서 개를 산책시킨다.   *park 명 공원
>
> I was born in Seoul. 나는 서울에서 태어났다.
>
> My uncle lives in Australia. 나의 삼촌은 호주에 사신다.   *uncle 명 삼촌

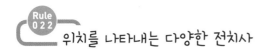

위치를 나타내는 다양한 전치사

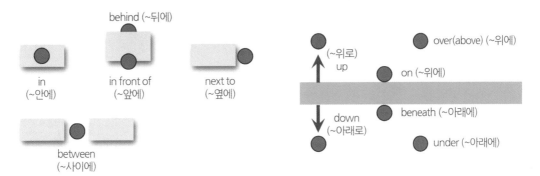

예 There is a ball in the box. 상자 안에 공이 하나 있다.

The man is in front of the movie theater. 그 남자는 영화관 앞에 있다.   *movie theater 영화관, 극장

There is a mountain behind his house. 그의 집 뒤에 산이 있다.

The bank is next to the post office. 은행은 우체국 옆에 있다.   *post office 우체국

There is a house between the trees. 나무 사이에 집이 한 채 있다.

A cat is on the chair. 고양이 한 마리가 의자 위에 있다.

Put your hands up. 양손을 위로 들어라.

You can put your hands down now. 이제 두 손을 아래로 내려도 된다.

The clock is above/over the table. 벽시계가 테이블 위에 있다.

The book is on the table. 책이 테이블 위에 있다.

The boat is beneath the waves. 그 배는 파도 아래에 있다.   *wave 명 파도

There is a coin under the desk. 책상 아래에 동전이 있다.

Check-Up 2 다음 그림을 보고 빈칸에 알맞은 것을 〈보기〉에서 골라 쓰시오.

〈보기〉 in on in front of next to between under behind above

(1) There is a cat _____ the sofa.

(2) There is a bench _____ the bakery.

(3) There are some books _____ the box.

(4) There is a teddy bear _____ the books.

(5) There is a soccer ball _____ the desk.

(6) There is a lamp _____ the table.

*bakery 몡 빵집 *soccer ball 축구공

Exercise

정답 및 해설 p. 4

1 다음 빈칸에 at, in, on 중에 알맞은 것을 쓰시오.

(1) My birthday is _____ December.

(2) He goes hiking _____ Saturday.

(3) I saw him _____ the bus stop.

(4) Her parents teach her _____ home.

(5) My dad is cooking _____ the kitchen.

2 다음 우리말과 일치하도록 빈칸에 알맞은 영단어를 쓰시오.

(1) 민수는 일요일마다 야구를 한다.

→ Minsu _____ baseball _____ _____.

(2) 나는 보통 아침 8시에 학교에 간다.

→ I usually _____ to school _____ 8 _____ the morning.

(3) 병원은 도서관 옆에 있다.

→ The _____ is _____ _____ the _____.

(4) 그는 30분 후면 숙제를 끝낼 것이다.

→ He will _____ his homework _____ 30 minutes.

(5) 우리는 교실에서 보드게임을 했다.

→ We played a board game _____ the _____.

3 다음 단어를 어법에 알맞게 배열하시오.

(1) (the morning / to the movies / I / in / went)

→ _____

(2) (night / books / reads / at / he)

→ _____

(3) (was born / 1970 / my / in / father)

→ _____

(4) (in front of / met / she / the building / her teacher)

→ _____

(5) (Brian / the box / the table / on / put)

→ _____

4 다음 질문에 대한 알맞은 대답을 괄호에 제시된 우리말을 참고하여 영어로 쓰시오.

(1) Where is your mom? → _____ (거실에)

(2) Where is your backpack? → _____ (책상 아래에)

(3) Where is Jiho? → _____ (Jane 옆에)

(4) Where is the pencil? → _____ (내 필통 안에)

1 다음 단어를 어법에 알맞게 배열한 것은? (2015 중1 진단평가 변형)

| It | on | the | is | . | floor | second |

① It is on the second floor.   ② It on the is floor second.

③ It on the second floor is.   ④ It is second the on floor.

⑤ It second on the is floor.

2 다음 대화의 빈칸에 들어갈 말로 알맞은 것은? (2015 중1 진단평가 변형)

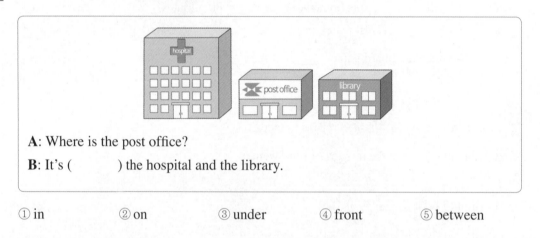

A: Where is the post office?

B: It's (　　　) the hospital and the library.

① in   ② on   ③ under   ④ front   ⑤ between

3 다음 대화의 빈칸 (A), (B), (C)에 들어갈 말로 알맞게 짝지은 것은? (2015 중1 진단평가 변형)

> **Sumin**: I'm Sumin. What's ___(A)___ name?
> **Jiho**: ___(B)___ name is Jiho.
> **Sumin**: Hi, Jiho. What grade are ___(C)___ in?
> **Jiho**: I'm in the first grade.
> **Sumin**: Really? I'm in the first grade, too.

	(A)		(B)		(C)
①	you	–	My	–	you
②	you	–	I	–	your
③	your	–	My	–	you
④	your	–	I	–	your
⑤	yours	–	My	–	you

4 다음 글의 빈칸에 들어갈 말로 알맞은 것은? (2015 중2 진단평가 변형)

> Paper folding is very interesting. You need a _____ of paper for it. You can make things like frogs and boats. Here are some other examples of folding paper.

① cup   ② glass   ③ loaf   ④ piece   ⑤ bottle

5 다음 글의 흐름으로 보아, 주어진 문장이 들어가기에 알맞은 곳은? (2015년 중2 진단평가)

> So I taught her how to ride a bike.

> My father taught me to ride a bike. (①) I could ride it in one day. (②) I showed Jisu how well I could do it. (③) She wanted to learn it, too. (④) Now she can ride it well. (⑤)

6 다음 대화의 빈칸에 들어갈 말로 알맞은 것은? (2014 중1 진단평가 변형)

> **A**: We will have a singing contest.
> **B**: When is it?
> **A**: On July 5th.
> **B**: Where?
> **A**: _____.

① By bus   ② Once a month   ③ At three o'clock
④ With my friends   ⑤ In the music room

7 다음 글의 빈칸 (A), (B)에 들어갈 말로 알맞게 짝지은 것은? (2015 중2 진단평가 변형)

> Students do many kinds of activities after school. ___(A)___ students enjoy playing soccer or basketball. ___(B)___ play the guitar or the drums.

	(A)		(B)			(A)		(B)
①	Some	–	Others		②	Some	–	All
③	All	–	Others		④	Others	–	Some
⑤	Others	–	All					

8 다음 글의 밑줄 친 부분이 가리키는 대상이 나머지 넷과 <u>다른</u> 것은? (2014 중2 진단평가)

> I have a dog. When I saw ① <u>her</u> yesterday, ② <u>she</u> looked sick. I was worried about ③ <u>her</u>. "Don't worry. ④ <u>She</u> will be okay." said my mom. ⑤ <u>She</u> took my dog to the animal doctor.

서술형 1

9 다음 대화를 읽고 질문에 답하시오. (2013 중1 학력평가 변형)

> A: The movie starts at 2 o'clock.
> B: Why don't we meet at 1:30 in front of the theater?
> A: I think it's too early.
> B: Then let's meet at 1:50.
> A: Okay. See you then.

(1) Where they will meet?

(2) What time they will meet?

서술형 2

10 다음 대화에서 어법상 잘못된 세 부분을 찾아 알맞게 고치시오. (2013 중2 학력평가 변형)

> A: Hi Jane. There is an free magic show at the Riverside Park.
> B: Really? When is it?
> A: It starts on six p.m. Let's go together!
> B: Why not? Let's meet at five in the bus stop.

(1) 잘못된 부분: _____ → 고친 답: _____

(2) 잘못된 부분: _____ → 고친 답: _____

(3) 잘못된 부분: _____ → 고친 답: _____

Part 2

동사 / 준동사

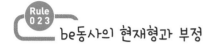

Rule 023 be동사의 현재형과 부정

I   am a student.
나는   학생입니다.

be동사의 현재형은 '~이다, ~에 있다'라는 뜻을 가지고 있어요. 보통 혼자 쓰지 않고 뒤에 '명사, 형용사가 나오거나, 장소를 나타내는 표현인 '전치사＋명사' 등이 온답니다. '~아니다, ~에 있지 않다'라고 **부정하려면 be동사 다음에 not을 쓰면** 됩니다.

예 I am a middle school student.
나는 중학생이다.

My dog is in the living room.
나의 개는 거실에 있다.

I am not a middle school student.
나는 중학생이 아니다.

My dog is not in the living room.
나의 개는 거실에 있지 않다.

주어에 따라 be동사의 형태는 바뀐답니다. 다음의 표를 보고 be동사의 형태를 익히세요.

수	인칭대명사		be동사의 현재형
단수	1인칭	I (나)	am
	2인칭	you (너)	are
	3인칭	he (그) / she (그녀)	is
		it (그것)	
복수	1인칭	we (우리들)	are
	2인칭	you (너희들)	
	3인칭	they (그들/그것들)	

정답 및 해설 p. 6

Check-Up 1 다음 빈칸에 알맞은 be동사의 현재형을 쓰시오.

(1) I _____   (2) They _____   (3) You _____

(4) My sister _____   (5) Mr. Kim _____   (6) He _____

(7) We _____   (8) Tom and Jerry _____   (9) Sora and I _____

be동사의 과거형과 부정

be동사의 과거형은 '~이었다(였다), ~가 있었다'라는 의미로 쓰입니다. was, were 두 종류가 있고, **주어가 단수일 때에는 was를 쓰고, 복수일 때에는 were를 씁니다.** 현재형과 마찬가지로 부정할 때에는 be동사 다음에 not을 쓰면 됩니다.

Batman was my hero.　　　　　Batman was not my hero.　　　*hero 몡 영웅
배트맨은 내 영웅이었다.　　　　배트맨은 내 영웅이 아니었다.

They were in my room.　　　　 They were not in my room.
그들은 나의 방에 있었다.　　　　그들은 나의 방에 있지 않았다.

수		인칭대명사	be동사의 과거형
단수	1인칭	I (나)	was
	2인칭	you (너)	were
	3인칭	he (그) / she (그녀)	was
		it (그것)	
복수	1인칭	we (우리들)	were
	2인칭	you (너희들)	
	3인칭	they (그들/그것들)	

정답 및 해설 p. 6

Check-Up 2 다음 빈칸에 알맞은 be동사의 과거형을 쓰시오.

(1) I _____   (2) The cats _____   (3) A baby _____

(4) My mom _____   (5) They _____   (6) We _____

(7) His teacher _____   (8) This book _____   (9) You _____

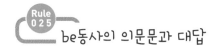

Rule 025 be동사의 의문문과 대답

'그는 너의 아버지이다'라는 영어 문장을 쓸 때, 먼저 주어인 He를 쓰고 그 다음 be동사 is를 쓰지요. 하지만 이 문장을 **의문문으로 만들기 위해서는 동사와 주어가 자리를 바꿔요.**

He is your dad. 그는 너의 아버지이다. (평서문)

Is he your dad? 그는 너의 아버지이니? (의문문)

이렇게 영어에서는 단어의 위치에 따라 문장의 의미가 변한답니다.

〈평서문〉	〈의문문〉
예 He was your homeroom teacher.	→ Was he your homeroom teacher? *homeroom teacher 담임 선생님
그는 너의 담임 선생님이었다.	그는 너의 담임 선생님이었니?
They are her friends.	→ Are they her friends?
그들은 그녀의 친구들이다.	그들은 그녀의 친구들이니?
The students were happy.	→ Were the students happy?
그 학생들은 행복했다.	그 학생들은 행복했니?

be동사의 의문문에 대한 대답은 Yes, No를 활용합니다.

예 Is he your dad? 그는 너의 아버지이니?

(긍정) Yes, he is (my dad).
  그래, 그는 나의 아버지이다.

(부정) No, he is not (my dad). = No, he isn't (my dad).
  아니, 그는 나의 아버지가 아니다.

Was Kevin kind? Kevin은 친절했니?

(긍정) Yes, he was (kind).
  그래, 그는 친절했어.

(부정) No, he was not (kind). = No, he wasn't (kind).
  아니, 그는 친절하지 않았어.

Were they happy? 그들은 행복했니?

(긍정) Yes, they were (happy).
  그래, 그들은 행복했어.

(부정) No, they were not (happy). = No, they weren't (happy).
  아니, 그들은 행복하지 않았어.

Check-Up 3 다음 그림을 보고, 빈칸에 알맞은 대답을 완성하시오.

Mike   Minsu

(1) Is Mike tall?

→ _____, _____ _____.

(2) Were you happy yesterday?

→ _____, _____ _____.

Exercise

정답 및 해설 p. 6

1 다음 우리말과 일치하도록 괄호 안의 단어들을 알맞게 배열하시오.

(1) Julian은 잘생겼다. (Julian / handsome / is)

→ _____

(2) 그들은 바쁘지 않다. (not / they / busy / are)

→ _____

(3) 그 영화는 재미있었다. (The movie / interesting / was)

→ _____

(4) 그 컴퓨터는 비싸지 않았다. (not / the computer / expensive / was)

→ _____

(5) 너는 학교에 지각을 했니? (for school / you / late / were)

→ _____

2 다음은 Sam과 Sally가 좋아하고 잘하는 과목들입니다. 내용을 참고하여 빈칸에 알맞은 영단어를 쓰시오.

	Sam	Sally
Last year	music, painting	history, music
This year	painting, P.E.	history, science

Last year, music and painting ___(1)___ Sam's favorite subjects. ___(2)___ and ___(3)___

___(4)___ Sally's favorite subjects last year. Music ___(5)___ ___(6)___ Sam's favorite

subject this year. His favorite subjects ___(7)___ painting and P.E. now.

DAY 06 일반동사 1

Rule 026 일반동사의 현재형

play, study, watch처럼 동작이나 행동을 나타내는 것을 일반동사라고 해요. **일반동사의 현재형은 '～하다,
～다' 라고 해석**하면 됩니다. 그리고 일반동사의 현재형은 다음과 같은 경우에 사용합니다.

1 현재의 동작, 상태, 감정을 표현할 때

예 I feel / happy.
나는 느낀다 / 행복하다고

2 반복되는 일상의 습관을 나타낼 때

예 I get up / at 6 in the morning.
나는 일어난다 / 아침 6시에

She jogs / every morning.
그녀는 조깅한다 / 매일 아침

*jog 통 조깅하다

3 불변의 진리나 일반적 사실을 나타낼 때

예 Two and two makes / four.
2와 2는(2 더하기 2는) 만든다 / 4를

The sun rises / in the east.
태양은 떠오른다 / 동쪽에서

Rule 027 주어가 3인칭 단수일 때 일반동사의 현재형

주어가 나(1인칭), 너(2인칭)이 아닌 **3인칭이면서 단수일 때, 일반동사의 현재형에는 -s나 -es를 붙여요.**

예 She goes to school at 8 o'clock. 그녀는 8시에 학교에 간다.

Kevin walks his dog in the afternoon. Kevin은 오후에 그의 개를 산책시킨다.

John and Daniel like playing baseball. John과 Daniel은 야구하는 것을 좋아한다.
<u>John and Daniel</u>   <u>like</u>
3인칭 복수   likes(×)

정답 및 해설 p. 7

Check-Up 1 다음 괄호 안에서 어법에 맞는 것을 고르시오.

(1) She (raise / raises) cats.

(2) Sam (cook / cooks) in the kitchen.

(3) I (play / plays) soccer with my friends.

(4) My brother (speak / speaks) English well.

(5) Sujin and Jisu (like / likes) to play badminton.

*raise ⑧ 기르다   *kitchen ⑲ 부엌

준석쌤의 꿀팁

＊일반동사에 -es를 붙이는 방법

1 일반동사의 철자가 ch, sh, ss, x, o로 끝날 때 동사에 -es를 붙여요.

왜? → -s를 붙이면 발음하기 힘들어서 -es를 붙여요.

brush → brushs (×), brushes (○)   pass → passs (×), passes (○)

2 일반동사의 철자가 자음＋y로 끝날 때는 y를 i로 바꾸고 -es를 붙여요.

왜? → y보다 상대적으로 발음하기 쉬운 i로 바꾼 뒤 -es 붙여요.

study → studys (×) studies (○)   cry → crys (×), cries (○)

(주의) play → plays(○), enjoy → enjoys(○)

＊play와 enjoy의 y 앞에는 a, o가 있잖아요. a, o는 모음으로 발음되기 때문에 -s만 붙인답니다.

3 기타

go → goes, do → does, have → has

정답 및 해설 p. 7

Check-Up 2 다음 괄호 안에서 어법에 맞는 것을 고르시오.

(1) He (watch / watchs / watches) movies on Sundays.

(2) Tom always (finish / finishs / finishes) his homework on time.

(3) They (go / gos / goes) to school every day.

(4) My sister (study / studys / studies) Japanese.

(5) The baby always (cry / crys / cries).

*on time 제 시간에, 정각에   *Japanese ⑲ 일본어

일반동사의 부정

I + don't + 일반동사의 원형

일반동사는 '~하다, ~다'로 해석한다고 배웠죠? 그래서 do동사라고도 한답니다. **부정할 때에는 do not 또는 don't를 동사 앞에 쓰면** 됩니다. 그리고 동사는 원래의 형태 즉, 원형을 쓰지요. 주어가 He / She / It처럼 3인칭 단수일 경우에는 does not 또는 doesn't를 동사 앞에 쓰면 됩니다. do를 does로 만들 때 이미 -es를 붙였으니 does not(doesn't) 다음에도 동사의 원형을 씁니다.

예 Please do not run here.
이곳에서 뛰지 마세요.

She does not feel good. (feels ×)
그녀는 기분이 좋게 느끼지 않는다.

I don't like orange juice.
나는 오렌지주스를 좋아하지 않는다.

He doesn't enjoy cooking. (enjoys ×)
그는 요리하는 것을 즐기지 않는다.

영어는 한국어보다 성격이 급한 언어랍니다. 한국어로 '나는 너를 좋아하지 않는다.'라고 하지만 영어로는 I don't like you.라고 합니다. 부정의 말을 먼저 하죠. 입으로 I don't, He doesn't라고 10번씩 발음해 보세요. 영어는 부정을 한국말보다 더 빨리 표시한다는 것을 완전히 숙지해야 해요.

정답 및 해설 p. 7

Check-Up 3 다음 문장을 부정문으로 만드시오.

(1) I like apple juice. → _____

(2) She likes playing the guitar. → _____

(3) They walk to school. → _____

(4) Jane watches TV. → _____

(5) Paul makes dinner for her. → _____

*dinner 명 저녁, 만찬

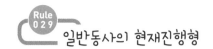

일반동사의 현재진행형

오른쪽 그림처럼 **지금 동작이 계속되고 있을 때 '현재진행형'**이라 해요. 영어로는 '**be동사의 현재형 + 동사 + -ing**'로 표현해요. 뜻은 '**~하고 있는 중이다**'로 하면 됩니다. 만약 **부정의 표현**을 하고 싶으면, '**be동사의 현재형 + not + 동사 + -ing**'로 not을 be동사 다음에 쓰면 됩니다. be동사는 주어에 따라서 바뀐다는 것, 기억하고 있죠?

긍정	부정
I am listening to music. 나는 음악을 듣고 있는 중이다.	I am not listening to music. 나는 음악을 듣고 있는 중이 아니다.
You are reading a book. 너는 책을 읽는 중이다.	You are not reading a book. 너는 책을 읽고 있는 중이 아니다.
Alex is watching the program. Alex는 그 프로그램을 보고 있는 중이다.	Alex is not watching the program. Alex는 그 프로그램을 보고 있는 중이 아니다.
They are making cookies. 그들은 쿠키를 만드는 중이다.	They are not making cookies. 그들은 쿠키를 만드는 중이 아니다.

준석쌤의 꿀팁

* 일반동사에 -ing를 붙이는 방법

1 대부분의 일반동사 + -ing

do → doing, watch → watching, see → seeing, study → studying

2 일반동사가 e로 끝날 때: e를 생략 + -ing

make → making, write → writing, come → coming, invite → inviting

3 일반동사가 단모음 + 단자음으로 끝날 때: 마지막 자음 한 번 더 쓰고 + -ing

cut → cutting, swim → swimming, hit → hitting, stop → stopping

4 일반동사가 ie로 끝날 때 : ie를 y로 바꾸고 + -ing

die → dying, lie → lying

Check-Up 4 다음 문장을 괄호 안의 단어를 활용하여 현재진행형으로 완성하시오.

(1) The girl _____ the piano. (play)

(2) The boy _____. (swim)

(3) He _____ a picture. (take)

(4) They _____ a movie. (watch)

(5) You _____ math. (study)

(6) Tom _____ to school. (walk)

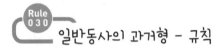

일반동사의 과거형 - 규칙

과거   현재

He played soccer.   ?

현재보다 단 1초라도 이전에 했던 동작을 표현할 때 일반동사의 과거형을 사용해요. '~했다'라고 해석하고, 지금은 무엇을 하고 있는지 알 수 없어요. 현재형과 달리, **일반동사의 과거형은 주어의 인칭에 관계없이** **'일반동사의 현재형＋-ed'**를 기억하면 편한데, 이것을 규칙 과거형이라고 합니다.

준석쌤의 꿀팁

＊일반동사의 과거형을 만드는 규칙

1 동사원형＋-ed

listen → listened, look → looked, rain → rained, watch → watched, finish → finished

2 e로 끝나는 동사＋-d

love → loved, live → lived, hate → hated, close → closed, like → liked, dance → danced

3 자음＋y로 끝나는 동사 : y를 i로 바꾸고＋-ed

try → tried, cry → cried, study → studied

4 단모음＋단자음으로 끝나는 1음절 동사 : 마지막 자음 한번 더 쓰고＋-ed

stop → stopped, drop → dropped

Check-Up 5 다음 동사의 과거형을 쓰시오.

(1) walk → _____   (2) play → _____

(3) look → _____   (4) clean → _____

(5) study → _____   (6) stop → _____

(7) try → _____   (8) dance → _____

(9) watch → _____   (10) enjoy → _____

*아래 동사들의 과거형은 꼭 알아두세요.

	단어	과거형		단어	과거형
1	listen	listened	16	live	lived
2	look	looked	17	hate	hated
3	rain	rained	18	dance	danced
4	watch	watched	19	invite	invited
5	finish	finished	20	close	closed
6	open	opened	21	love	loved
7	walk	walked	22	like	liked
8	talk	talked	23	try	tried
9	enjoy	enjoyed	24	cry	cried
10	play	played	25	marry	married
11	stay	stayed	26	study	studied
12	wash	washed	27	carry	carried
13	brush	brushed	28	stop	stopped
14	fix	fixed	29	drop	dropped
15	clean	cleaned	30	plan	planned

1 다음 괄호 안에서 어법에 맞는 것을 고르시오.

(1) (They / Kevin) waters the garden in the evening.

(2) (My uncle / My parents) fixes the car.

(3) (Mary / I) have a computer.

(4) Mike (don't / doesn't) finish a puzzle.

(5) Melanie (don't / doesn't) do her homework.

(6) Tom and Matthew (don't / doesn't) play soccer.

(7) My sister doesn't (look / looks) happy.

(8) Jane (play / plays / playing) the violin.

(9) The baby is (cry / cries / crying).

(10) My friends (am / are / is) studying English now.

2 다음 〈보기〉에서 의미상 알맞은 단어를 골라 빈칸에 쓰시오.

〈보기〉 invited   washed   helped   brushed   played

(1) She _____ the dishes.

(2) I _____ her to my house.

(3) Yuri _____ her teeth.

(4) I _____ baseball yesterday.

(5) She _____ me to finish my homework.

3 다음 우리말과 일치하도록 빈칸에 알맞은 영단어를 쓰시오.

(1) 민수는 아침에 라디오를 듣는다.

   → Minsu _____ to the radio in the morning.

(2) 내 아버지께서는 매일 신문을 읽으신다.

   → My father _____ the newspaper every day.

(3) 내 동생은 토요일마다 그의 방을 청소한다.

   → My brother _____ _____ room on Saturdays.

⑷ Jason은 저녁 식사 후에 설거지를 한다.

→ Jason _____ the dishes after dinner.

⑸ 그들은 항상 방과 후에 축구를 한다.

→ They always _____ soccer after school.

⑹ 나는 지금 만화책을 읽고 있는 중이다.

→ I am _____ a comic book now.

⑺ 나의 부모님들께서는 그들의 방에서 주무시는 중이다.

→ My parents _____ _____ in their room.

⑻ Tyler는 수영장에서 지금 수영하고 있는 중이다.

→ Tyler _____ _____ in the pool now.

⑼ 나는 학교에 가고 있는 중이다.

→ I _____ _____ to school.

⑽ 너는 지금 무엇을 하는 중이니?

What _____ you _____ now?

⑾ 그들은 그 파티에서 춤을 추었다.

→ They _____ at the party.

⑿ 그는 어제 거실 청소를 했다.

→ He _____ the living room yesterday.

⒀ 나는 지난 겨울에 내 할머니 댁에 방문했다.

→ I _____ my grandmother's house last winter.

⒁ 그녀는 시험을 대비하여 열심히 공부했다.

→ She _____ hard for the test.

⒂ 지호는 5년 전에 부산에 살았다.

→ Jiho _____ in Busan 5 years ago.

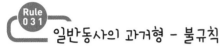
DAY 07 일반동사 2

Rule 031 일반동사의 과거형 - 불규칙

> 아이구 머리야!
> -(e)d만 붙이면 과거형이라더니
> 불규칙은 또 뭐야!

지금까지 일반동사의 과거형은 동사원형에 -(e)d 또는 자음을 한번 더 쓰고 -ed를 붙인다는 규칙에 대해서 공부했지요. 그런데, 이런 규칙이 적용되지 않는 동사들이 있지요. 이른바 **불규칙 과거형**인데요. 아래 불규칙 과거형의 대표적인 동사들을 확인해보고 외우세요.

	원형	뜻	과거형		원형	뜻	과거형
1	begin	시작하다	began	21	break	부수다	broke
2	bring	가져오다	brought	22	buy	사다	bought
3	catch	잡다	caught	23	choose	선택하다	chose
4	come	오다	came	24	do	하다	did
5	draw	그리다	drew	25	eat	먹다	ate
6	feel	느끼다	felt	26	find	찾다	found
7	forget	잊다	forgot	27	get	얻다	got
8	give	주다	gave	28	go	가다	went
9	grow	자라다, 키우다	grew	29	have	가지다	had
10	hear	듣다	heard	30	know	알다	knew
11	lose	잃다, 지다	lost	31	leave	떠나다	left
12	make	만들다	made	32	meet	만나다	met
13	run	달리다	ran	33	ride	타다	rode
14	say	말하다	said	34	see	보다	saw
15	send	보내다	sent	35	sing	노래하다	sang
16	sleep	자다	slept	36	speak	말하다	spoke
17	stand	서다	stood	37	swim	수영하다	swam
18	take	잡다	took	38	teach	가르치다	taught
19	tell	말하다	told	39	win	이기다	won
20	write	쓰다	wrote	40	wear	입다	wore

정답 및 해설 p. 8

Check-Up 1 다음 동사의 과거형을 쓰시오.

(1) come → _____　　(2) write → _____　　(3) meet → _____　　(4) give → _____

(5) see → _____　　(6) go → _____　　(7) run → _____　　(8) have → _____

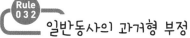

Rule 032 일반동사의 과거형 부정

I　　+　　[didn't + eat(일반동사)]

I / loved.　　　　　　I / didn't love. (loved ×)
나는 / 사랑했다.　　　　나는 / 사랑하지 않았다.

I / ate.　　　　　　　I / didn't eat. (ate ×)
나는 / 먹었다.　　　　　나는 / 먹지 않았다.

love, eat의 과거형은 각각 loved(규칙), ate(불규칙)이지요. 하지만 과거의 부정을 표현할 때 동사가 규칙인지 불규칙인지는 중요하지 않아요. 과거의 부정을 나타내는 **did not(didn't)을 쓰고 동사원형을 쓰면 됩니다.** 이미 did 자체에 과거 의미가 있기 때문에, 동사를 과거형으로 쓸 필요가 없답니다. 앞에서 한번만 과거라는 것을 알려주면 되는 것이지요.

정답 및 해설 p. 8

Check-Up 2 다음 문장을 부정문으로 만드시오.

(1) I saw you yesterday. → _____

(2) We ate sandwiches for lunch. → _____

(3) He played soccer with his friends. → _____

(4) You went to the park last Sunday. → _____

(5) My mom bought a Christmas present for me. → _____

*present ⑲ 선물

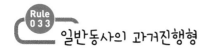
일반동사의 과거진행형

과거에 진행중인 동작, 끝나지 않은 동작을 말할 때 써요. **주어가 단수이면 was, 복수이면 were를 쓰고 그 뒤에 동사＋-ing**를 붙이면 됩니다. 뜻은 '～하는 중이었다, ～하고 있었다'로 하면 되요. 만약 **부정하고 싶으면, 'was / were＋not＋동사＋-ing'**로 not을 be동사 다음에 쓰면 됩니다.

긍정	부정
I was watching a movie. 나는 영화를 보는 중이었다.	I was not watching a movie. 나는 영화를 보는 중이 아니었다.
They were talking. 그들은 이야기하는 중이었다.	They were not talking. 그들은 이야기하는 중이 아니었다.

정답 및 해설 p. 8

Check-Up 3 다음 문장을 부정문으로 만드시오.

(1) She was playing the guitar. → _____

(2) You were singing the song. → _____

(3) Mike was riding a bike. → _____

(4) They were wearing a cap. → _____

(5) I was doing my homework. → _____

Exercise

정답 및 해설 p. 9

1 다음 빈칸에 동사의 과거형을 쓰시오.

	원형	뜻	과거형		원형	뜻	과거형
(1)	begin	시작하다		(11)	go	가다	
(2)	break	깨뜨리다		(12)	know	알다	
(3)	bring	가져오다		(13)	make	만들다	
(4)	come	오다		(14)	read	읽다	
(5)	do	하다		(15)	run	달리다	
(6)	draw	그리다		(16)	say	말하다	
(7)	drink	마시다		(17)	see	보다	
(8)	feel	느끼다		(18)	sleep	자다	
(9)	get	얻다		(19)	take	가져가다	
(10)	give	주다		(20)	win	이기다	

2 다음 괄호 안에 주어진 동사를 활용하여 과거형 문장을 만드시오.

(1) I _____ lunch with Jane. (have)

(2) John _____ a book yesterday. (buy)

(3) I _____ my mom's birthday. (forget)

(4) Mike _____ his textbook in the morning. (lose)

(5) Sam _____ a letter to his friend. (write)

3 다음 괄호 안에 주어진 동사를 알맞은 형태로 고치시오.

(1) They (take) many pictures last night. → _____

(2) He (break) his leg last year. → _____

(3) She (come) back to Korea yesterday. → _____

(4) She (be) reading a book at that time. → _____

(5) I (do) study math yesterday. So, I failed the math test. → _____

4 다음 우리말과 일치하도록 괄호 안에 주어진 단어들을 활용하여 영작하시오.

(1) 그는 그 영화를 즐기지 않았다. (enjoy / the movie)

→ _____

(2) 나는 어제 책을 읽지 않았다. (read / a book)

→ _____

(3) Jane은 작년에 일본에서 살지 않았다. (live / in Japan)

→ _____

(4) 우리들은 피자를 조금 먹고 있는 중이었다. (eat / some pizza)

→ _____

(5) 나는 차를 한 잔 마시는 중이었다. (drink / a cup of tea)

→ _____

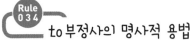

DAY 08 to부정사

Rule 034
to부정사의 명사적 용법

to부정사는 'to + 동사원형'으로 써요. 문장에 따라 해석은 다르지만, 그 중 제일 기본이 '~하는 것, ~하기, ~할지'로 해석되는 명사적 용법이랍니다. 즉, **to부정사의 명사적 용법은 'to + 동사원형'이 문장에서 주어, 목적어, 보어 자리에 와서 명사 역할을 하는 것**입니다.

1 주어 자리: (~하는 것, ~하기, ~할지) + 은, 는, 이, 가

예 To learn Chinese / is not easy.
중국어를 배우는 것 ⊕은 / 쉽지 않다

To read the book / is difficult   *difficult 웹 어려운
그 책을 읽는 것 ⊕은 / 어렵다

2 보어 자리: (~하는 것, ~하기, ~할지) + 이다

예 His dream / is to be a baseball player.
그의 꿈은 / 야구 선수가 되는 것 ⊕이다

My hobby / is to collect postcards.   *collect 동 모으다
내 취미는 / 우편엽서를 수집하는 것 ⊕이다   *postcard 명 우편엽서

3 목적어 자리: (~하는 것, ~하기, ~할지) + 을, 를

예 She wants / to travel abroad.
그녀는 원한다 / 해외 여행을 하는 것 ⊕을

He likes / to draw a cartoon.   *abroad 부 해외로
그는 좋아한다 / 만화를 그리는 것 ⊕을   *cartoon 명 만화

4 의문사 + to 부정사 : 의문사의 의미 + ~할지

예 I don't know / how to use it.
나는 모른다 / 그것을 어떻게 사용해야 ⊕할지

She knows / when to start.
그녀는 안다 / 언제 시작 ⊕할지

I want to know / what to eat.
나는 알고싶다 / 무엇을 먹어야 ⊕할지

Tell me / where to go.
나에게 말해줘 / 어디로 가야 ⊕할지

Check-Up 1 다음 문장을 해석하고, 밑줄 친 부분의 역할을 고르시오.

(1) <u>To ride a bike</u> is exciting. (주어 / 보어 / 목적어)

→ _____

(2) Do you want <u>to drink some tea</u>? (주어 / 보어 / 목적어)

→ _____

(3) My hobby is <u>to collect postcards</u>. (주어 / 보어 / 목적어)

→ _____

(4) <u>To study English</u> is important. (주어 / 보어 / 목적어)

→ _____

*exciting 휑 재미있는, 흥미로운   *important 휑 중요한

준석쌤의 꿀팁

To learn Chinese / is not easy.
중국어를 배우는 것 (＋은) / 쉽지 않다

이 문장은 앞서 공부했지요. 그런데 '중국어를 배우는 것'이라는 말이 앞에 오면 주어가 조금 길어요. 그래서 일단 '쉽지 않아'라고 먼저 표현하고 그 다음에 '중국어를 배우는 것은'처럼 쓰기도 한답니다.

_____ is not easy / to learn Chinese.
　쉽지 않다　　　　　　중국어를 배우는 것은

그런데 위처럼 주어 자리에 아무것도 없으면 안 되거든요. 그래서 자리만 차지하는 가짜 주어 It을 넣게 된답니다. 하지만 실제로는 '그것은'이라고 해석하지 않아요. 이 It을 '가주어'라 하고, 실제로 '~은'이라고 해석되는 'to learn Chinese' 부분이 진주어가 됩니다.

It is not easy / to learn Chinese.
가주어　　　　　　　진주어

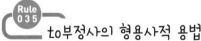

Rule 035 to부정사의 형용사적 용법

'할 일', '맛있는 요리'처럼 우리말은 형용사가 명사 앞에서 명사를 꾸며주지요. 하지만 영어에서는 '<u>어떤 것 마실</u>' 처럼 뒤에서 꾸며주는 경우도 많아요. 이와 같이 'to+동사원형'이 주로 명사 뒤에서 '~할, ~해야

할'이라는 의미로 명사를 꾸며주는 형용사 역할을 할 때 '형용사적 용법'이라고 해요.

예 I want / something / to drink.
나는 원한다 / 어떤 것 / 마실

I have / a lot of work / to do / today.
나는 가지고 있다 / 많은 일 / 할 / 오늘

준석쌤의 꿀팁

*to부정사의 형용사적 용법에서 꼭 알아두어야 할 두 가지를 살펴볼게요.

1 뒤에 전치사가 같이 쓰이는 경우

이야기하다 + 친구 (×)	이야기하다 + 친구와 (○)
앉다 + 의자 (×)	앉다 + 의자에/의자 위에 (○)

위에 쓰인 '~와'는 with이고, '~에/~위에'는 on이 된답니다. 영어에서는 전치사가 꼭 필요한 순간이 있답니다. 학생들이 시험에서 많이 틀리고 어려워하는 부분이니 집중해서 학습하세요.

예 I need a friend / to talk with.
나는 친구가 필요하다 / (함께) 말 할
talk with a friend
친구와(함께) 말하다

Can you give me something / to write with?
너는 나에게 무언가를 줄 수 있니 / (가지고) 쓸?
write with something
무언가를 가지고 쓰다

I'm looking for a chair / to sit on.
나는 의자를 찾고 있다 / (위에) 앉을
sit on a chair
의자 위에 앉다

Kevin bought a box / to put his things in.
Kevin은 상자를 하나 샀다 / 그의 것들을 (안에) 넣을
put his things in a box
상자 안에 그의 것들을 넣다

2 It is time + to 부정사 : ~할 시간이다

예 It is time / to go to sleep.
~ 할 시간이다 / 잠자리에 들

It is time / to go to school.
~할 시간이다 / 학교에 갈

It is time / to have lunch.
~ 할 시간이다 / 점심을 먹을

It is time / to say good-bye.
~할 시간이다 / 작별 인사를 할

정답 및 해설 p. 9

Check-Up 2 다음 괄호 안에서 어법에 맞는 것을 고르시오.

(1) I found some books (read / to read / to reading).

(2) She needs a sheet of paper (write / to write / to write on).

(3) He bought a T-shirt (wear / to wear / to wear on).

(4) Would you like something hot (drink / to drink / to drank)?

(5) I need a house (live / to live / to live in).

*a sheet of paper 종이 한 장

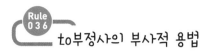

Rule 036 to부정사의 부사적 용법

나와라, 만능 총!

분명히 총 한자루를 꺼냈는데 여러 기능을 하고 있죠? to부정사 중에서 가장 많은 의미로 해석되는 것이 부사적 용법이랍니다. 부사적 용법은 **to부정사가 문장에서 형용사, 부사, 동사를 꾸며주는 부사 역할을 하는 것**입니다. 아래 부사적 용법을 잘 학습해보세요.

1 목적: ~ 하기 위해서, ~하기 위하여

예 I came here / to see you.
나는 여기에 왔다 / 너를 보기 위해서

Jason learned French / to work there.
Jason은 프랑스어를 배웠다 / 그곳에서 일하기 위해서

*French 명 프랑스어

2 감정의 원인 : ~해서, ~하니까, ~하고서는(happy, sad, surprised, glad 등 감정을 나타내는 형용사 뒤에 주로 쓰임)

예 I was very happy / to get a good grade.
나는 매우 행복했다 / 좋은 성적을 얻어서

*grade 명 성적

They were surprised / to hear the news.
그들은 놀랐다 / 그 뉴스를 들어서

*surprise 동 놀라다

3 판단의 근거: ~을 보니, ~하다니

예 He is very kind / to help the poor.
그는 매우 친절하다 / 가난한 사람을 돕는 것을 보니

You must be angry / to say so.
너는 화가 났음에 틀림없다 / 그렇게 말하다니

4 결과: ~그 결과 ~하다

예 He grew up / to be a doctor.
그는 자랐다 / 그 결과 의사가 되었다

*grow up 자라다, 성장하다

He went to the office / to find the door locked.
그는 사무실로 갔다 / 그 결과 문이 잠겨 있는 것을 발견했다.

준석쌤의 꿀팁

부사적 용법에서 '목적'(~하기 위해서)로 쓰인 문장은 in order to ~를 사용하여 바꿔 쓸 수 있어요.

예 I came here to see you.

= I came here in order to see you.

주로 더 정중하고, 공식적인 느낌을 주고 싶을 때 in order to ~를 쓴답니다.

정답 및 해설 p. 9

Check-Up 3 다음 문장의 밑줄 친 부분을 해석하시오.

(1) Sam came here <u>to learn Korean culture.</u> → _____

(2) I am happy <u>to hear that.</u> → _____

(3) Bob is kind <u>to carry my bag.</u> → _____

(4) I was surprised <u>to meet you there.</u> → _____

(5) She went to the library <u>to return some books.</u> → _____

*culture 圐 문화 *carry 圏 옮기다 *library 圐 도서관 *return 圏 반납하다

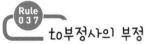

to부정사의 부정

여자는 아니라고 하는데 꽃을 들고 가는 우리의 준석, 참 난감한 상황이네요. 영어는 부정하는 표현이 부정하려는 대상 앞에 온답니다. 따라서 **to부정사의 부정**은 not을 to부정사 앞에 쓰면 된답니다.

◉ He decided / not to watch the movie.
그는 결심했다 / 그 영화를 보지 않기로

Mr. Kim told me / not to be late again.
김 선생님은 나에게 말씀하셨다 / 다시는 늦지 말라고

정답 및 해설 p. 10

Check-Up 4 다음 문장의 밑줄 친 부분을 부정하는 부정문을 쓰시오.

(1) I decided <u>to play</u> computer games. → _____

(2) Amy tried <u>to cry.</u> → _____

(3) We decided <u>to go</u> to the party. → _____

(4) <u>To be late</u> for school is my goal for this year. → _____

(5) <u>To tell a lie</u> is important. → _____

*decide 圏 결심하다 *try to ∼하려고 노력하다 *goal 圐 목표 *tell a lie 거짓말하다 *important 圐 중요한

1 다음 우리말과 일치하도록 빈칸에 알맞은 영단어를 쓰시오.

(1) 나는 어떻게 스파게티를 만드는지 모른다.

→ I don't know _____ _____ make spaghetti.

(2) 그녀는 무엇을 입을지 결정할 수 없었다.

→ She couldn't decide _____ _____ wear.

(3) 새끼 새들은 어떻게 나는지를 배운다.

→ Bady birds learn _____ _____ fly.

(4) Tom은 그 책을 사기를 원한다.

→ Tom wants _____ _____ the book.

(5) 그의 직업은 영어를 가르치는 것이다.

→ His job is _____ _____ English.

2 다음 우리말과 일치하도록 괄호 안의 단어를 알맞게 배열하시오.

(1) 그의 숙제는 그의 선생님을 인터뷰하는 것이다.

(to / his teacher / his homework / is / interview)

→ _____

(2) 진실을 말하는 것은 어렵다.

(difficult / the truth / it / to / tell / is)

→ _____

(3) 몇 개의 앉을 의자들이 있다.

(to / a few / there / sit on / chairs / are)

→ _____

(4) 나는 끝마쳐야 할 보고서가 하나 있다.

(finish / to / have / I / a report)

→ _____

(5) 그는 돌봐야 할 다섯 명의 아이들이 있다.

(has / take care of / he / five children / to)

→ _____

3 다음 괄호 안의 단어를 의미에 맞도록 알맞게 배열하시오.

(1) I felt lucky (again / find / my / to / wallet).

→ _____

(2) They were shocked (news / hear / to / the).

→ _____

(3) She went to the bathroom (brush / to / her / teeth).

→ _____

(4) He got up early (be / not / for / to / late / school).

→ _____

(5) He is very kind (his / to / brother / take / of / care).

→ _____

4 다음 문장의 밑줄 친 부분이 to부정사의 어떤 용법인지 쓰시오.

(1) I stayed up all night to study math.

(2) I'm very sad to hear the news.

(3) The girl wants to buy some snacks to eat.

(4) It is interesting to draw cartoons.

동명사의 개념

우리말의 '공부하기'라는 말을 만들기 위해서는 먼저 '공부하다'라는 동작이 떠오르죠? 그 다음 '~하기'라는 말을 붙이면 됩니다. 마찬가지로 영어도 Study(공부하다)라는 동사를 떠올립니다. 그 다음 -ing를 붙이면 '~하기'라는 뜻이 더해진답니다. 이와 같이 **동사에 -ing가 붙어 '~하기, ~하는 것'이라는 명사 의미로 쓰이는 것을 '동명사'**라고 한답니다.

준석쌤의 꿀팁

동명사를 만드는 방법은 현재진행형을 만드는 방법과 동일합니다. 현재진행형 만드는 방법 기억하고 있나요? 다시 한 번 복습해봅시다.

동사의 형태	만드는 방법	예
대부분의 동사	+ -ing	cook → cooking, draw → drawing
e로 끝나는 동사	e를 빼고 + -ing	write → writing, make → making
단모음+단자음으로 끝나는 동사	마지막 자음 한번 더 쓰고 + -ing	cut → cutting, swim → swimming
ie로 끝나는 동사	ie를 y로 바꾸고 + -ing	die → dying, lie → lying

정답 및 해설 p. 10

Check-Up 1 다음 동사를 동명사로 만드시오.

(1) listen → _____　　　　(2) run → _____　　　　(3) sing → _____

(4) watch → _____　　　　(5) hit → _____　　　　(6) take → _____

동명사의 위치

요리하기는 ...
나는 요리하기를 ...

1 주어 자리: ~은, 는, 이, 가

　Playing basketball / is fun.
　　농구하는 것은 / 재미있다

Telling a lie / is not right.
거짓말을 하는 것은 / 옳지 않다

2 보어 자리: ~이다(주로 be동사 다음)

　My hobby / is collecting stamps.
　　나의 취미는 / 우표를 모으는 것이다

Your problem / is yelling at your children.
너의 문제는 / 너의 아이들에게 소리 지르는 것이다　　*yell 홍 소리 지르다

3 목적어 자리: ~을, 를

　I enjoy / watching movie on TV.
　　나는 즐긴다 / TV로 영화 보는 것을

I like / reading comic books.　　*comic book 만화책
나는 좋아한다 / 만화책을 읽는 것을

4 전치사의 목적어

　I am sorry / for being late.
　　나는 미안하다 / 늦어짐 때문에(늦어져서)

I am interested / in playing the piano.
나는 관심이 있다 / 피아노를 연주하는 것에

*be interested in ~에 관심이 있는

준석쌤의 꿀팁

동명사가 전치사의 목적어로 쓰이는 것이 좀 어렵나요? 전치사는 주로 장소, 시간을 나타낼 때 쓴다고 배웠지요. 하지만 그 밖에도 다양한 내용을 전달할 때 쓴답니다. 위의 예문에 나온 for를 정리해볼게요.

・for + 기간 → ~동안　　　　　　　　・for + 이유 → ~ 때문에

for 다음에 being late가 온 이유를 설명해볼게요. '전치사 + 명사'의 결합은 이미 배웠죠. for는 전치사니까 다음에 '명사'가 나와야 해요. 하지만 late라는 단어는 '늦은'이라는 형용사죠. 그래서 '늦다'라고 하려면 be late가 되어야 한답니다. late를 lating으로 바꿀 수 없기 때문에 be에 -ing를 더해서 being late라는 표현을 씁니다.

Check-Up 2 다음 밑줄 친 부분을 우리말로 해석하시오.

(1) <u>Playing a board game</u> is interesting. → _____ 재미있다.

(2) He enjoys <u>riding a bike</u>. → 그는 _____ 즐긴다.

(3) My dream is <u>becoming a nurse</u>. → 나의 꿈은 _____ 이다.

(4) Jenny is interested in <u>taking pictures</u>. → Jenny는 _____ 관심이 있다.

(5) Becky finished <u>reading the book</u>. → Becky는 _____ 끝냈다.

*nurse 명 간호사

동명사 vs to부정사

> to cook, cooking
> 둘 다 ~하기 인데
> 도대체 멀 써야하지?

과연 to cook이 맞을까요? cooking이 맞을까요? 아니면 둘 다 가능할까요? 이것은 동작을 담당하는 '동사'가 결정한답니다.

1 동명사만 목적어로 취하는 동사: enjoy(즐기다), mind(꺼려하다), give up(포기하다), finish(끝내다), avoid(피하다) → 즐기고 피하거나 끝내는 것으로 암기하세요.

예 He enjoys / playing cards. (○)　　　　　He enjoys to play cards. (×)
　　그는 즐긴다 / 카드하는 것을

　　I finished / writing a letter. (○)　　　　I finished to write a letter. (×)
　　나는 끝마쳤다 / 편지 쓰는 것을

2 동명사와 to부정사를 동시에 목적어로 취하는 동사: begin(시작하다), start(시작하다), like(좋아하다), love(사랑하다) → 시작하거나 좋아(사랑)하는 것으로 암기하세요.

예 It started / to snow(snowing) in the evening.　　　　*snow 통 눈이 오다
　　시작했다 / 저녁에 눈이 오기

　　She loves / to go(going) to the mall.
　　그녀는 좋아한다 / 그 몰에 가는 것을

─ 정답 및 해설 p. 11 ─

Check-Up 3 다음 괄호 안에서 어법에 맞는 것을 고르시오.

(1) I enjoy (draw / to draw / drawing) cartoons.

(2) She likes (take / to take / to taking) pictures.

(3) He started (play / to played / playing) soccer 2 years ago.

(4) Tom wanted (cook / to cook / cooking) ramen.

(5) Would you mind (open / to open / opening) the window?

*mind ⑧ 꺼려하다

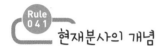

현재분사의 개념

A man   A dancing man

현재분사는 '동사＋-ing'의 형태이지만 동명사처럼 '～하기'라는 의미로 쓰이지 않아요. **현재분사는 주로 명사 앞, 뒤에서 '～하는'으로 쓰이거나, be동사 뒤에서 '～하고 있는 중이다'라는 진행형으로 쓰이지요.** 예문을 보면 어렵지 않게 익힐 수 있어요.

1 형용사로 쓰일 때: ～하는, ～하고 있는

예 The dancing man / is my uncle.
　 춤을 추고 있는 남자가 / 나의 삼촌이다

　 The baby crying on the bed / is my sister.
　 침대 위에서 울고 있는 그 아기가 / 나의 여동생이다

2 진행형으로 쓰일 때: ～하고 있는 중인

예 My uncle / is dancing / in the living room.
　 나의 삼촌은 / 춤을 추고 있다 / 거실에서

　 The baby / was crying / on the bed.
　 그 아기는 / 울고 있었다 / 침대 위에서

> **준석쌤의 꿀팁**
>
> '침대 위에서(위치) 울고 있는(상태) 아기'처럼 명사를 두 가지 이상의 수식어로 꾸며줄 때는 보통 명사 뒤에서 꾸며 준답니다. The baby crying on the bed ～～～～～.
> 　　　　　　　　　　　　　　　　　　 ①　　 ②

3 목적어의 상태(목적격 보어)를 나타낼 때

예 I saw / him dancing / in the living room.
나는 봤다 / 그가 춤추고 있는 것을 / 거실에서

I heard / them yelling / at me.
나는 들었다 / 그들이 소리지르는 것을 / 나에게

She kept / me waiting / for half an hour.   *half an hour 30분
그녀는 계속하게 했다 / 내가 기다리는 것을 / 30분 동안

준석쌤의 꿀팁

목적어의 상태가 많이 어렵죠? 아래의 그림을 보면 도움이 될 거에요.

① I   ② saw   ③ him   ④ dancing   ⑤ in the living room.

정답 및 해설 p. 11

Check-Up 4 다음 괄호 안에서 어법에 맞는 것을 고르시오.

(1) He is (paint / painted / painting) pictures.

(2) The boy (walk / to walk / walking) on the street is my brother.

(3) Jenny is the girl (wear / wore / wearing) a pink skirt.

(4) Ted felt someone (touched / to touch / touching) his shoulder.

(5) I saw you (played / to play / playing) the violin.

*skirt 명 치마   *shoulder 명 어깨

1 다음 문장의 밑줄 친 부분을 어법상 알맞은 형태로 고치시오.

(1) I'm interested in grow vegetables. → _____

(2) Thank you for visit me. → _____

(3) She gave up drink and smoke. → _____

(4) I finished to read the book. → _____

(5) She is look for her pencil case. → _____

2 다음 괄호 안에서 어법에 맞는 것을 고르시오. (답이 2개인 경우는 2개를 모두 고를 것)

(1) She likes (read / reading / to read) books about science.

(2) It suddenly began (rain / raining / to rain) hard outside.

(3) I'm sorry for (be / being / to be) late today.

(4) He started (water / watering / to water) the plants.

(5) Minsu didn't mind (explain / explaining / to explain) it again.

3 다음 우리말과 일치하도록 괄호 안의 단어를 알맞게 배열하시오.

(1) 그녀는 누군가가 그녀의 등을 만지는 것을 느꼈다.

(felt / she / her back / someone / touching)

→ _____

(2) 나는 그 아이들이 우는 것을 보았다.

(saw / crying / I / the children)

→ _____

(3) 의자에 앉아 있는 저 남자를 봐라.

(the man / look / on the chair / sitting / at)

→ _____

(4) 나는 그가 교실에서 영어 공부하는 것을 보았다.

(I / studying English / saw / in the classroom / him)

→ _____

1 다음 대화의 빈칸에 들어갈 대답으로 알맞은 것은? (2014 중1 진단평가 변형)

> ### Do you like school lunch?
>
> **A**: Yes, I like my school lunch.
>
> **B**: Me, too. It is delicious.
>
> **C**: _____ There are too many vegetables.
>
> **D**: I can try many kinds of food. So, I love it.
>
> **E**: I like it, because I can eat with friends.

① Yes, I do.

② No, I like it.

③ Yes, I don't.

④ No, I don't like it.

⑤ I like my school lunch.

2 다음 글의 밑줄 친 부분 중 어법상 틀린 것은? (2014 중2 진단평가 변형)

> The trees ① are talking about the lions in their jungle.
>
> **Tree 1**: There ② is many lions in this jungle.
>
> **Tree 2**: They ③ kill other animals.
>
> **Tree 3**: So, our jungle ④ smells of dead animals.
>
> **Tree 4**: The lions ⑤ are very noisy, too.
>
> **All trees**: We don't like them!

3 다음 글의 제목으로 알맞은 것은? (2014 중2 진단평가)

> I went to Busan with my family. I went there by train. I saw the beautiful sea. I ate some seafood and took many pictures. I also enjoyed the Busan Film Festival. I had a great time.

① Food in Busan　　② A Trip to Busan　　③ People in Busan

④ Photos of Busan　　⑤ A Festival in Busan

4 다음 (A), (B), (C)에서 어법상 알맞은 것을 골라 짝지은 것은? (2014 중3 학업성취도평가 변형)

Mr. Gordon was a teacher in a little village school. He was a kind old man and the children (A) (like / liked) him. They enjoyed his lessons and he enjoyed (B) (teaching / to teach) them. There was no piano at the school. This sometimes made him a little unhappy, because he loved music very much. But he sang with the children. He filled their young minds with songs and stories. The children were happy (C) (taking / to take) his lessons.

	(A)		(B)		(C)
①	like	–	teaching	–	taking
②	like	–	to teach	–	taking
③	liked	–	teaching	–	taking
④	liked	–	teaching	–	to take
⑤	liked	–	to teach	–	to take

5 다음 사진을 묘사한 글에서 밑줄 친 단어의 쓰임이 옳지 않은 것은? (2015 중3 학업성취도평가 변형)

I took this photo yesterday at the baseball stadium. A guard was ① <u>talking</u> to a girl with a cap. He was showing her the way. He was wearing a uniform with glasses. He ② <u>looked</u> gentle and nice. An interesting thing was that he was ③ <u>sitting</u> on a vehicle. It could go forward and backward. It ④ <u>had</u> two wheels. He was ⑤ <u>holding</u> the handle bar with one hand. Doesn't he look so cool?

서술형 1

6 다음은 민지의 일기이다. 〈조건〉에 맞게 일기의 마지막 문장을 완성하시오. (2015 중3 학업성취도평가)

〈조건〉 • 그림의 상황에 맞게 doctor라는 단어를 포함하여 문장을 완성할 것
• 4~6개의 단어로 문장을 완성할 것

I went to a beach this afternoon with my friends, Nathan and Janet. The weather was so great that we swam a lot. But then I felt like I had a fever, so _____.

서술형 2

7 다음 글을 읽고 물음에 답하시오. (2015 중2 진단평가 변형)

Students do many kinds of activities after school. Some students enjoy to play soccer or basketball. Some students take more classes to study. Other students play the guitar or the drums.

(1) 윗글의 밑줄 친 부분을 우리말로 해석하시오.

→ _____

(2) 윗글에서 어법상 잘못된 부분을 찾아 바르게 고쳐 쓰시오.

잘못된 부분: _____ → 고친 답: _____

DAY 10 감각동사/지각동사

Rule 042 감각동사의 개념

It smells bad.
그것은 / 냄새가 난다 / 나쁜

It tastes good.
그것은 / 맛이 난다 / 좋은

맛, 느낌, 소리, 냄새, 겉보기에 대해 표현할 때 쓰는 동사를 감각동사라고 해요. 동사에 이미 '~하게, ~한'이라는 의미가 포함되어 있으므로 **뒤에는 형용사가 온답니다.**

- feel: ~하게 느끼다
- look: ~하게 보이다
- sound: ~하게 들리다 ⎵ + 상태를 표현하는 형용사
- smell: ~한 냄새가 나다
- taste: ~한 맛이 나다

준석쌤의 꿀팁

감각동사 다음에는 보통 우리말로 '~하게'라는 의미인 부사가 뒤에 올 것 같지만, 형용사가 온다는 것에 조심하세요!

예 I felt happy. (happily)   나는 행복하게 느낀다.

He looks sad. (sadly)   그는 슬프게 보인다.

Her voice sounds strange. (strangely)   그녀의 목소리는 이상하게 들린다.

*strange 형 이상한

정답 및 해설 p. 13

Check-Up 1 다음 괄호 안에서 어법에 맞는 것을 고르시오.

(1) I feel (sad / sadly).

(2) The soup smells (good / well).

(3) Mr. White looked (angry / angrily).

(4) That sounds (strange / strangely).

(5) The cake tastes (delicious / deliciously).

*angry 형 화난 *delicious 형 맛있는

지각동사의 개념

지각동사는 우리가 생명을 유지하기 위해 동작하는 동사를 말합니다. 즉, 주변의 사람, 사물(목적어)이 무엇을 하는지(동작)를 느끼는 see, feel, hear, watch, smell과 같은 동사들이에요.

> 예 I / saw / him / dance / in the living room. (○)
> 나는 / 보았다 / 그가 / 춤추는 것을 / 거실에서
>
> I / saw / him / dancing / in the living room. (○)
> 나는 / 보았다 / 그가 / 춤추고 있는 것을 / 거실에서
>
> I saw him to dance in the living room. (×)

목적어(him)의 상태를 나타낼 때, 동사원형(dance) 또는 현재분사(dancing)을 씁니다. 위의 예문에서 보듯이 to부정사는 쓸 수 없어요. 동사원형을 쓸 때는 보통 동작이 끝난 것을, 현재분사를 쓸 때에는 그 순간에 동작이 계속되고 있는 것을 말해요. 예문을 더 살펴보지요.

> 예 Matilda / saw / her sister / sing / on the stage.
> Matilda는 / 봤다 / 그녀의 여동생이 / 노래하는 것을 / 무대에서
> *stage 명 무대
>
> Matilda / saw / her sister / singing / on the stage. (멈추지 않고 계속 노래 불렀음)
> Matilda는 / 봤다 / 그녀의 여동생이 / 노래하고 있는 것을 / 무대에서

I / heard / the baby / cry.
나는 / 들었다 / 그 아기가 / 우는 것을

I / heard / the baby / crying. (멈추지 않고 계속 울었음)
나는 / 들었다 / 그 아기가 / 울고 있는 것을

Did you hear / the dog / bark?

*bark ⑧ 짖다

너는 들었니 / 그 개가 / 짖는 것을

Did you hear / the dog / barking? (멈추지 않고 계속 짖었음)
너는 들었니 / 그 개가 / 짖고 있는 것을

준석쌤의 꿀팁

감각동사와 지각동사를 어떻게 구분하는지 헷갈리죠? feel같은 동사는 감각동사와 지각동사로 다 쓰이기도 하니 더 그럴 거예요. 하지만 결정적인 것은 문장의 구조가 다르다는 점! 감각동사는 2형식, 지각동사는 5형식 문장에 사용되지요. 다시 말해 감각동사는 주어가 느끼는 것을 바로 말할 때 쓰이고, 지각동사는 목적어가 한 것을 주어가 말하고 싶을 때 쓰입니다. 문장의 형식은 Day 30에서 더 자세하게 공부할 거예요.

I   feel   +   happy.
　　감각동사　+　　형용사
나는 행복하다고 느낀다.

I   felt   +   someone   +   touch / touching my head.
　지각동사　+　　목적어　　+　동사원형 또는 현재분사
나는 어떤 사람이 내 머리를 만지는 것을 느꼈다.

정답 및 해설 p. 13

Check-Up 2 다음 괄호 안에서 어법에 맞는 것을 고르시오.

(1) Mina saw her mom (baked / baking) some cookies.

(2) He heard the children (laugh / to laugh) together.

(3) I felt something (touching / to touch) my finger.

(4) Did you see her (play / played) the cello?

(5) Jason watched her (to swim / swimming) in the pool.

*bake ⑧ 굽다　*finger ⑲ 손가락　*pool ⑲ 수영장

정답 및 해설 p. 13

1 다음 문장을 우리말로 해석하시오.

(1) The food smells bad. → _____

(2) I saw them study English hard. → _____

(3) I watched him entering the room. → _____

(4) You look tired today. → _____

(5) This orange smells really good. → _____

2 다음 문장에서 잘못된 부분을 찾아 알맞게 고치시오.

(1) I watched my brother painted a picture.

　잘못된 부분: _____ → 고친 답: _____

(2) I heard him to sing his favorite song.

　잘못된 부분: _____ → 고친 답: _____

(3) She heard someone to call her name.

　잘못된 부분: _____ → 고친 답: _____

(4) Jack looks sadly today.

　잘못된 부분: _____ → 고친 답: _____

(5) That sounds well to me.

　잘못된 부분: _____ → 고친 답: _____

3 다음 우리말과 일치하도록 괄호 안에 주어진 단어를 활용하여 영작하시오.

(1) 나는 그들이 어떤 것을 적고 있는 것을 보았다. (see)

　→ _____

(2) 그녀는 그 탁자가 흔들리는 것을 느꼈다. (shake)

　→ _____

(3) 그 꽃은 좋은 향기가 난다. (smell)

　→ _____

Rule 044 사역동사의 개념

이제 집에 가도 돼!

네.

She let him go.

사역동사는 다른 사람이 '~하게 하다'라는 의미를 가지고 있고, make, have, let이 대표적인 사역동사입니다. 세 단어가 상대방에게 주는 의미의 강도는 다르고, 아래와 같은 문장 형태를 만들어요.

make	(강하게 ~하게 하다)	
have	(설득하여 ~하게 하다)	목적어(대상) + 동사원형
let	(허락해 주다)	

예 Dad / made / me / do my homework.
아빠는 / 시켰다 / 나를 / 내 숙제를 하도록

Mom / had / me / clean my room.
엄마는 / 시켰다 / 나를 / 내 방 청소를 하도록

Mr. Han / let / us / play soccer.
한 선생님은 / 허락했다 / 우리들을 / 축구를 하도록

정답 및 해설 p. 13

Check-Up 1 다음 괄호 안에서 어법에 맞는 것을 고르시오.

(1) She had me (come / came) home early.

(2) I'll let you (know / to know) how it works.

(3) He always makes her (smile / smiles).

(4) Sarah had her husband (stay / staying) home.

(5) I can't make her (stop / to stop) crying.

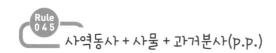

사역동사 + 사물 + 과거분사(p.p.)

우리말로는 '나 오늘 차 수리했어.'라고 하지만 실제로는 내가 직접 수리한 것은 아니죠. 돈을 주고 정비사에게 맡긴 것인데 영어권 원어민들은 위와 같이 오해할 수 있어요. '나 오늘 차 수리했어.'라는 말을 그대로 영어로 옮겨 볼게요.

I repaired / my car / today.
나는 수리했어 / 내 차를 / 오늘

말 그대로 내가 내 차를 스스로 수리했다고 영작이 되었죠? 하지만 실제로는 돈을 주고 정비사가 수리하도록 '대행(대신 시키는 것)' 했으니 **사역동사를 써서 다음과 같이 나타낸답니다.**

I had / my car / repaired / today.
나는 (돈을 주고 대행)시켰다 / 내 차를 / 수리 되도록 / 오늘

여기서 중요한 것은 repaired에요. 어? 앞서 학습한 바에 따르면 repair 해야 맞지 않나요? 하지만 앞에서 나온 문장들과 큰 차이가 있답니다.

She let Jiho go. (○) : Jiho go → 지호가 가다 (의미가 자연스러움)

I had my car repair today. (×) : my car repair → 내 차가 수리하다 (의미가 이상함)

I had my car repaired today. (○)

'내 차가 수리하다'라는 말은 이상하죠? '내 차를 (다른 누군가가) 수리하다'라는 말이 더 자연스럽지요. 이렇게 **사역동사 뒤에 오는 목적어가 사물일 때 그 다음에 주로 과거분사(p.p.)가 와야 알맞답니다.** 사물은 뭔가를 하는 게 아니라 당하는 입장이기 때문에 해석으로 동사원형을 쓸 것인지, 과거분사(p.p.)를 쓸 것인지 결정해야 해요. 아주 중요한 부분이니 다음의 예문을 반드시 잘 익히세요.

ⓔ My homeroom teacher / made / the classroom / cleaned.
나의 담임선생님은 / 시켰다 / 교실이 / 청소되도록

He / had / his car / washed.
그는 / 했다 / 그의 차가 / 세차되도록

Julia / had / her arm / broken.
Julia는 / 했다 / 그녀의 팔이 / 부러지도록

여기서 등장한 과거분사(p.p.)가 무엇인지 궁금하죠? past participle(과거분사)를 줄여서 p.p.라 하고, Rule 41에 나온 현재분사와 꼭 연결해야 해요. 현재분사는 '~하는, ~하고 있는'이라는 뜻이지만 과거분사는 주로 '~된', '~되어진'으로 해석이 된답니다. 앞으로 배울 수동태, 완료시제 등에서 또 등장하니 그 형태를 유심히 살펴보세요.

	원형	과거형	과거분사(p.p.)
1	love	loved	loved
2	bite	bit	bitten
3	break	broke	broken
4	give	gave	given
5	do	did	done
6	choose	chose	chosen
7	forget	forgot	forgotten
8	get	got	gotten(got)
9	find	found	found
10	make	made	made
11	send	sent	sent
12	see	saw	seen
13	wear	wore	worn
14	write	wrote	written
15	eat	ate	eaten
16	kill	killed	killed
17	use	used	used

― 정답 및 해설 p. 13 ―

Check-Up 2 다음 괄호 안에서 어법에 맞는 것을 고르시오.

(1) He had the wall (paint / painted).

(2) He had the children (play / played) outside.

(3) She let her hair (cut / cuts).

(4) I made my leg (break / broken).

(5) Mom made me (wash / washed) the dishes.

*wash the dishes 설거지하다

1 다음 문장을 우리말로 해석하시오.

(1) Sam let his children eat the sandwiches. → _____

(2) My English teacher made me write the sentences. → _____

(3) He had me do my homework. → _____

(4) The man made his room cleaned. → _____

(5) Let me know your phone number. → _____

2 다음 우리말과 일치하도록 괄호 안의 단어를 알맞게 배열하시오.

(1) 그 간호사는 내가 소매를 걷어 올리도록 시켰다. (roll up / my sleeve / me / the nurse / made)

→ _____

(2) 그녀는 내가 말하는 것을 그만하도록 했다. (stop / talking / she / me / had)

→ _____

(3) 그는 그들이 축구 경기를 보게 했다. (he / them / watch / had / the soccer game)

→ _____

(4) 부모님은 내가 일찍 자도록 했다. (early / to / made / bed / me / my parents / go)

→ _____

(5) 나는 머리를 잘랐다. (my / I / had / hair / cut)

→ _____

3 다음 문장의 밑줄 친 부분을 어법에 알맞게 고치시오.

(1) Let me to introduce you to him. → _____

(2) He had the hair dresser cutting his hair. → _____

(3) Mom made me cleaned my room. → _____

(4) She let the wall paint. → _____

(5) Jane made her car fix. → _____

동사 + 목적어 + to부정사

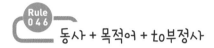

Rule
046

동사 + 목적어 + to부정사

① My mom ② forced ③ me ④ to work out.

지각동사, 사역동사를 제외하고 '상대방이 뭔가를 하게끔 만드는 동사'는 ③ 사람 다음에 ④ to부정사를 써요. 해석은 '①은 ③이 ④하게끔 ②하다'로 하면 자연스러워요. 아래 정리한 해석 방법을 토대로 예문을 충분히 익혀보세요.

① My mom	② forced	③ me	④ to work out	해석 방법
주어	want ask advise allow expect forbid order tell force	목적어	to + 동사원형	①은 ③이 ④하기를 원하다 ①은 ③이 ④하라고 요구하다 ①은 ③이 ④하라고 충고하다 ①은 ③이 ④하는 것을 허락하다 ①은 ③이 ④하기를 기대하다 ①은 ③이 ④하는 것을 금지하다 ①은 ③이 ④하라고 명령하다 ①은 ③이 ④하라고 말하다 ①은 ③이 ④하라고 강제하다

예 I / want / you / to do your best.   *best 명 최선
나는 / 원한다 / 네가 / 최선을 다하기를

He / advised / me / to be careful.   *careful 형 조심하는
그는 / 충고했다 / 나에게 / 조심하라고

Mom / told / John / to take care of his brother.   *take care of ~을 돌보다
엄마는 / 말했다 / John에게 / 그의 남동생을 돌보라고

목적어 다음에 to 부정사를 사용하는 동사들을 다 외울 필요는 전혀 없답니다. 앞서 배웠던 지각동사＋사람＋동사원형, 사역동사＋사람＋동사원형을 떠올리면 된답니다.

지각동사: see, feel, hear, watch, smell...

사역동사: make, have, let

'지각동사, 사역동사들을 제외한 다른 대부분의 동사들＋목적어＋to부정사'라고 생각하면 간단합니다.

정답 및 해설 p. 14

Check-Up 1 다음 괄호 안에서 어법에 맞는 것을 고르시오.

(1) Ms. Kim told us (clean / cleaning / to clean) the room.

(2) Jisu made me (wash / washing / to wash) the dishes.

(3) I saw Tina (played / play / to play) the violin.

(4) He advised me (finish / finished / to finish) my homework.

(5) My father allowed me (go / going / to go) to the concert.

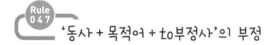

'동사 + 목적어 + to부정사'의 부정

'동사＋목적어＋to부정사'를 부정하는 방법은 두 가지가 있어요. **동사 앞에 don't, doesn't, didn't를 써서 부정하는 방법**과 **to부정사 앞에 not을 써서 부정하는 방법**이 있지요. 두 가지 방법에는 의미의 차이가 있으니 아래의 예문을 읽어보면서 차이점을 확인해보세요.

The general / ordered us / to move.
그 장군은 / 우리들에게 명령했다 / 움직이라고

→ (1) The general / didn't order us / to move. (동사 부정)
　　그 장군은 / 우리에게 명령하지 않았다 / 움직이라고

→ (2) The general / ordered us / not to move. (to부정사 부정)
　　그 장군은 / 우리들에게 명령했다 / 움직이지 말라고

*general 명 장군

Mom / told us / to watch TV.
엄마는 / 우리들에게 말했다 / TV를 보라고

→ (1) Mom / didn't tell us / to watch TV. (동사 부정)
　　엄마는 / 우리에게 말하지 않았다 / TV를 보라고

→ (2) Mom / told us / not to watch TV. (to부정사 부정)
　　엄마는 / 우리들에게 말했다 / TV를 보지 말라고

Check-Up 2 다음 우리말과 일치하도록 제시된 문장을 알맞게 고치시오.

(1) 나는 그들이 오늘 밤 영화 보러 가는 것을 허락하지 않을 것이다.

I will allow them to go to the movies tonight.

→ _____

(2) 그는 그 소년들에게 그 방에 들어가지 말라고 말했다.

He told the boys to enter the room.

→ _____

(3) 그들은 그가 시험에 통과할 것이라고 예상하지 않았다.

They expected him to pass the test.

→ _____

(4) 나는 그녀가 그 책을 읽는 것을 바라지 않는다.

I want her to read the book.

→ _____

(5) 그녀는 우리에게 시끄럽게 하지 말라고 충고했다.

She advised us to make a noise.

→ _____

*pass ⑧ 통과하다   *make a noise 시끄럽게 하다

Exercise

1 다음 괄호 안에서 어법에 맞는 것을 고르시오.

(1) She advised her son (stay / to stay) calm.

(2) My sister let me (wear / to wear) her dress.

(3) I saw them (dance / to dance) at the festival.

(4) I want him (exercise / to exercise) every day.

(5) My English teacher told me not (make / to make) the same mistake again.

2 다음 우리말과 일치하도록 빈칸에 알맞은 영단어를 쓰시오.

(1) 나는 Kevin에게 탁자를 옮겨 달라고 요청했다.

→ I _____ Kevin _____ _____ the table.

(2) 나의 부모님은 내가 건강하기를 원하신다.

→ My parents _____ me _____ _____ healthy.

(3) 그 경찰은 우리들이 집에 머물러야 한다고 충고했다.

→ The police officer _____ us _____ _____ at home.

(4) Sam의 아버지는 그가 밤에 외출하는 것을 금하신다.

→ Sam's father _____ _____ _____ go out at night.

(5) Jenny는 내가 그녀의 펜을 사용하도록 허락해주었다.

→ Jenny allowed _____ _____ _____ her pen.

3 다음 우리말과 일치하도록 잘못된 부분을 알맞게 고치시오.

(1) He wanted me study harder. 그는 내가 더 열심히 공부하기를 원했다.

잘못된 부분: _____ → 고친 답: _____

(2) They asked me to not open the window. 그들은 나에게 창문을 열지 말라고 요청했다.

잘못된 부분: _____ → 고친 답: _____

(3) Our teacher always tells we to be honest. 우리 선생님은 항상 우리에게 정직하라고 말씀하신다.

잘못된 부분: _____ → 고친 답: _____

(4) The man not ordered us to move. 그 남자는 우리에게 움직이지 말라고 명령했다.

잘못된 부분: _____ → 고친 답: _____

(5) My parents told me don't play computer games. 나의 부모님은 나에게 컴퓨터 게임을 하지 말라고 말씀하셨다. 잘못된 부분: _____ → 고친 답: _____

DAY 13   의미상 주어

Rule
048

to부정사의 의미상 주어 - for + 목적격

일어나, 미나야!

엄마 ... 안 먹을래 ...

It is hard to have breakfast. 아침 먹는 것은 어렵다. (일반적)

It is hard for Mina to have breakfast. 미나가 아침 먹는 것은 어렵다. (미나)

첫 번째 문장과 달리 두 번째 문장에서 아침 먹는 것이 어려운 것이 바로 미나가 대상이에요. 다른 사람에게 어려운 게 아니라 바로 미나에겐 아침 먹기가 어렵다는 거죠. 이와 같이 **to부정사** 앞에 'for + 목적격'으로 **행위자를 표시**하는데, 이를 **to부정사의 의미상 주어**라고 한답니다.

예 It is dangerous / for you / to go out late.
위험하다 / 네가 / 늦게 밖에 나가는 것은

It is important / for him / to take some rest.   *rest 명 휴식
중요하다 / 그가 / 휴식을 취하는 것은

It is easy / for her / to solve the math problem.   *math 명 수학 *problem 명 문제
쉽다 / 그녀가 / 그 수학 문제를 푸는 것은

— 정답 및 해설 p. 15 —

Check-Up 1 다음 괄호 안의 인칭대명사를 활용하여 의미상 주어를 알맞은 곳에 쓰시오.

(1) It is not easy to solve this problem. (she)

(2) It is difficult to speak English. (I)

(3) It is impossible to get there on time. (we)

(4) It is important to exercise regularly. (they)

(5) It is hard to get up early. (he)

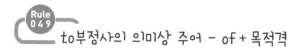

Rule 049 to부정사의 의미상 주어 – of + 목적격

> It is nice
> of her to eat breakfast.

to부정사의 의미상 주어는 'for + 목적격'이라고 학습했죠. 그런데 위의 그림에서 'of + 목적격'이 나와서 많이 당황하셨죠? 많은 시험에서 'for를 쓰느냐 of를 쓰느냐'를 다루고 있답니다. **of는 위 예문에서 나온 것처럼 nice와 같이 '사람의 성격'을 나타내는 형용사가 나올 때 쓴답니다.** 반대로 for는 사람의 성격을 나타내는 게 아니라 '상황, 문제, 일'이 어떤지를 말하는 형용사가 나올 때 씁니다.

'상황, 문제, 일'이 어떤지를 말하는 형용사		'사람의 성격'을 나타내는 형용사	
hard 어려운		nice (사람이) 좋은, 다정한	
difficult 어려운		kind 친절한	
possible 가능한	for + 목적격	polite 공손한	of + 목적격
impossible 불가능한		wise 현명한	
important 중요한		stupid 어리석은	
dangerous 위험한		rude 무례한	

예 It is very kind / of you / to help me.
매우 친절하다 / 네가 / 나를 도와주다니

It is so stupid / of him / to make such a mistake.
매우 멍청하다 / 그가 / 그런 실수를 하다니

*mistake 명 실수

It is wise / of her / to say so.
현명하다 / 그녀가 / 그렇게 이야기하다니

정답 및 해설 p. 15

Check-Up 2 다음 괄호 안에서 어법에 맞는 것을 고르시오.

(1) It is nice (of / for) you to carry my bag.
(2) It is important (of / for) him to read the book.
(3) It is rude (of / for) her to talk like that.
(4) It is smart (of / for) you to solve the problem.
(5) It is dangerous (of / for) her to run so fast.

1 다음 단어들 중 'of + 목적격'과 어울리면 동그라미, 'for + 목적격'과 어울리면 네모 표시를 하시오.

> wise   nice   difficult   kind   dangerous   generous   polite   careless   hard   rude
>
> easy   stupid   safe   impossible   important   possible   foolish   smart

2 다음 문장의 의미상 주어에 유의하여 해석하시오.

(1) It is very difficult for her to wake up early in the morning.

→ _____

(2) It is not easy for me to write a diary in English.

→ _____

(3) It was nice of him to lend me the book.

→ _____

(4) It is impossible for them to finish the project.

→ _____

3 다음 우리말과 일치하도록 괄호 안의 단어를 알맞게 배열하시오.

(1) 그녀가 그 소년을 도와준 것은 매우 친절했다.

(to / kind / the boy / of / it / very / help / her / was)

→ _____

(2) 그가 이런 날씨에 운전을 한다는 것은 불가능하다.

(impossible / him / drive / it / to / in this weather / is / for)

→ _____

(3) 하나가 영어 숙제를 하는 것은 쉽지 않다.

(to / for / do / Hana / English homework / not / is / easy / it)

→ _____

(4) 네가 그렇게 행동하다니 예의가 바르다. (of / it / act like that / polite / is / you / to)

→ _____

DAY 14 수동태

아이쿠!
내가 개에 물렸다!
그 개가 나를 물었다!

저는 개를 무서워 합니다. 아주 어릴 때 한번 물렸었거든요. 개에 물린 다음 엄마에게 그 상황을 설명했었는데요. 두 가지 방법이 있었답니다. 하나는 말하는 '내가 개에 물렸다', 다른 하나는 '그 개가 나를 물었다!'

위에서 '내가, 그 개가'는 둘 다 문장에서 주어가 됩니다. '은, 는, 이, 가'로 끝났으니까요. 그런데 그 다음 동작의 느낌이 다르네요. '물었다'와 '물렸다'를 영어로 옮겨보도록 할게요.

A dog / bit / me.
한 개가 / 물었다 / 나를

I / was bitten / by a dog.
나는 / 물렸다(물림을 당했다) / 한 개에 의해

두 표현 중 '~를 당하다'라는 의미를 가지는 것을 '수동태'라 하고 동사의 형태는 'be동사 + 과거분사(p.p.)'를 씁니다. 뒤에는 보통 'by + 행위자'를 써서 '~에 의해'라고 해석하죠.

───────── 정답 및 해설 p. 16

Check-Up 1 (1)의 예시를 참고하여 동사의 수동형을 쓰시오.

(1) eat → be eaten   (2) break → _____   (3) write → _____
(4) call → _____   (5) send → _____   (6) do → _____
(7) play → _____   (8) bite → _____   (9) steal → _____

*bite ⑧ 물다   *steal ⑧ 훔치다

수동태의 시제

친구가 눈치 없이 준석이가 어제 개에 물린 이야기를 하네요. '그가 개에게 물린다'라는 문장을 여러 시간에 맞춰서 표현해보도록 하죠.

예 He / is bitten / by a dog. (현재)
그는 / 물린다 / 개에게

He / was bitten / by a dog. (과거)
그는 / 물렸다 / 개에게

He / will be bitten / by a dog. (미래)
그는 / 물릴 것이다 / 개에게

미래에 개에 물릴 것이라는 표현은 악담에 가깝네요. 이렇게 **be동사의 형태를 변화시키거나 그 앞에 will과 같은 조동사를 더함으로써 수동태의 시간, 즉 시제를 표현**할 수가 있답니다. 미래를 나타내는 조동사 will에 대해 조금 더 자세히 알고 싶다면 Rule 77을 참고하세요.

—— 정답 및 해설 p. 16 ——

Check-Up 2 다음 우리말과 일치하도록 빈칸에 들어갈 be동사의 알맞은 형태를 쓰시오.

(1) 그 책은 그녀에 의해 쓰여졌다.

The book _____ written by her.

(2) 그 건물은 James에 의해 건축될 것이다.

The building will _____ built by James.

(3) 그 편지는 매일 그의 남동생에 의해 보내진다.

The letter _____ sent by his brother every day.

(4) 그 창문은 Tom에 의해 깨졌다.

The window _____ broken by Tom.

(5) 승자는 왕에게 호명될 것이다.

The winner will _____ called by the King.

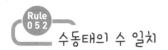

Rule 052 수동태의 수 일치

이번에는 준석이 동생까지 두 명이 물렸네요. 주어가 둘 이상이면 복수가 되므로, be동사의 형태를 바꾸면 된답니다. 주어가 복수일 때의 수동태 표현도 시제별로 확인해보세요.

> **예** They / are bitten / by a dog. (현재)
> 그들은 / 물린다 / 개에게
>
> They / were bitten / by a dog. (과거)
> 그들은 / 물렸다 / 개에게
>
> They / will be bitten / by a dog. (미래)
> 그들은 / 물릴 것이다 / 개에게

정답 및 해설 p. 16

Check-Up 3 다음 괄호 안에서 어법에 맞는 것을 고르시오.

(1) The letters (am / are / is) written by my father.

(2) Harry Potter (was / were) written by J.K. Rolling.

(3) The cars (was / were) stolen by him.

(4) The buildings (am / are / is) designed by Sally.

(5) My cell phone (was / were) broken by my sister.

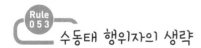

Rule 053 수동태 행위자의 생략

'한 남자가 살해되었다.'를 영어로 옮기면, A man was killed.가 되지요. 원래 뒤에 'by + 행위자'가 나와야 하는데, 누가 그 행동을 했는지 알 수 없기 때문에 행위자를 적지 않아도 됩니다. 또한 **말하는 사람이 생각할 때 행위자가 별로 중요하지 않거나, 숨기고 싶다면 역시 'by + 행위자'를 생략하는 경우가 많답니다.**

ⓔ The building / was built / in 2002.
그 건물은 / 지어졌다 / 2002년에

My wallet / was stolen / yesterday.
나의 지갑이 / 도둑맞았다 / 어제

The computer / was broken.
그 컴퓨터는 / 고장났다.

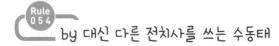

by 대신 다른 전치사를 쓰는 수동태

수동태 문장의 'by + 행위자'에서 by가 아닌 다른 전치사를 사용하는 경우가 있답니다. 흔히 숙어처럼 외우는 것들이랍니다. 아래 정리된 것을 잘 익혀두세요.

표현	의미	표현	의미
be tired of	~에 싫증내다	be filled with	~로 가득 차 있다
be full of	~로 가득 차 있다	be covered with	~로 덮여 있다
be pleased with	~로 기뻐하다	be satisfied with	~로 만족하다
be interested in	~에 관심이 있다	be surprised at	~에 놀라다
be shocked at	~에 충격 받다	be worried about	~을 걱정하다
be known to	~에게 알려지다	be known as	~로서 알려지다

준석쌤의 꿀팁

주로 '~로'라는 표현은 with, of를 많이 씁니다. 또한 관심이 있다는 것은 어디 '안'에 푹 빠져있는 것이므로 in을 쓰구요. 감정 표현인 '~에'는 at을, '~에 대해'는 about을 써요. 그리고 '~에게'는 to를, '~로서'는 as를 떠올려보세요.

Check-Up 4 다음 괄호 안에서 어법에 맞는 것을 고르시오.

(1) I'm satisfied (in / to / with) the news.

(2) His room is filled (of / with / about) toys.

(3) The library is full (of / with / about) interesting books.

(4) The song is known (to / as / at) everybody.

(5) Beyonce is known (to / as / at) a famous singer.

(6) My sister is interested (in / to / with) cooking.

*interesting ⑱ 재미있는 *famous ⑱ 유명한

조동사 + 수동태

조동사(can, will, may, must 등)＋수동태를 써서 의미를 더 풍부하게 나타낼 수 있어요. **조동사＋수동태의 부정은 조동사 다음에 not**을 쓰면 됩니다. 조동사에 대한 자세한 내용은 이어지는 Day 21과 Day 22에서 확인해 보세요.

예 It   can   be done.
        할 수 있다 ＋ 행해지다 → 행해질 수 있다
그것은 행해질 수 있다.

Korean   will   be spoken all over the world.
         할 것이다 ＋ 말되어지다 → 말되어질 것이다(사람들이 말할 것이다)
한국어는 전 세계적으로 사람들이 말할 것이다.

Cookies will   not   be made by my sister.
       할 것이다 ＋ 아니다 ＋ 만들어지다 → 만들어지지 않을 것이다
쿠키는 나의 여동생에 의해 만들어지지 않을 것이다.

1 다음 괄호 안의 단어를 빈칸에 알맞은 형태로 바꾸어 쓰시오.

(1) Tom was _____ by a dog yesterday. (bite)

(2) The doll was _____ by Amenda. (buy)

(3) Hamlet was _____ by Shakespeare. (write)

(4) English is _____ all over the world. (speak)

(5) My bag was _____ on the subway. (steal)

2 다음 문장을 수동태 문장으로 바꾸어 쓰시오.

(1) Tom broke the window.

→ _____

(2) Children love the computer game.

→ _____

(3) The students will clean the room.

→ _____

(4) He didn't drive the car.

→ _____

(5) Someone built the church 300 years ago.

→ _____

3 다음 문장의 의미가 자연스럽게 빈칸에 알맞은 전치사를 쓰시오.

(1) The book is covered _____ dirt.

(2) Tom wasn't satisfied _____ his exam result.

(3) The writer is known _____ Koreans.

(4) He was surprised _____ the news.

(5) My mom is worried _____ me.

4 다음 우리말과 일치하도록 괄호 안의 단어를 빈칸에 알맞게 배열하시오.

(1) 그 드럼은 Mary에 의해 연주될 것이다. (be / will / by / played)

→ The drum _____ Mary.

(2) 그 꽃병은 아이들 손에 닿아서는 안 된다. (not / touched / should / be)

→ The vase _____ by children.

(3) 그 우유는 차가운 곳에 보관되어질 것이다. (kept / will / be)

→ The milk _____ in a cold place.

(4) 그 소년은 담임 선생님에게 호명되지 않았다. (called / not / was / by)

→ The boy _____ his homeroom teacher.

(5) 그 문제는 정 씨에 의해 해결될 수 있다. (by / solved / be / can)

→ The problem _____ Ms. Jeong.

5 다음 우리말과 일치하도록 괄호 안의 단어를 활용하여 영작하시오.

(1) 많은 사람들이 그 불로 인해 죽음을 당했다. (kill / the fire)

→ _____

(2) 그 건물은 그에 의해서 설계될 것이다. (building / design)

→ _____

(3) 그 과학 프로젝트는 그 팀에 의해서 행해졌다. (the science project / do)

→ _____

(4) 그 문은 Tom에 의해 수리될 것이다. (the door / fix)

→ _____

(5) 나의 부모님께서는 그 소식에 충격을 받으셨다. (my parents / shock)

→ _____

1 다음 대화의 빈칸에 들어갈 말로 알맞은 것은? (2013 중1 학력평가 변형)

> **W**: Oh! Are you the famous writer David Kim?
>
> **M**: Yes, I am.
>
> **W**: I'm very happy to meet you. I love your new book.
>
> **M**: I'm glad you like it.
>
> **W**: Is there anyone who helped you to write the story?
>
> **M**: My little son made me _____ the story. He always makes me happy.

① write   ② wrote   ③ written

④ to write   ⑤ writing

2 다음 〈보기〉의 밑줄 친 부분과 바꿔 쓸 수 있는 것은?

> 〈보기〉 They <u>advised</u> him to read the book.

① let   ② had   ③ saw

④ made   ⑤ wanted

3 다음 중 어법상 <u>어색한</u> 문장은?

① Mom wants me to study hard.

② I saw him to write a letter.

③ He had his son wash the dishes.

④ She ordered me to go to the library.

⑤ I heard my sister talking with her friends.

4 다음 (A), (B), (C)에서 어법상 알맞은 것을 골라 짝지은 것은? (2013 중1 학력평가 변형)

> My family is going camping this weekend. I will set up a tent with my dad. Then, I will enjoy (A) (cooking / to cook) dinner with my mom. I hope that the food will not taste (B) (bad / badly). At night, we will hear my brother (C) (playing / to play) the guitar. We are going to sing along the music. I can't wait for this weekend.

	(A)	(B)	(C)
①	cooking	― bad	― to play
②	cooking	― badly	― to play
③	cooking	― bad	― playing
④	to cook	― bad	― playing
⑤	to cook	― badly	― to play

5 다음 (A), (B), (C)에서 어법상 알맞은 것을 골라 짝지은 것은? (2013 중2 학력평가 변형)

> Just like people, computers can get sick from viruses. Computer viruses (A) (work / works) like the viruses which make humans sick. They spread from computer to computer by making copies of themselves. Viruses can make computers (B) (run / to run) slowly when they get inside. They can even break down the computer by erasing the hard drive. Often, computer viruses are (C) (made / making) and sent out by hackers.

	(A)	(B)	(C)
①	work	― run	― made
②	work	― to run	― making
③	works	― run	― making
④	works	― to run	― making
⑤	works	― run	― made

6 다음 글의 밑줄 친 부분에 들어갈 말로 알맞은 것은? (2013 중2 학력평가 변형)

Dear Sally

_____ to a pajama party this weekend.

Please bring your pillow and sleeping bag. Remember to bring your pajamas.

* Date − December 28th * Time − 8:00 p.m.

* Address − 24 Castle Street, Oxford

From *Donna*

Please let me know if you can come. Call me on 049−545−6478.

① You're invite   ② You're inviting   ③ You're invited

④ You're visit   ⑤ You're visited

서술형 1

7 다음 대화를 읽고, 빈칸에 주어진 철자로 시작하는 알맞은 단어를 쓰시오. (2015 중3 학업성취도평가)

M: Hi, Sarah. What's the matter? You look really worried.

W: You know, I'm in the school talent show.

M: Yeah. I heard you're going to dance.

W: Yes, but I was chosen to start the show. I really don't want to be first.

M: What's wrong with being chosen to go first?

W: I'm worried that I will get nervous and ruin my performance.

M: Don't worry! I'm sure you'll do great. It's better to be first and get it over with.

W: I wish I felt that way.

Sarah is worried because she was c_____ to be the first performer in the school talent show.

DAY 15 현재완료

현재완료의 개념

위의 대화에서 준석이의 대답을 영어로 옮겨볼까요? 대부분의 한국 사람들은 다음과 같이 영작해요.

10년간 살았어. → 나는 10년 동안 부천에서 살았어. → I lived in Bucheon for 10 years.

이렇게 대답을 한다면, 영어 원어민들은 '그래서 지금도 부천에 살고 있는 거야?'라고 의문을 가지게 됩니다. lived라는 과거 동사는 과거에 '~했다'라는 것만 알려주지 지금 어떻다는 것을 알려주진 못하기 때문이에요. 영어에서 과거 시제는 이런 느낌을 준답니다. 그렇다면, 과거 10년간 부천에 살았고, 지금도 부천에 살고 있다는 것은 영어로 어떻게 표현할까요?

	I lived in Bucheon for 10 years.	(과거 10년간 부천에 살았다.)
+	I live in Bucheon now.	(지금도 부천에 산다.)
	I have lived in Bucheon for 10 years.	(10년 전부터 지금까지 부천에서 살고 있다.)

지금 가지고 있다   살았다

lived(살았다)는 과거의 상태를 지금도 have(가지고 있다)하고 있는 거죠? **과거의 일이 지금(현재)까지 영향을 미치고 있기 때문에 현재완료라고 부르고, 'have(has) + 과거분사(p.p.)'로 표현합니다.**

Check-Up 1 다음 우리말과 일치하도록 괄호 안의 단어를 현재완료로 바꾸어 빈칸에 쓰시오.

(1) 그녀는 피아노를 3시간 동안 연주하고 있다.

→ She _____ the piano for 3 hours. (play)

(2) 그 학생들은 영어를 2시간 동안 공부하고 있다.

→ The students _____ English for 2 hours. (study)

(3) 그 소년은 그 책을 30분 동안 읽고 있다.

→ The boy _____ the book for 30 minutes. (read)

(4) 나는 한 시간 동안 그 영화를 보고 있다.

→ I _____ the movie for an hour. (watch)

Rule 057 현재완료의 해석

① I have just + finished my homework.   *finish ⑧ 끝내다

(가지고 있다 + 끝냈다) → 나는 내 숙제를 막 끝마쳤고 지금 가지고 있어. (막 끝내 놓았어)

② I have + lived in Bucheon for 10 years.

(가지고 있다 + 살았다) → 나는 부천에서 10년 전부터 살았고 지금도 살고 있어. (살아왔어)

③ I have + seen a giraffe.

(가지고 있다 + 보았다) → 나는 기린을 보았던 것을 가지고 있어. (기린을 본 적이 있어)

④ She has + lost her money.

(가지고 있다 + 잃어버렸다) → 그녀는 그녀의 돈을 잃어버린 상태를 가지고 있어. (잃어버렸어)

위의 예문들은 현재완료를 해석할 때 유용하게 쓰이는 유형들입니다. 각 유형별로 해석 요령을 다시 한 번 더 알아보도록 합시다.

① ~를 해놓았다 : already(벌써, 이미), just(지금 막), yet(아직)와 같이 잘 씁니다.

⑩ She / has already cleaned / her room.
그녀는 / 벌써 청소해 놓았다 / 그녀의 방을

He / hasn't(=has not) finished / his homework / yet.
그는 / 끝내지 못했다 / 그의 숙제를 / 아직

② ~ 해오고 있다 : since(~이후로) + 시점, for(~동안) + 시간

예 She / has learned / English / since she was 13 years old.
그녀는 / 배워왔다 / 영어를 / 그녀가 13세 때 이후로

I / have read / this book / for an hour.
나는 / 읽고 있다 / 이 책을 / 한 시간 동안

③ ~한 적이 있다 : ever, never, once, twice, ~times 등과 같이 잘 씁니다.

예 Have you ever been / to Everland?
너는 가본 적이 있니 / 에버랜드에

I / have seen JYP / twice.
나는 / JYP를 본 적이 있다 / 두 번

④ ~해서 지금 ~하다 : gone, lost

예 I / have lost / my car key.   *lose ⑧ 잃어버리다 (– lost - lost)
나는 / 잃어버렸다 / 나의 차 키를 (그래서 지금 차 키가 없다.)

Matthew / has gone / to Canada.
Matthew는 / 가버렸다 / Canada에 (그래서 지금 여기에 없다.)

정답 및 해설 p. 18

Check-Up 2 다음 문장의 밑줄 친 부분에 주의하여 우리말로 해석하시오.

(1) We have lived in Busan since 2010.

→ _____

(2) I have never been to Europe.

→ _____

(3) Tony has just cleaned his room.

→ _____

(4) Cindy has broken the window.

→ _____

(5) My mom has been sick for a week.

→ _____

*Europe 명 유럽 (대륙)   *sick 형 아픈

1 다음 괄호 안의 단어를 활용하여 빈칸을 현재완료 또는 과거 시제로 완성하시오.

(1) I _____ English since I was 13 years old. (learn)

(2) He _____ his wallet yesterday. (lose)

(3) _____ you ever _____ a ghost before? (see)

(4) Sumin _____ born in 1999. (be)

(5) We _____ to Seoul three times. (be)

2 다음 괄호 안에서 어법에 맞는 것을 고르시오.

(1) I have (just / yet) finished my homework.

(2) I haven't received a letter from her (already / yet).

(3) We have known each other (for / since) last year.

(4) She has played the piano (for / since) an hour.

(5) I have visited his house (ago / before).

3 다음 우리말과 일치하도록 괄호 안의 단어를 알맞게 배열하시오.

(1) 지난 주말부터 눈이 내리고 있다. (last weekend / since / been / it / has / snowing)

　　→ _____

(2) 나는 그 배우를 다섯 번 봤다. (seen / the actor / have / I / five times)

　　→ _____

(3) Sam은 호주에 가본 적이 있니? (to / been / Australia / ever / has / Sam)

　　→ _____

(4) 나는 아직 그 쿠키를 먹지 않았다. (not / eaten / I / yet / the cookies / have)

　　→ _____

4 다음 빈칸에 들어갈 단어를 보기에서 골라 알맞은 형태로 바꾸어 쓰시오.

〈보기〉 go   is   finish   bake

(1) Have you ever _____ a cake before?

(2) He has _____ ill for two days.

(3) They have already _____ their project.

(4) She has _____ to Canada.

5 다음 빈칸에 들어갈 말로 알맞지 <u>않은</u> 것은?

I met your younger sister _____.

① last week   ② on Sunday   ③ 2 years ago
④ in December   ⑤ since yesterday

6 다음 〈보기〉의 밑줄 친 부분과 용법이 같은 것은?

〈보기〉   I <u>have read</u> the comic book three times.

① A new smart phone <u>has just arrived</u>.
② He <u>has left</u> his backpack on the subway.
③ Thomas <u>has gone</u> to Paris.
④ We <u>have been</u> to Austria before.
⑤ It <u>has rained</u> since yesterday.

Rule
058
과거완료의 개념

동생을 단단히 지키라고 엄마가 말했는데, 동생이 어디로 나가버렸나 보네요. 위의 우리말을 영어로 옮겨보도록 할게요.

<u>When I came back home</u>, <u>Mary</u> had gone out.
내가 집에 돌아왔을 때,   Mary는 (이미) 나가버렸었다.

이 상황을 수직선 상에 재구성해보면 아래와 같아요.

① 대과거   ② 과거   현재

① Mary의 외출   ② 나의 귀가   엄마와 나의 대화

① Mary의 외출(대과거)은 ② 나의 귀가(과거)보다 더 먼저 일어났지요. 이렇게 **과거보다 더 앞서 일어난 일인 대과거가 과거에 영향을 미칠 때 과거완료를 씁니다. 과거완료의 동사 형태는 'had + 과거분사(p.p.)'를 쓴**답니다.

─────── 정답 및 해설 p. 19 ───────

Check-Up 1 다음 동사의 과거완료를 쓰시오.

(1) eat → ＿＿＿＿＿＿＿＿   (2) see → ＿＿＿＿＿＿＿＿

(3) go → ＿＿＿＿＿＿＿＿   (4) break → ＿＿＿＿＿＿＿＿

(5) buy → ＿＿＿＿＿＿＿＿   (6) come → ＿＿＿＿＿＿＿＿

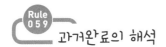

과거완료의 해석

① I had already + finished my homework.

(가지고 있었다 + 끝냈다) → 나는 이미 내 숙제를 끝냈고 가지고 있었어. (이미 끝내 놓았었어)

② I had + lived in Bucheon for 10 years.

(가지고 있었다 + 살았다) → 나는 부천에서 옛날부터 살았고, 10년이 지난 그때에도 살고 있었어. (살아왔었어)

③ I had + seen a giraffe.

(가지고 있었다 + 보았다) → 나는 기린을 보았던 것을 가지고 있었어. (기린을 본 적이 있었어)

④ She had + lost her money.

(가지고 있었다 + 잃어버렸다) → 그녀는 그녀의 돈을 잃어버렸던 상태를 가지고 있었어. (잃어버렸었어)

현재완료와 같은 요령이랍니다. 위의 예문들은 과거완료를 해석할 때 유용하게 쓰이는 용법들입니다. 각 용법별로 해석 요령을 다시 한번 더 알아보도록 합시다.

① ~를 해놓았었다 : already(벌써, 이미), just(막), yet(아직)와 같이 잘 씁니다.

　　예 The bus / had already left.　　　　　　　　　　　　　　　*already 悬 이미
　　그 버스는 / 이미 떠났었다

　　He / hadn't finished / his homework / yet.
　　그는 / 끝내지 못했었다 / 그의 숙제를 / 아직

② ~ 해오고 있었다 : since(~이후로) + 시점, for(~동안) + 시간

　　예 Peter / had lived / in Jeju / since 1995.　　　　　　　　*since 젼 ~ 이후로
　　Peter는 / 살고 있었다 / 제주에 / 1995년 이후로

　　I / had learned / English / for 10 years.
　　나는 / 배워왔었다 / 영어를 / 10년간

③ ~한 적이 있었다 : ever, never, once, twice, ~times 등과 같이 잘 씁니다.

　　예 She / had never tried / other flavor.　　　　　　　　　*flavor 몡 맛, 풍미
　　그녀는 / 시도한 적이 없었다 / 다른 맛을

　　My family / had been / to New York / once.
　　우리 가족은 / 가본 적이 있었다 / 뉴욕에 / 한번

④ ~해서 그 당시 ~했었다 : gone, lost

예 My best friend / had gone / to his hometown.
나의 가장 친한 친구는 / 가버렸었다 / 그의 고향으로

*hometown 형 고향

Sarah / had lost / her smart phone / in the taxi.
Sarah는 / 잃어버렸었다 / 그녀의 스마트폰을 / 택시에서

━━━ 정답 및 해설 p. 19 ━━━

Check-Up 2 다음 문장의 밑줄 친 부분에 주의하여 우리말로 해석하시오.

(1) My girlfriend <u>had already left</u> when I got to the bus stop.

→ _____

(2) I <u>had never heard</u> the news until you told it to me.

→ _____

(3) He didn't know that he <u>had lost</u> his bag.

→ _____

(4) She <u>hadn't seen</u> her son for a long time.

→ _____

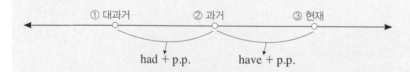

준석쌤의 꿀팁

지금까지 학습한 현재완료와 과거완료를 간단하게 정리해 볼게요.

```
        ① 대과거        ② 과거          ③ 현재
    ◄─────○────────────○────────────○─────►
               had + p.p.      have + p.p.
```

① 대과거에 일어난 일이 ② 과거와 관련 있으면 과거완료(had +p.p.)를 씁니다. 그리고, ② 과거에 일어난 일이 ③ 현재와 관련이 있으면 현재완료(have +p.p.)를 쓴답니다.

정답 및 해설 p. 19

1 다음 우리말과 일치하도록 괄호 안의 단어를 활용하여 빈칸을 완성하시오.

(1) 그녀는 내가 전화했을 때 이미 잠들어 있었다.

　She _____, when I called her. (go to bed)

(2) 나는 Kevin을 전에 만난 적이 있었기 때문에 그를 알아보았다.

　Because I _____ before, I recognized him. (meet)

(3) 그가 역에 도착했을 때, 기차는 이미 떠나버렸었다.

　When he got to the station, the train _____. (leave)

(4) 엄마가 집에 돌아왔을 때 내가 그 창문을 깬 것을 알아차렸다.

　My mom noticed that I _____ when she came back home. (break)

(5) Marry가 할아버지 댁에 방문했을 때, 그녀의 할아버지는 일주일째 아프셨다.

　When Marry visited her grandfather, he _____ for a week. (be sick)

2 다음 문장의 밑줄 친 곳에서 잘못된 부분을 알맞게 고치시오.

(1) When I came back, <u>she has already gone out</u>.

　잘못된 부분: _____ → 고친 답: _____

(2) She had had a cold and <u>she gets better yesterday</u>.

　잘못된 부분: _____ → 고친 답: _____

(3) <u>The concert already began</u> when they got to the concert hall.

　잘못된 부분: _____ → 고친 답: _____

(4) <u>I have lived in Busan for 10 years</u> before I moved to Seoul.

　잘못된 부분: _____ → 고친 답: _____

(5) When Mr. White came back home, <u>his kids had already went to bed</u>.

　잘못된 부분: _____ → 고친 답: _____

3 다음 우리말과 일치하도록 괄호 안의 단어를 활용하여 빈칸에 알맞은 문장을 쓰시오.

(1) 내가 공항에 도착했을 때, 그 비행기는 막 떠나버렸다.

　→ When I arrived the airport, _____. (plane, just, leave)

(2) 그가 그 파티에 도착했을 때, 파티는 이미 끝나 있었다.

　→ When he came to the party, _____. (party, already, over)

DAY
17 **현재완료진행/수동**

현재완료진행

위와 같이 40분 전(과거)부터 동작을 시작해서 지금도 계속 동작을 하고 있을 때 현재완료와 현재진행을 합해서

'현재완료진행'으로 표현하지요. 현재완료진행의 형태는 다음과 같습니다.

현재완료　　　　have + p.p.

진행형　　　　　+ 　　be 　+ -ing
　　　　　　　　―――――――――――
현재완료진행　　have + been + -ing
　　　　　　　　　　　　↓
　　　　　　　　　　be동사의 p.p.

> **예** Mina / has studied / English / for a year. (현재완료)
> 미나는 / 공부를 해왔다 / 영어를 / 1년 동안
>
> Mina / has been studying / English / for a year. (현재완료진행)
> 미나는 / 공부를 하고 있는 중이다 / 영어를 / 1년 동안
>
> It / has rained / since yesterday. (현재완료)　　　　　　　　　*rain ⑧ 비가 내리다
> 비가 내리고 있다 / 어제 이후로
>
> It / has been raining / since yesterday. (현재완료진행)
> 비가 내리고 있는 중이다 / 어제 이후로

아래의 두 문장은 같은 뜻일까요?

1. She has played the piano for 3 hours.

2. She has been playing the piano for 3 hours.

두 문장을 해석하면 '그녀는 세 시간 동안 피아노를 (계속해서) 연주하고 있다.'라고 할 수 있어요. 거의 동일한 해석이 됩니다. 하지만 1번의 경우에는 중간에 잠시 쉬었다가 다시 피아노를 연주한 경우도 해당된답니다. 하지만 2번의 경우에는 과거부터 정말 쉬지 않고 계속해서 연주하고 있고, 지금도 연주하고 있다는 의미에요. 말 그대로 계속의 의미가 강조된다고 볼 수 있답니다.

정답 및 해설 p. 20

Check-Up 1 다음 우리말과 일치하도록 빈칸에 알맞은 동사 형태를 쓰시오.

(1) Jane은 두 시간 동안 영어 공부를 했고 지금도 하고 있는 중이다.

→ Jane _____ English for 2 hours.

(2) Sunny는 오늘 아침부터 컴퓨터 게임을 했고 지금도 하고 있는 중이다.

→ Sunny _____ computer games since this morning.

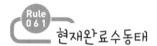

Rule 061 현재완료수동태

드디어 풀었다!
정답 2번!

여학생이 문제를 막 풀었네요. 과거부터 문제를 풀다가 지금은 다 풀었으니 시제는 현재완료를 써야 해요. 그런데 주어를 '문제'로 하게 되면 조금 달라져요. '문제가 풀다'라는 말은 어색하죠? '문제가 풀리다, 해결되다'라는 의미를 담은 수동태로 쓰는 게 자연스러워요. 그러면 **'현재완료'**와 **'수동태'**가 **결합된 형태**를 써야겠죠? 이것이 바로 **현재완료수동태**입니다. 그 형태는 다음과 같습니다.

현재완료   have + p.p.
수동태   +   be + p.p.
───────────────────────────
            have + been + p.p.
                     ↓
                 be동사의 p.p.

◎ The company / has built / a new building. (현재완료)
그 회사가 / 건설했다 / 새로운 빌딩을

A new building / has been built / by the company. (현재완료수동)
새로운 빌딩은 / 건설되었다 / 그 회사에 의해

He / has written / the book. (현재완료)
그가 / 썼다 / 그 책을

The book / has been written / by him. (현재완료수동)
그 책은 / 쓰여졌다 / 그에 의해서

Somebody / has solved / the problems. (현재완료)
누군가가 / 해결했다 / 그 문제들을

The problems / have been solved. (현재완료수동)
그 문제들은 / 해결되었다.

They / have chosen / him / as a leader. (현재완료)
그들은 / 선출했다 / 그를 / 대표로

*leader 명 대표, 지도자

He / has been chosen / as a leader. (현재완료수동)
그는 / 선출되었다 / 대표로

정답 및 해설 p. 20

Check-Up 2 다음 문장을 수동태로 바꾸시오.

(1) He has written the book for a month.

→ The book _____.

(2) We have just finished the project.

→ The project _____.

(3) Mr. Kim hasn't cleaned the room yet.

→ The room _____.

(4) My father has drawn the picture since last year.

→ The picture _____.

(5) The little boy has broken the windows.

→ The windows _____.

1 다음 괄호 안에서 어법에 맞는 것을 고르시오.

(1) I have been (studying / studied) math for 2 hours.

(2) My sister has been (crying / cried) for 30 minutes.

(3) He has been (choosing / chosen) as a leader.

(4) The book has been (writing / written) by him.

(5) The package has been (send / sent) by my boss.

2 다음 괄호 안의 단어를 빈칸에 알맞은 형태로 바꾸어 쓰시오.

(1) I have been _____ swimming since this morning. (practice)

(2) The wallet has been _____. (steal)

(3) The room has been _____ by Tony. (clean)

(4) The window has been _____ by Cindy. (break)

(5) It has been _____ for a week. (snow)

3 다음 우리말과 일치하도록 괄호 안의 단어를 알맞게 배열하시오.

(1) 지난 주말부터 계속해서 비가 내리고 있다.

(last weekend / raining / been / it / has / since)

→ _____

(2) 나는 그 영화를 두 시간째 보는 중이다.

(watching / the movie / 2 hours / I / been / for / have)

→ _____

(3) 아빠는 9시 이후로 계속해서 신문을 읽고 계신다.

(Dad / been / since / reading / the newspaper / has / 9 o'clock)

→ _____

(4) 그 드레스는 Adam에 의해 디자인되었다.

(by / designed / has / been / the dress / Adam)

→ _____

(5) 그 컴퓨터는 한 시간 동안 계속해서 수리되고 있다.

(the computer / for an hour / been / has / repaired)

→ _____

수 일치

영어는 상업 문화에서 출발했다고 앞에서 설명했었죠. 물건의 숫자를 한 개인지 두 개인지 세는 것만큼 중요한 것이 주어와 동사의 수 일치랍니다. **주어가 단수이고, 동사가 현재일 때는 일반동사에 -(e)s를 붙이고 be동사는 is를 써서** 단수라는 것을 알립니다.

예 The boy / goes to school / every day. (○)
그 소년은 / 학교에 간다 / 매일

The boy / go to school / every day. (×)

The kid / is happy. (○)
그 아이는 / 행복하다.

The kid / are happy. (×)

준석쌤의 꿀팁

위의 내용을 표로 정리해보면 다음과 같아요.

주어	일반동사(현재)	일반동사(과거)	be동사(현재)	be동사(과거)
단수	동사+-(e)s	동사의 과거형	is, am	was
복수	동사		are	were

정답 및 해설 p. 21

Check-Up 1 다음 괄호 안에서 어법에 맞는 것을 고르시오.

(1) She (love / loves) to listen to music.

(2) My math teacher (am / are / is) very nice.

(3) The books on the desk (am / are / is) Yuna's.

(4) The children in the class (draw / draws) pictures.

(5) Daniel (go / goes) to school at 8 in the morning.

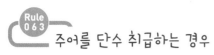

주어를 단수 취급하는 경우

우리말로 '모든'이란 말 뒤에는 두 개 이상의 어떤 것이 나올 것 같죠? 따라서 영어의 every라는 단어 뒤에는 복수 명사가 와야 할 것 같다고 생각하기 쉬워요. 하지만 영어에서 **every는 하나, 하나의 개개인을 전부 다 가리키는 '모두'라는 의미랍니다.** 그래서 every 다음에는 단수 명사가 나오게 됩니다. every처럼 다른 단어와 결합할 때 단수 취급해야 하는 표현들이 있으니 꼭 알아두세요. 시험에도 잘 나온답니다.

① every(모든), each(각각의) + 단수 명사

Every student / has / different personality.
모든 학생들은 / 가지고 있다 / 다른 성격을

     *different 휑 다른 *personality 몡 성격, 개성

② 과목명, 국가명, 책명

Economics / is / my favorite subject.
경제학은 / 이다 / 나의 제일 좋아하는 과목

     *favorite 휑 좋아하는 *subject 몡 과목

③ 시간, 거리, 무게, 가격 등이 하나의 단위일 때

Three dollars / is / not enough / to buy a cup of coffee.
3달러는 / 이다 / 충분하지 않은 / 커피 한 잔을 사기에

④ 두 개의 명사로 된 하나의 개념

Coffee and doughnuts / is / common / in the United States and Canada.
커피와 도넛은 / 이다 / 흔한 / 미국과 캐나다에서

⑤ 주어의 역할을 하는 명사구(동명사, to 부정사)

Going out for a walk / is / a good way / to make you healthy.
산책하러 밖에 나가는 것은 / 이다 / 좋은 방법 / 당신을 건강하게 만들

     *healthy 휑 건강한

정답 및 해설 p. 21

Check-Up 2 다음 괄호 안에서 어법에 맞는 것을 고르시오.

(1) Economics (is / are) a very difficult subject.

(2) Everyone (love / loves) his music.

(3) Drawing cartoons (is / are) interesting.

(4) A needle and thread (is / are) on the table.

(5) 2 kilometers (is / are) too long to walk.

*needle 몡 바늘 *thread 몡 실

주어를 복수 취급하는 경우

영어는 의미를 잘 알고 있어야 해요. **A number of**는 '**많은**' 이라는 뜻이에요. **당연히 뒤에 복수 명사가 나오겠**

죠? 그래서 주어를 복수 취급한답니다. 아래의 표현들을 잘 익혀두세요.

① a number of(많은) + 복수 명사 : 복수 취급

A number of people / were looking at / the man.
많은 사람들이 / 보고 있었다 / 그 남자를

* the number of ~ (~의 수) + 복수 명사 : 단수 취급

The number of books in the library / is / more than a million.   *million 명 백만
그 도서관에 있는 책의 수 / 이다 / 백만 권 이상

② the + 형용사(~하는 사람들)

The rich / need to help / the poor.
부자들은 / 도울 필요가 있다 / 가난한 자들을

③ many/ a few/ few(많은 / 약간의 / 거의 없는) + 복수 명사

Many students / like / the English teacher.
많은 학생들이 / 좋아한다 / 그 영어 선생님을

A few students / like / the English teacher.
약간의 학생들이 / 좋아한다 / 그 영어 선생님을

Few students / like / the English teacher.
학생들이 거의 ~않는다 / 좋아한다 / 그 영어 선생님을 (거의 좋아하지 않는다)

*much / a little / little(많은 / 약간의 / 거의 없는) + 단수 명사

Much sugar / is used / to make the food.
많은 설탕이 / 사용된다 / 그 음식을 만들기 위해서

A little sugar / is used / to make the food.
약간의 설탕이 / 사용된다 / 그 음식을 만들기 위해서

Little sugar / is used / to make the food.
설탕이 거의 ~않는다 / 사용되지 / 그 음식을 만들기 위해서 (거의 사용되지 않는다)

Check-Up 3 다음 괄호 안에서 어법에 맞는 것을 고르시오.

(1) Many people in the room (look / looks) happy.

(2) A number of options (is / are) available.

(3) The number of students in this class (is / are) twenty.

(4) How much money (is / are) enough for that?

(5) A few children (like / likes) the TV show.

*option 명 선택 사항 *available 형 이용 가능한 *twenty 명 20

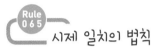
시제 일치의 법칙

주어와 동사를 일치시키는 것 뿐만 아니라, 시제(시간)도 일치시켜야 한답니다. 먼저 주절과 종속절의 개념을 알아야 해요. **절은 문장을 구성하는 '주어＋동사'가 있는 구조**를 말해요. 아래의 문장들은 모두 두 개의 절로 구성되어 있어요. 특히, **'그는 / 말한다 / ~라는 것을'에서 '~을, 를' 자리에 '그녀는 그 영화를 좋아한다'와 같이 문장(절)이 들어갈 때 그 문장(절)을 전체 문장 속에 들어간다고 해서 '종속절'**이라고 해요. 이제 아래 문장을 보면서 해석해보세요.

1 주절이 현재일 때

① 주절(현재)	② 종속절
He says	that she likes the movie.
	that she liked the movie.
	that she will like the movie.

2 주절이 과거일 때

① 주절(과거)	② 종속절
I thought	that she came back early.
	that she had come back early.
	that she would come back early.

주절이 현재인 경우 종속절에는 어떤 시제가 와도 괜찮답니다. 학생들이 어려워하는 경우는 주절이 과거일 때 종속절의 시제인데요. 주절이 과거일 때에는 종속절에 과거 그리고 과거보다 더 과거(대과거)만이 쓰인답니다. will을 쓰고 싶어도 would(과거형)으로 써야 하니 조심하세요.

주절의 시제	종속절의 시제
현재	현재, 과거, 미래, 완료시제
과거	과거, 과거완료

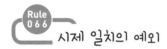

시제 일치의 예외

위와 같은 상황에서 보통 우리는 '물은 100도에서 끓어요.'라고 하죠? 이와 같이 항상 현재형이나 과거형만 써야 하는 것들이 있으니 알아두세요. 주로 **과학적 사실, 진리는 현재형**으로 표시해요. 그리고 **역사적인 사실**은 과거에 일어난 것이니까 늘 **과거형**으로 쓰면 됩니다.

1 현재의 습관이나 사실

Sujin / said / that she walks to school every day.
수진이는 / 말했다 / 그녀는 매일 학교에 걸어간다고

2 불변의 진리

Mr. Park / said / that Christmas is celebrated in summer in Australia.   *celebrate 통 거행하다. 기리다
박 선생님은 / 말했다 / 크리스마스는 호주에서 여름에 거행된다고

3 과학적 사실

My science teacher / explained / that water boils at 100℃.   *explain 통 설명하다   *boil 통 끓다
나의 과학 선생님은 / 설명했다 / 물은 섭씨 100도에서 끓는다고

4 속담이나 격언

Mom / said to me, / "Practice makes perfect."   *practice 명 연습   *perfect 명 완벽
엄마가 / 나에게 말씀하셨다 / 연습이 완벽함을 만든다고

5 역사적 사실 (항상 과거형)

We / know / that 6·25 broke out in 1950.

*break out 발발하다, 발생하다

우리는 / 알고 있다 / 6·25가 1950년에 발발했다는것을

정답 및 해설 p. 21

Check-Up 4 다음 괄호 안에서 어법에 맞는 것을 고르시오.

(1) I thought that she (will / would) come back.

(2) He said that the earth (is / was) round.

(3) Brian says that his dad (buys / bought) him a new smart phone yesterday.

(4) Sam said that his family (goes / went) to church on Sundays.

(5) Mr. Han thought that she (is / was) reading a book.

*come back 돌아오다   *round 형 둥근

1 다음 괄호 안에서 어법에 맞는 것을 고르시오.

(1) Every teenager (like / likes) the band.

(2) Social studies (is / are) my favorite subject.

(3) 1,600 meters (was / were) a long distance to run.

(4) Curry and rice (is / are) my favorite food.

(5) There (was / were) a number of kids on the playground.

2 다음 문장을 우리말로 해석하시오.

(1) Half of the room was full of books.

→ _____

(2) Each of the students has their own learning style.

→ _____

(3) Playing the guitar is exciting.

→ _____

(4) The rest of the movie was too boring.

→ _____

3 다음 우리말과 일치하도록 빈칸을 완성하시오.

(1) 내 급우들의 절반은 우리 영어선생님을 좋아한다.

_____ our English teacher.

(2) 부자들이 항상 행복한 것은 아니다.

The _____ not always happy.

(3) 사진을 찍는 것은 매우 재미있다.

_____ very interesting.

(4) Jane은 그 차를 사지 않을 거라고 말했다.

Jane said that she _____.

(5) 민호는 그녀가 그를 좋아하지 않을 것이라고 생각했다.

Minho thought that she _____.

1 다음 중 어법상 <u>어색한</u> 문장은?

① Brian has broken the window.

② Mina has been loved by everyone.

③ The classroom has been cleaned by the students.

④ Koreans have been eaten Kimchi for a long time.

⑤ The building has been built since last December.

2 다음 〈보기〉의 밑줄 친 부분과 용법이 같은 것은?

> 〈보기〉 I <u>have</u> never <u>watched</u> the movie.

① <u>Have</u> you ever <u>been</u> to Jejudo?

② My best friend <u>has gone</u> to Vietnam.

③ Miss White <u>has lived</u> here for a year.

④ Tina <u>has broken</u> her brother's computer.

⑤ <u>Haven't</u> you <u>finished</u> your homework yet?

3 다음 중 어법상 알맞은 문장은?

① The chair has been painting by him.

② The flowers have been planting by Sora.

③ She has been reading the book for two hours.

④ Has Daniel been made the soup in the kitchen?

⑤ Amy has been worked for this company since last year.

4 다음 대화에서 Mr. Kim의 조언으로 알맞은 것은? (2015 중3 학업성취도평가)

> **Mina**: Hi, Mr. Kim. Do you have a minute?
>
> **Mr. Kim**: Of course, Mina. How can I help you?
>
> **Mina**: I studied really hard for the last exam, but I didn't do well.
>
> **Mr. Kim**: Well, how did you study?
>
> **Mina**: I tried to memorize the information in the textbook. But I keep forgetting.
>
> **Mr. Kim**: Umm, perhaps you need to change the way you memorize information.
>
> **Mina**: What do you mean?
>
> **Mr. Kim**: Have you ever tried teaching what you've memorized to your friends? That way, you may find that you remember things better.
>
> **Mina**: That's a great idea. Thanks, Mr. Kim.
>
> **Mr. Kim** : Anytime, Mina.

① 친구에게서 배워라.　　　　② 항상 메모해 두어라.

③ 교과서를 반복해서 읽어라.　　④ 암기하는 방식을 바꾸어라.

⑤ 선생님의 설명을 잘 들어라.

5 다음 글의 밑줄 친 부분 중 어법상 틀린 것은? (2015 중3 학업성취도평가 변형)

> Yesterday, I did something different. I ① have gone to a flower festival. There were many types of beautiful flowers that ② I'd never seen before. So, first I took a lot of pictures of them. Then, I ③ walked around and found an area where there were flower-related activities going on. I joined one and made a key holder. After that, I ④ tried some flower tea. It was really nice, so I ⑤ bought a box to take home. It was a wonderful day.

6 다음 (A), (B), (C)에서 어법상 알맞은 것을 골라 짝지은 것은? (2012 중2 학력평가)

> Thunder is the loud noise that follows lightning. You can guess how (A) (many / much) miles away a storm is. Count the number of seconds between lightning and thunder. And then divide the number of seconds by five (B) (getting / to get) the distance in miles. The lightning is seen before the thunder is heard because light (C) (travel / travels) faster than sound.

	(A)		(B)		(C)
①	many	−	getting	−	travels
②	many	−	to get	−	travels
③	many	−	getting	−	travel
④	much	−	to get	−	travels
⑤	much	−	getting	−	travel

7 다음 (A), (B), (C)에서 어법상 알맞은 것을 골라 짝지은 것은? (2015 중3 학업성취도평가 변형)

> The Morning Glory Pool is a hot spring in Yellowstone National Park. It (A) (named / was named) for its beautiful blue color which was similar to the color of the morning glory flower. This popular tourist attraction, however, (B) (has polluted / has been polluted) by visitors who threw coins into the pool. Each coin has blocked the small holes in the ground which give the pool its heat. The temperature of the hot spring dropped and different kinds of bacteria began working. It (C) (created / has created) a red and yellow ring around the blue center. "Good luck" coins thrown into the hot spring have ruined one of nature's wonders.

	(A)		(B)		(C)
①	was named	−	has polluted	−	created
②	named	−	has been polluted	−	has created
③	named	−	has been polluted	−	created
④	was named	−	has been polluted	−	has created
⑤	was named	−	has polluted	−	has created

서술형 1

8 다음 그림을 보고 빈칸에 들어갈 알맞은 영단어를 쓰시오.

It started raining at 5 p.m.   It is still raining now.

→ It _____ _____ _____ for two hours.

서술형 2

9 다음 글에서 어법상 <u>잘못된</u> 문장을 찾아 알맞게 고쳐 쓰시오.

It was my birthday yesterday. I thought all of my friends will come to my birthday party. However, Mina didn't come to my party. When I called her, she had already left to visit her grandmother in Jeonju. She said, "I'm sorry. I will buy your birthday present in Jeonju."

잘못된 문장: _____

고친 문장: _____

DAY 19　be to 용법/관용적 to부정사

Rule 067　be to 용법의 이해

can, will, should의 의미를 알고 있나요? 조동사 부분에서 체계적으로 학습할거예요. can(~할 수 있다: 능력), will(~할 것이다: 미래), should(~해야 한다: 의무)를 나타낸답니다. **be to 용법은 이런 능력, 미래, 의무를 표현할 때 쓰인답니다. 물론 의도, 운명 등을 표현할 때도 사용되지요.** 예문을 통해 꼼꼼하게 학습해봅시다.

1 예정 : ~할 예정이다(미래)

We / are to take part in / the marathon.　　　　　　　*take part in ~에 참가하다
우리는 / 참가할 예정이다 / 그 마라톤에

The concert / is to be held / next weekend.
그 콘서트는 / 개최될 예정이다 / 다음 주말에

2 가능 : ~ 할 수 있다(능력)

No one / was to be seen / in the dark room.
아무도 아니다 / 보여질 수 있었다 / 그 어두운 방에서 (아무도 보이지 않았다.)

My wallet / was to be found / under the desk.
내 지갑은 / 찾을 수 있었다 / 책상 밑에서

3 의무 : ~해야 한다

You / are to be back / by 10 o'clock.
너는 / 돌아와야 한다 / 10시까지

You / are to concentrate / on the lesson.　　　　　　　*concentrate 동 집중하다
너는 / 집중해야 한다 / 그 수업에

4 의도 : ~하려고 한다(be to 용법이 if와 같이 쓰일 때)

If / you / are to pass / the exam, / you / should study hard.

만약 / 네가 / 통과하려고 한다면 / 그 시험에 / 너는 / 열심히 공부해야 한다

*exam 몡 시험

If / we / are to take / the train, / we / should be hurry up.

만약 / 우리가 / 타려고 한다면 / 그 기차를 / 우리는 / 서둘러야 한다

*hurry up 서두르다

5 운명 : ~ 할 운명이다

They / are to fall in love / with each other.

그들은 / 사랑에 빠질 운명이다 / 서로

He / was to be / a famous singer.

그는 / 될 운명이었다 / 유명한 가수가

— 정답 및 해설 p. 23 —

Check-Up 1 다음 밑줄 친 be to 용법을 괄호 안에 쓰시오.

(1) We are to meet again someday. (   )

(2) If you are to succeed, you must work hard. (   )

(3) Nothing is to be seen in the street. (   )

(4) You are to be quiet in the library. (   )

(5) I am to go to New York in December. (   )

*succeed 통 성공하다

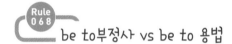

be to부정사 vs be to 용법

be to부정사와 be to 용법을 구분하는 것은 해석이랍니다.

1. His dream / is / to visit Korea.

그의 꿈은 / 이다 / 한국을 방문하는 것

2. He / is to come / tomorrow.

그는 / 올 것이다 / 내일

2는 '올 것이다'에서 '예정'을 의미하는 will(미래)의 뜻을 지니고 있는 be to 용법이에요. 하지만 1은 '~이 다 + 한국을 방문하는 것'으로 해석되죠? 즉, 보어로 쓰인 to부정사의 명사적 용법이에요. 끊어 읽기도 다 르게 된답니다. 이와 같이 의미의 차이가 있다는 것을 알아두세요.

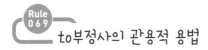

Rule 069 to부정사의 관용적 용법

표현	우리말 뜻	표현	우리말 뜻
happen to	우연히 ~ 하다	be able to	~ 할 수 있다
manage to	~을 해내다	be ready to	~ 할 준비가 되다
seem to	~ 처럼 보이다	be likely to	~ 하기 쉽다
fail to	~ 을 못하게 되다	be supposed to	~ 할 예정이다 ~ 하기로 되어있다
pretend to	~인 척하다	be willing to	기꺼이 ~ 하다
tend to	~ 하는 경향이 있다	be eager to	~ 하기를 열망하다
		be about to	막 ~ 하려고 하다

위의 표현들은 to 다음에 반드시 동사원형을 써야 한답니다. 아래의 예문을 보면서 의미를 익혀보세요.

예 He / seems to be / sick.
그는 / 보인다 / 아픈 것처럼

Mr. Kim / pretended not to hear / the news.
김 선생님은 / 못들은 척했다 / 그 소식을

We / will be able to meet / you / soon.
우리는 / 만날 수 있을 것이다 / 너를 / 곧

I / am supposed to participate in / the meeting.
나는 / 참석할 예정이다 / 그 회의에

*participate in ~에 참석하다

정답 및 해설 p. 24

Check-Up 2 다음 우리말과 일치하도록 〈보기〉의 표현을 적절히 변형하여 빈칸에 쓰시오.

〈보기〉 be supposed to   be ready to   seem to

(1) I _____ help you anytime.
나는 언제든지 너를 도울 준비가 되어있다.

(2) You _____ be sad.
너는 슬퍼보였다.

(3) She _____ come back home by 8.
그녀는 8시까지 집에 돌아가기로 되어있었다.

too ~ to 용법, enough to ~ 용법

'too + 형용사(부사) + to + 동사원형'은 '너무 ~ 해서 …할 수 없다'라는 뜻이에요. too 자체에 너무(과도한) 이라는 부정적인 느낌이 있기 때문에 '할 수 없다'로 해석되고 'so ~ that ~ cannot …'로 바꿔 쓸 수 있답니다.

예 You are too young to stay out late.

= You are so young that you cannot stay out late.

너는 너무 어려서 늦게까지 밖에 있을 수 없다.

He was too short to ride the roller coaster.

= He was so short that he couldn't ride the roller coaster.

그는 키가 너무 작아서 롤러코스터를 탈 수 없었다.

'형용사 + enough + to + 동사원형'은 '~할 만큼 충분히 ~ 한'이라는 뜻이에요. 이 표현은 'so ~ that ~ can'으로 바꿔 쓸 수 있으니 잘 알아두세요.

예 She is kind enough to help the poor children.

= She is so kind that she can help the poor children.

그녀는 가난한 아이들을 도울 만큼 충분히 친절하다.

The boy was smart enough to solve the math problem.

= The boy was so smart that he could solve the math problem.

그 소년은 그 수학 문제를 풀 만큼 충분히 똑똑했다.

1 다음 두 문장의 뜻이 같도록 be to 용법을 활용하여 빈칸을 완성하시오.

(1) We have to be quiet in a museum.

= We _____ in a museum.

(2) If you intend to lose weight, you need to exercise every day.

= If you _____, you need to exercise every day.

(3) They are going to have lunch after finishing the project.

= They _____ after finishing the project.

2 다음 우리말과 일치하도록 괄호 안의 단어를 알맞게 배열하시오.

(1) John은 다음 달에 한국을 방문할 것이다. (to / John / visit / is / Korea / next month)

→ _____

(2) 그들은 막 저녁 식사를 하려던 중이었다. (were / to / they / have / about / dinner)

→ _____

(3) Sam은 기꺼이 아픈 사람들을 돕고자 했다. (to / the sick / Sam / willing / help / was)

→ _____

(4) Mike는 너무 바빠서 전화를 받을 수 없었다. (too / Mike / was / the phone / answer / busy / to)

→ _____

(5) 그 남자는 매우 힘이 세서 탁자를 옮길 수 있었다. (enough / the man / to / the table / carry / strong / was)

→ _____

3 다음 문장을 우리말로 해석하시오.

(1) I am to play baseball with my friends this Sunday.

→ _____

(2) He always pretends to understand everything.

→ _____

(3) The baby is tall enough to reach the book on the desk.

→ _____

(4) Tim got up too late to catch the school bus.

→ _____

DAY 20 동명사와 to부정사의 기타 용법

Rule
071

동명사만 좋아하는 동사

준석이가 동명사를 많이 좋아하나 봐요? 사람도 자기가 좋아하는 것이 어느 정도 정해져 있듯이, **영어의 동사도 뒤에 to부정사를 쓸지 동명사를 쓸지 정해져** 있을 때가 많답니다. 다음과 같은 경우에 어떤 것을 선택할까요?

　They enjoyed (playing / to play) basketball. 그들은 농구하는 것을 즐겼다.

playing일지 to play일지 결정하는 것이 어렵죠? 그것을 결정하는 것은 바로 앞의 동사 enjoy랍니다. enjoy는 동명사만을 목적어로 선택한답니다.

　They enjoyed playing basketball.

enjoy처럼 동명사만을 선택하는 동사들로는 mind(꺼려하다), give up(포기하다), finish(끝내다), avoid(피하다), quit(그만두다), admit(인정하다) 등이 있어요.

준석쌤의 꿀팁

동명사를 목적어로 취하는 동사를 외우는 간단한 방법!

'즐기거나 인정하지 않을 거면, 하던 거 끝내고 그만 해!'라는 문장 속에 다 들어가 있어요.

enjoy　admit　mind　　　finish　give up, quit

예 I / gave up / solving the problem.

나는 / 포기했다 / 그 문제를 해결하는 것을

Mina / enjoys / watching the TV show.

미나는 / 즐긴다 / 그 TV쇼를 보는 것을

Do / you / mind / opening the window?

당신은 / 꺼립니까 / 창문을 여는 것을 (=창문을 열어도 되겠습니까?)

He / couldn't finish / doing his homework.

그는 / 끝낼 수 없었다 / 그의 숙제를 하는 것을

―――――――――――――― 정답 및 해설 p. 24 ――

Check-Up 1 다음 괄호 안의 단어를 빈칸에 알맞은 형태로 바꾸어 쓰시오.

(1) I will quit _____ here. (work)

(2) Tony gave up _____ the suit. (put on)

(3) Did you finish _____? (cry)

(4) They really enjoy _____ to each other. (talk)

(5) Would you mind _____ my brother? (take care of)

*quit 통 그만두다 *give up 포기하다, 단념하다 *suit 명 양복

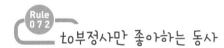

Rule 072 to부정사만 좋아하는 동사

hope, wish, want, expect, plan, decide, choose 등의 동사는 to부정사만을 목적어로 취한답니다. 이 동사들은 아직 일어나지 않은 것들을 바라거나 희망하거나 결정, 선택하는 내용을 담고 있어요.

예 Minsu / wants / to buy a new backpack.

민수는 / 원한다 / 새로운 배낭을 사기를

We / expect / to receive your mail soon.

우리는 / 기대한다 / 곧 당신의 편지를 받기를

I / decided / not to join the club.

나는 / 결정했다 / 그 동아리에 가입하지 않기로

She / hoped / to win the race.

그녀는 / 희망했다 / 그 경기에서 우승하기를

*backpack 명 배낭
*join 통 가입하다
*expect 통 기대하다
*receive 통 받다

―――――――――――――― 정답 및 해설 p. 24 ――

Check-Up 2 다음 괄호 안에서 어법에 맞는 것을 고르시오.

(1) Mr. Lee expects (doing / to do) the work.

(2) You decide (going / to go) to Paris to study.

(3) We want (meeting / to meet) you again.

(4) I plan (reading / to read) this book.

(5) My sister hopes (passing / to pass) the exam.

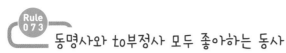

Rule 073 동명사와 to부정사 모두 좋아하는 동사

나에게 선택을 강요하지마. 난 둘 다 좋단 말이야!

동명사 / to부정사

시작(begin, start)과 좋아함, 싫어함(like, love, hate)을 의미하는 동사들은 동명사와 to부정사를 모두 취할 수 있어요. 어떤 것을 선택하더라도 같은 의미로 해석이 된답니다.

⑩ Do / you / like / drawing? = Do / you / like / to draw?
당신은 / 좋아합니까 / 그리기를

Brian / began / studying French. = Brian / began / to study French.
Brian은 / 시작했다 / 프랑스어를 공부하는 것을

She / loves / eating chicken. = She / loves / to eat chicken.
그녀는 / 좋아한다 / 치킨을 먹는 것을

단, 아래의 동사들은 뒤에 동명사가 올 경우와 to부정사가 올 경우의 의미가 다르답니다.

	+ 동명사	+ to부정사
forget, remember, regret	~했던 것을 …하다	~할 것을 …하다
try	(시험 삼아) 해보다	~ 하려고 노력하다
stop	~ 하는 것을 멈추다. 그만두다	~ 하기 위해 멈추다 to 부정사의 부사적용법(~하기 위해서)

⑩ I / forgot / turning off the TV.
나는 / 잊어버렸다 / TV를 끈 것을

I / forgot / to turn off the TV.
나는 / 잊어버렸다 / TV를 꺼야 하는 것을

Jason / tried / wearing the pants.
Jason은 / 해 보았다 / 그 바지를 입는 것을

Jason / tried / to wear the pants.
Jason은 / 노력했다 / 그 바지를 입으려고

I / remember / going to Busan with my friends.
나는 / 기억한다 / 친구들과 부산에 간 것을

I / remember / to go to Busan with my friends.
나는 / 기억한다 / 친구들과 부산에 갈 것을

He / stopped / smoking.
그는 / 그만두었다 / 담배피우는 것을

He / stopped / to smoke.
그는 / 멈추었다 / 담배를 피우기 위해서

Check-Up 3 다음 우리말과 일치하도록 괄호 안에서 어법에 맞는 것을 고르시오.

(1) 나는 내일 너를 만날 것을 기억하고 있다.

→ I remember (meeting / to meet) you tomorrow.

(2) 그는 TV를 보는 것을 멈추었다.

→ He stopped (watching / to watch) TV.

(3) 나는 그에게 편지를 썼던 것을 잊어버렸다.

→ I forgot (writing / to write) a letter to him.

(4) Mike는 창문을 깬 것을 후회한다.

→ Mike regrets (breaking / to break) the window.

(5) Helen은 한국어를 잘 말하려고 노력했다.

→ Helen tried (speaking / to speak) Korean well.

관용적 동명사 구문

아래의 표현들은 동명사를 반드시 포함하는 것들이에요. 주로 숙어라고 생각하면서 외워온 것들이에요. 혹시 몇 개를 알고 있는지 확인해보세요.

표현	우리말 뜻
feel like -ing	~하고 싶은 기분이다
How/ What about -ing?	~하는 게 어때?
cannot help -ing	~하지 않을 수 없다
be busy (in) -ing	~하느라 바쁘다
spend (시간/돈) (in) -ing	~하는데 (시간/돈)을 소비하다
have difficulty (in) -ing	~하는데 어려움을 겪다
keep/stop/prevent A from -ing	A가 ~하는 것을 막다, 방해하다
far from -ing	~와는 거리가 먼
look forward to -ing	~하는 것을 기대하다
be used to -ing	~하는데 익숙하다

예 I / feel like / drinking a glass of water.
나는 / ~하고 싶다 / 물 한잔을 마시는 것을

He / couldn't help / crying out loud.   *loud 형 큰 소리로
그는 / ~하지 않을 수 없었다 / 큰 소리로 우는 것을

She / spent / too much money / buying new clothes.
그녀는 / 사용했다 / 너무 많은 돈을 / 새 옷을 사는 것에

Heavy rain / stopped / them / from going on a picnic.
폭우가 / 막았다 / 그들이 / 소풍가는 것을

They / were looking forward to / meeting their new homeroom teacher.
그들은 / 기대하고 있었다 / 그들의 새로운 담임 선생님을 만나는 것을

준석쌤의 꿀팁

look forward to -ing, be used to -ing을 보면 to 다음에 동사원형이 와서 'to부정사'를 써야 할 것 같죠? 하지만 이때의 to는 '~에'라는 의미를 가진 전치사랍니다. 전치사는 우리말의 '~을, 를'처럼 명사와 결합해요. '밥을, 공부를'처럼 말이죠. 그래서 to 다음에는 명사가 와야 해요. 이런 문법 규칙에 따라 위 예문에서는 동사 meet 대신에 동사의 명사 형태 즉, 동명사 meeting을 썼답니다.

정답 및 해설 p. 25

Check-Up 4 다음 어구들의 의미가 자연스럽게 (A)와 (B)를 연결하시오.

(A)	(B)
(1) My brother was busy	ⓐ help laughing.
(2) We couldn't	ⓑ difficulty solving the problem.
(3) Jane has	ⓒ forward to seeing you.
(4) I am used	ⓓ cleaning his room.
(5) Suna is looking	ⓔ to taking care of my sister.

Exercise

정답 및 해설 p. 25

1 다음 괄호 안의 단어를 활용하여 빈칸을 알맞게 채우시오.

(1) Jane decided _____ for her family. (cook)

(2) Sally remembered _____ with her friends last week. (travel)

(3) My dad has stopped _____ for a month. (smoke)

(4) Did you quit _____ there? (work)

(5) Bill wanted _____ the movie. (watch)

2 다음 밑줄 친 단어를 어법상 알맞은 형태로 고치시오.

(1) Do you mind open the window? → _____

(2) Nami tried solve the problem, but she couldn't find the answer. → _____

(3) Minsu didn't finish do his homework. → _____

(4) Teddy didn't come to the party. He forgot go there. → _____

(5) Would you like drink a cup of tea? → _____

3 다음 우리말과 일치하도록 괄호 안의 단어를 활용하여 빈칸을 완성하시오.

(1) 나는 매일 아침 일찍 일어나기로 결심했다.

→ I _____ early in the morning every day. (decide)

(2) 라디오를 꺼 주시겠어요?

→ Would you _____ the radio? (mind)

(3) 너는 방 청소를 다 끝냈니?

→ Have you _____ your room? (finish)

(4) Jane은 아침에 수영하는 것을 즐긴다.

→ Jane _____ in the morning. (enjoy)

(5) 그들은 내일 서울로 떠날 계획이었다.

→ They _____ for Seoul tomorrow. (plan)

4 다음 문장을 우리말로 해석하시오.

(1) We looked forward to meeting you again.

→ _____

(2) I had to spend all day practicing for the play.

→ _____

(3) I'm not used to eating spicy food.

→ _____

(4) Jeff felt like crying at that time.

→ _____

(5) I forgot to close the window in my room.

→ _____

1 다음 중 어법상 어색한 문장은?

① Do you like watching movies?

② They want to see him more often.

③ I hope staying here a little longer.

④ We didn't give up taking a break.

⑤ She pretended to be sick to skip classes.

2 다음 빈칸에 공통으로 들어갈 말로 알맞은 것은?

> • Do you like _____ a picture?
>
> • He doesn't mind _____ care of his brother.

① take   ② took   ③ to take

④ taking   ⑤ have taken

3 다음 중 밑줄 친 부분의 쓰임이 같은 것끼리 짝지어진 것은?

> (A) He is to come next week.
>
> (B) Nothing is to be seen in the street.
>
> (C) They are to visit Paris this summer.
>
> (D) If we are to watch the movie, we have to hurry up.
>
> (E) They were to get married from birth.

① (A), (B)   ② (A), (C)   ③ (B), (C)

④ (B), (D)   ⑤ (C), (E)

4 다음 (A), (B), (C)에서 어법상 알맞은 것을 골라 짝지은 것은? (2012 중1 전국연합 변형)

> *Dear Alex*,
>
> I'm having a great time here in Korea. My family and I (A) (arrive / arrived) here last Saturday. We stayed in Yeosu for two (B) (day / days) and then flew into Jejudo yesterday. I love Jeju very much. There are many beautiful villages. I hope (C) (seeing / to see) you soon. Bye!
>
> > *Sincerely*,
> > *Judy*

	(A)		(B)		(C)
①	arrive	—	day	—	seeing
②	arrive	—	day	—	to see
③	arrived	—	day	—	seeing
④	arrived	—	days	—	to see
⑤	arrived	—	days	—	seeing

5 다음 글의 빈칸 (A), (B), (C)에 공통으로 들어갈 말로 알맞은 것은? (2014 중3 학업성취도평가 변형)

> Do you want to be closer to your father? Just ___(A)___ with your friends, you can't get close with your father unless you talk with him. Then how do you get the conversation rolling? One great way is to do an activity with him. But this may not be as easy as it sounds. That's because you may not ___(B)___ to go fishing with your father. Or your father may not want to go shopping with you. You need to find a common interest that you can both ___(C)___. This common interest may be an activity like playing board games. While doing the activity, a conversation will naturally take place. And before you know it, the two of you will be closer.

① hope   ② love   ③ like

④ want   ⑤ enjoy

정답 및 해설 p. 26

서술형 1

6 다음 글을 읽고 물음에 답하시오. (2014 중2 진단평가 변형)

> Do you want ⓐbe healthy? Here are some tips. Eat a lot of vegetables. Try to exercise every day. Walk to school. Don't watch too much TV. Get enough sleep. Then, you can be healthy.

(1) 윗글의 밑줄 친 ⓐ를 어법상 알맞게 고쳐 쓰시오.

　→ _____

(2) 윗글의 내용을 우리말로 요약한 것입니다. 빈칸에 알맞은 우리말을 쓰시오.

> 주제: 건강 유지법
> • 채소를 많이 먹어라.
> • _____
> • 학교에 걸어가라.
> • TV를 너무 많이 보지 마라.
> • 잠을 충분히 자라.

서술형 2

7 다음 대화의 마지막 Bora의 말을 아래의 조건에 맞게 완성하시오. (2015 중3 학업성취도평가 변형)

> **Bora**: Hi, I'm here to ask about the volunteer program.
> **Ms. White**: Okay. Have you worked as a volunteer with us before?
> **Bora**: No, this is my first time. But, I'd love to work with children, if possible.
> **Ms. White**: Actually, we need someone to read books in a storytelling class for children.
> **Bora**: That sounds great!
> **Ms. White**: We have a class on Saturdays. Are you available then?
> **Bora**: Sure, that's perfect!
> **Ms. White**: Great. Here's a form you need to fill out.
> **Bora**: Okay. I'm _____.

조건 1. 다음 주어진 표현을 활용하시오.

　→ look forward to

조건 2. 다음 우리말 문장과 같은 뜻이 되도록 영작하시오.

　→ 저는 그 아이들을 만나는 것을 기대하고 있어요.

Part 3

조동사

DAY 21 조동사1

Rule 075 조동사의 개념

can(~할 수 있다), will(~할 것이다), may(~해도 된다, ~일지 모른다), must(반드시 ~해야 한다, 분명히 ~일 것이다)와 같이 주로 **동사 앞에서 동사의 뜻을 풍부하게 해주는 것**을 '**조동사**'라고 해요. 동사의 조수역할을 하고 보통 동사의 앞에 위치해요.

eat 먹다			
can eat 먹을 수 있다	will eat 먹을 것이다	may eat 먹어도 된다	must eat 먹어야 한다

Rule 076 조동사 can

'~할 수 있다'라는 뜻을 가지고 있어 '가능'을 표현할 때 쓰는 조동사에요. be able to와도 비슷한 뜻으로 쓰인답니다. **can 다음에 오는 동사는 원형을 쓰면** 된답니다. 부정할 때에는 **not을 can 다음에 쓰면** 됩니다. 그리고 **can의 과거형은 could**라는 것도 기억하세요.

> 예 Jisu / can speak / three languages.   *language 명 언어
>
> = Jisu / is able to speak / three languages.
>> 지수는 / 말할 수 있다 / 세 개의 언어를
>
> Jisu / cannot(can't) speak / three languages.
>
> = Jisu / is not able to speak / three langaues.
>> 지수는 / 말할 수 없다 / 세 개의 언어를

I / can play / the guitar.

= I / am able to play / the guitar.
나는 / 연주할 수 있다 / 기타를

I / cannot(can't) play / the guitar.

= I / am not able to play / the guitar.
나는 / 연주할 수 없다 / 기타를

* 의문문을 만들 때에는 주어와 can의 위치를 바꾼답니다. 즉, can이 문장 앞으로 이동한답니다.

You can come to my party. 너는 나의 파티에 올 수 있다.

Can you come to my party? 너는 나의 파티에 올 수 있니?

정답 및 해설 p. 27

Check-Up 1 다음 괄호 안에서 어법에 맞는 것을 고르시오.

(1) We (can / is able to) sing the song together.

(2) Tony can (play / plays) basketball.

(3) I (can / could) watch the movie yesterday.

(4) (Can / Are) you able to return this book to the library?

조동사 will

'~할 것이다'라는 뜻을 가지고 있어, '미래, 예정'을 표현할 때 쓰는 조동사에요. be going to와도 비슷한 뜻으로 쓰인답니다. will 다음에 오는 동사는 원형을 쓰고 부정할 때에는 not을 will 다음에 쓰면 됩니다. 의문문은 주어와 will의 위치를 바꾸면 됩니다. will의 과거형은 would라는 것도 기억하세요.

㉑ They / will go / to Busan / on Sunday.

= They / are going to go / to Busan / on Sunday.
그들은 / 갈 것이다 / 부산에 / 일요일에

They / will not (won't) go / to Busan / on Sunday.
그들은 / 가지 않을 것이다 / 부산에 / 일요일에

Will / they / go / to Busan / on Sunday?
그들은 / 갈 것이니/ 부산에 / 일요일에

You / will receive / an e-mail / from John.

= You / are going to receive / an e-mail / from John.

　　당신은 / 받을 것이다 / 이메일을 / John으로부터

You / will not(won't) receive / an e-mail / from John.

당신은 / 받지 않을 것이다 / 이메일을 / John으로부터

Will / you / receive / an e-mail / from John?

당신은 / 받을 것입니까 / 이메일을 / John으로부터

───── 정답 및 해설 p. 27 ─────

Check-Up 2 다음 문장을 괄호 안에 주어진 문장으로 바꾸어 쓰시오.

(1) I will go see a doctor. (부정문) → _____

(2) He will be a scientist. (부정문) → _____

(3) They will come tomorrow. (의문문) → _____

(4) You will visit your aunt. (의문문) → _____

*scientist 명 과학자　*aunt 명 고모, 이모

조동사 may

'~일지 모른다(약한 추측)', '~해도 된다(허락)'라는 두 개의 뜻을 가지고 있어, 문장 내에서 어떤 뜻으로 쓰이는지 잘 파악해야 하는 조동사에요. 예문을 보면서 두 개 중 어떤 뜻으로 쓰였는지를 잘 파악하세요. may 다음에 오는 동사는 원형을 쓰고, 부정할 때에는 not을 may 다음에 쓰며, 의문문은 주어와 may의 위치를 바꾼답니다. may의 과거형은 might이고 주로 약한 추측을 나타낼 때 쓰지요.

예 She / may be / right. (약한 추측)

　　그녀는 / ~일지 모른다 / 옳은(옳을지도 모른다)

She / may not be / right.

그녀는 / ~아닐지 모른다 / 옳은(옳지 않을지도 모른다)

May / she / be right?

아마도 / 그녀가 / 옳을까

You / may use / my computer. (허락)

당신은 / 사용해도 된다 / 내 컴퓨터를

You / may not use / my computer.

당신은 / 사용해서는 안된다 / 내 컴퓨터를

May I / use / your computer?

제가 ~해도 될까요 / 사용해도 / 당신의 컴퓨터를

Check-Up 3 다음 문장의 밑줄 친 may의 의미를 괄호 안에서 고르시오.

(1) Bob <u>may</u> know the answer. (허락 / 약한 추측)

(2) You <u>may</u> go home now. (허락 / 약한 추측)

(3) <u>May</u> I use your pen? (허락 / 약한 추측)

(4) It <u>may</u> be rainy tomorrow. (허락 / 약한 추측)

(5) He <u>may</u> not be a fool. (허락 / 약한 추측)

*answer 몧 정답, 대답 *rainy 몧 비가 내리는 *fool 몧 바보

조동사 must

'~해야만 한다(의무)', '분명히 ~일 것이다(강한 추측)'라는 두 가지 뜻을 가지고 있어, 문장 내에서 어떤 뜻으로 쓰였는지 잘 파악해야 하는 조동사예요. 특히 '~해야만 한다(의무)'로 쓰일 때에는 have to와 비슷한 뜻을 가지고 있다는 것을 꼭 알아두세요. 부정문과 의문문을 만드는 방법은 앞서 학습한 다른 조동사와 동일하답니다. must는 과거형이 없고 대신 had to를 사용해요.

예 I / must go / to the library / to get some books. (의무)

= I / have to go / to the library / to get some books.
나는 / 가야만 한다 / 도서관에 / 책을 좀 빌리기 위해서

Must / I / go / to the library / to get some books?

= Do I / have to go / to the library / to get some books?
제가 / 가야만 합니까 / 도서관에 / 책을 좀 빌리기 위해서

She / must be / really sick. (강한 추측)
그녀는 / ~임에 틀림없다 / 정말로 아픈

She / must not be / really sick.
그녀가 / ~ 일 리가 없다 / 정말로 아픈

must not과 don't have to의 의미를 잘 구분해야 합니다. must not은 '~해서는 안된다'는 의미를 지니고 don't have to는 '~할 필요가 없다'는 의미랍니다.

예 I / must not go / to the library / to get some books.
나는 / 가서는 안된다 / 도서관에 / 책을 좀 빌리기 위해서

I / don't have to go / to the library / to get some books.
나는 / 갈 필요가 없다 / 도서관에 / 책을 좀 빌리기 위해서

Check-Up 4 다음 우리말과 일치하도록 괄호 안에서 알맞은 것을 고르시오.

(1) Nicole은 병원에 있는 그녀의 이모를 방문해야만 한다.

→ Nicole (must / have to) visit her aunt in the hospital.

(2) 그는 매우 똑똑함에 틀림없다.

→ He (must / have to) be very smart.

(3) 너는 어제 정원에 물을 줬어야만 했다.

→ You (must / had to) water the garden yesterday.

(4) 제가 매일 운동을 해야만 하나요?

→ (Must / Have to) I exercise every day?

(5) 너는 그 책을 읽을 필요가 없다.

→ You (must not / don't have to) read the book.

*hospital 몡 병원　*water 통 물을 주다　*garden 몡 정원

Rule 080 조동사의 부가의문문

위에 나온 can't you?와 같이 문장 다음에 가볍게 물어보는 것을 '부가 의문문'이라고 해요. 주로 '~지 않니?', '~이지?'라고 해석이 되죠. 앞 문장이 긍정문이면 부정으로, 앞 문장이 부정문이면 긍정으로 물어요. 우리말로 해석해서 대답하려고 하면 헷갈릴 수 있어요. Yes로 대답할 때에는 뒤에 not이 들어가지 않고, No로 대답할 때에는 뒤에 not이 들어간다고 생각하면 쉬워요. 예문을 잘 살펴보세요.

예 I / can watch TV now, / can't I?
　나는 / 지금 TV를 볼 수 있다 / 그렇지 않니?

　– Yes. you can (watch TV now). 그래 너는 (지금 TV를) 볼 수 있어.

　– No, you can't (watch TV now). 아니, 너는 (지금 TV를) 볼 수 없어.

Jina / may not join our club, / may she?
Jina는 / 아마 우리 동아리에 가입하지 않을 거야 / 그렇지?

　– Yes. she may (join our club). 그래. 그녀는 (우리 동아리에) 가입할 수도 있어.

– No, she may not (join our club). 아니, 그녀는 (우리 동아리에) 가입하지 않을 거야.

You / won't be late again, / will you?
너는 / 다시 늦지 않을거야 / 그렇지?

– Yes, I will (be late again). 그래, 나는 다시 늦을 거야.

– No, I won't (be late again). 아니, 나는 다시 늦지 않을 거야.

명령문의 부가의문문은 will you?를 쓴답니다. 그리고 'Let's+동사원형'으로 시작하는 '~하자'라는 청유문의 부가의문문은 shall we?를 쓴다는 것을 잊지마세요.

예 Open the window, / will you?
창문을 열어라. / 그렇게 해 주겠니?

– Yes, I will.

– No, I won't.

Let's play soccer together, / shall we?
함께 축구를 하자, / 그럴래?

정답 및 해설 p. 27

Check-Up 5 다음 빈칸에 알맞은 부가의문문을 쓰시오.

(1) Ms. Jeong can make spanish food, _____?

(2) Wash the dishes after dinner, _____?

(3) My brother must clean his room, _____?

(4) Let's go on a picnic tomorrow, _____?

(5) Somin and Sua can't sing the song, _____?

*spanish 형 스페인의

1 다음 괄호 안에서 어법에 맞는 것을 고르시오.

(1) Tony got the highest score on the test. He (will / must) be very smart.

(2) According to the weather report, it (will not / don't have to) be rainy this afternoon.

(3) Brian has practiced the piano for a long time. He (have to / can) play the piano well now.

(4) You (must / have) to hurry to take the train.

2 다음 우리말과 일치하도록 〈보기〉에서 알맞은 조동사를 골라 빈칸에 쓰시오.

> 〈보기〉　can　will　may　must

(1) 그는 아이들에게 책을 읽어 줄 것이다.

　→ He _____ read a storybook to the children.

(2) 그들은 금요일에 함께 영화를 볼지도 모른다.

　→ They _____ watch the movie together on Friday.

(3) Kevin은 자전거를 탈 수 있다. → Kevin _____ ride a bike.

(4) 오늘은 비가 올 것이다. → It _____ rain today.

(5) 너는 교실에서 조용히 해야만 해. → You _____ be quiet in the library.

3 다음 A의 물음에 이어질 B의 대답을 괄호 안의 단어를 활용하여 완성하시오.

(1) A: What will you do after school?

　B: I _____ _____ badminton. (play)

(2) A: It's time to go to bed, Suzy. Go to sleep now, will you?

　B: _____, _____ _____. I have to finish my report now. (will)

(3) A: Excuse me, can I bring my pet to the cafe?

　B : Sorry, you _____ _____ your pet here. (bring)

(4) A: I may not eat this cake now, may I?

　B: No, _____ _____ _____. We should wait for your dad. (may)

(5) A: Can I ride the roller coaster?

　B: No, you _____ _____ it. You're too short to ride it. (ride)

Rule 081 조동사 should

영작시험

'우리는 우리의 부모님을 존경해야 한다.'

We should?
We must?
어떤 게 맞지?

'~해야 한다'라는 조동사는 must가 있지요. 그런데 should도 같은 의미를 지니고 있어요. must는 지키지 않으면 정말 큰 불이익이 따르는 의무를 말할 때 쓰고, should는 바람직한 일이라서 '~해야 한다'라고 할 때 쓴 답니다. '부모님을 존경해야 한다'라고 하면 'We should respect our parents.'가 자연스러운 표현이 되겠네요.

> We / should wear / school uniforms.
> 우리는 / 입어야 한다 / 교복을

*school uniform 교복

> You / shouldn't do / that / again.
> 너는 / 해서는 안된다 / 그것을 / 다시

> Should I finish / the report / until tomorrow?
> 제가 끝내야만 하나요 / 그 보고서를 / 내일까지

Rule 082 조동사 had better

You had better see this.

had better??

had better라고 말했더니 어른께서 화를 내셨어요. had better는 우리말로 '~하는 게 낫다'라는 조동사이지만, 친한 사람들 사이에 써야 한답니다. 윗사람이나 별로 친하지 않은 사람에게 쓰면 상대방의 기분을 상하게 할 수 있으니 조심하세요. **부정할 때에는 had better + not으로 쓴답니다.**

> 예 You / had better / bring / your umbrella.
> 너는 / ~하는 게 낫다 / 가지고 가다 / 너의 우산을
> *umbrella 명 우산
>
> You / had better not / go to bed late.
> 너는 / ~하지 않는 게 낫다 / 늦게 잠자리에 들다

have to(~해야 한다)는 조동사 must를 학습할 때 배웠었죠? 과거는 had to로 변형했었죠. 그런데 **had better는 시제에 따라 변형하지 않아요. 주어가 3인칭 단수라고 has better로 쓰지도 않아요. 오직 had better, 부정할 때는 had better not으로만 쓰이니까 주의하세요.**

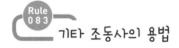

should not과 had better의 축약형을 알아봅시다.
① should not = shouldn't
You should not unleash your dog. = You shouldn't unleash your dog.
당신은 당신의 개를 풀어놓아서는 안 된다. (*unleash 풀어놓다)
② had better = 'd better
You had better see a doctor = You'd better see a doctor.
당신은 병원에 가보는게 낫겠다.

Rule 083
기타 조동사의 용법

used to		~하곤 했다(지속적으로)
would	+동사원형	~하곤 했다(가끔씩)
would rather		차라리 ~하는 게 낫다
would like to		~하고 싶다

위의 기타 조동사 표현 중에서 가장 많이 다뤄지는 것은 used to와 would랍니다. used to는 과거에 '지속적으로 ~하곤 했다. 하지만 지금은 하지 않는다'는 것을 의미해요. 또한 '어떤 장소에 어떤 것이 있었는데 지금은 없어졌다'라고 할 때에도(상태의 표현) used to를 쓴답니다. would는 과거에 '가끔씩 ~하곤 했고, 지금 그것을 하는지 안하는지는 알 수 없다'는 의미를 표현할 때 사용한답니다. used to의 부정은 didn't use to로 쓰

면 되고, 다른 조동사들은 would not, would rather not, would not like to로 쓰면 됩니다.

예) I / used to go / to school / at 8 a.m.
나는 / 가곤 했다 / 학교에 / 오전 8시에 (지금은 오전 8시에 가지 않음)

There used to / be a pond / in our garden.
있었다 / 연못이 하나 / 우리의 정원에는 (지금은 연못이 없음)

She / didn't use to drink / coffee. (used to의 부정)
그녀는 / 마시지 않았다 / 커피를 (지금은 마심)

He / would bring / delicious snacks / to the class.   *snack 명 간식
그는 / 가지고 오곤 했다 / 맛있는 간식을 / 그 수업에 (지금도 간식을 가져오는지 알 수 없음)

Tom / would take care of / his younger sister.
Tom은 / 돌봐주곤 했다 / 그의 여동생을 (지금도 돌봐주는지 알 수 없음)

They / would rather take part in / the game.
그들은 / 차라리 참여하는 것이 낫다 / 그 게임에

You'd rather not watch / the movie. (would의 축약형)
당신은 / 보지 않는 편이 더 낫다 / 그 영화를

I / would like to drink / a cup of coffee.
나는 / 마시고 싶다 / 커피 한 잔을

준석쌤의 꿀팁

'used to + 동사원형(~하곤 했다)'와 'be used to + 동사원형(~하기 위해 사용되다)', 'be(get) used to + -ing(~하는 데 익숙하다)'는 형태가 비슷하지만 의미가 완전히 달라요. 시험에도 잘 나오니 예문을 통해 반드시 의미의 차이를 익히세요.

① There used to be a big tree in front of the house. 그 집 앞에는 큰 나무가 한 그루 있었다.

② A big tree was used to build the house. 큰 나무 한 그루가 그 집을 만들기 위해 사용되었다.

③ I am used to planting a big tree. 나는 큰 나무를 심는 것에 익숙하다.

———— 정답 및 해설 p. 28 ————

Check-Up 1 다음 괄호 안에서 어법에 맞는 것을 고르시오.

(1) You (should / would like) pay attention to your teacher.

(2) James (has better / had better) not be late again.

(3) She (had better / used to) drink a bottle of water in the morning when she was young.

(4) It will rain this afternoon. You (had better / would) bring your umbrella.

(5) I (would rather / would like) to go to bed early tonight.

*pay attention to ~에 관심을 기울이다, 주의하다

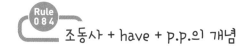

조동사 + have + p.p.의 개념

지금까지 배운 조동사들의 뜻을 나열해볼까요? ~할 수 있다, ~해야 한다, ~인지 모른다 등... 주로 현재를 표현하고 있죠? 아 참, will은 미래를 표현하기도 하죠. 그런데 과거에 대한 표현을 하고 싶을 때도 있겠죠? 물론 could, would 등 조동사의 과거형이 있지만, **조동사 다음에 have+p.p.를 쓰게 되면 과거에 대한 더 다양한 표현들을 할 수 있게 된답니다.**

She	should / go. ~해야 한다 / 가다	그녀는 가야 한다. (현재)
	should / have gone. ~해야 한다 / 갔다	그녀는 갔어야 했다. (과거에 대한 후회)

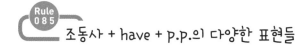

조동사 + have + p.p.의 다양한 표현들

1 should + have + p.p. (~했어야만 했다: 후회)

> 예 I / should have brought / my umbrella.
> 나는 / 가지고 왔어야만 했다 / 내 우산을
>
> John / should have studied harder / to pass the exam.
> John은 / 더 열심히 공부했어야만 했다 / 그 시험에 통과하기 위해서

2 could + have + p.p. (~할 수 있었는데 (하지만 못했다))

> 예 I / could have gotten / better grade.
> 나는 / 얻을 수 있었는데 / 좋은 성적을
>
> She / could have eaten / pizza.
> 그녀는 / 먹을 수 있었는데 / 피자를

3 must + have + p.p. (~했음이 틀림없다, 분명히 ~ 였을 것이다: 강한 추측)

> 예 He / must have been / sick.
> 그는 / ~였을 것이다 / 아픈
>
> They / must have won / the race.
> 그들은 / 승리했을 것이 틀림없다 / 그 경기에서

4 may(might) + have + p.p. (~이었을지도 모른다: 약한 추측)

> 예 Allen / may have forgotten / my name.
> Allen은 / 잊어버렸을지도 모른다 / 내 이름을
>
> Charlie / might have been / very busy.
> Charlie는 / ~였을지도 모른다 / 아주 바쁜

5 cannot + have + p.p. (~이었을 리가 없다: 부정적 추측)

예 Dorothy / cannot have broken / the window.
Dorothy가 / 깼을 리가 없다 / 그 창문을

The boy / cannot have drawn / the picture.
그 소년이 / 그렸을 리가 없다 / 그 그림을

정답 및 해설 p. 28

Check-Up 2 다음 우리말과 일치하도록 빈칸에 알맞은 조동사를 쓰시오.

(1) 그는 더 조심했어야만 했다.
→ He _____ have been more careful.

(2) Sally가 그 요리를 만들었을 리가 없다.
→ Sally _____ have made the dish.

(3) Hanna는 배가 매우 고팠음에 틀림없다.
→ Hanna _____ have been very hungry.

(4) 엄마는 내 생일을 잊어버렸을지도 모른다.
→ Mom _____ have forgotten my birthday.

(5) 그들은 좋은 시간을 보낼 수 있었는데.
→ They _____ have had a good time.

*dish 명 요리, 음식 *hungry 형 배고픈

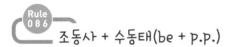

Rule 086

조동사 + 수동태(be + p.p.)

be + p.p.의 수동태 앞에 조동사 can, will, must, should 등이 오면 조동사의 의미를 더하여 해석할 수 있어요. 조동사 다음에는 동사원형이 나오죠. 수동태는 is, am, are ... 등의 be동사 다음에 p.p.가 오지요. 이 두 개를 합치면 '조동사 + be + p.p.'가 오게 된답니다. **조동사 + 수동태(be + p.p.)는 '조동사의 의미 + ~되어지다(be + p.p.)'로 해석**하면 됩니다.

예 The report / is finished / by 1 p.m.
그 보고서는 / 끝마쳐진다 / 오후 1시까지

The report / must be finished / by 1 p.m. (의무)
그 보고서는 / 끝마쳐져야 한다 / 오후 1시까지

The report / will be finished / by 1 p.m. (미래)
그 보고서는 / 끝마쳐질 것이다 / 오후 1시까지

The report / can be finished / by 1 p.m. (가능)
그 보고서는 / 끝마쳐질 수 있다 / 오후 1시까지

1 다음 괄호 안에서 어법에 맞는 것을 고르시오.

(1) He couldn't pass the English test. He (should / must) have studied harder.

(2) It is very cold today. You (used to / had better) wear a warm sweater.

(3) Tom (used to / would like to) be very short, but he is tall now.

(4) Yuna didn't come to the meeting. She (should / must) have been sick.

(5) (Would / Will) you like to drink something cold?

2 다음 우리말과 일치하도록 〈보기〉에서 알맞은 것을 골라 빈칸에 쓰시오.

〈보기〉 used to   had better   would   must have   might have   cannot have

(1) 너는 매일 운동을 하는 것이 좋겠다.

→ You _____ exercise every day.

(2) 그 공원에는 나무가 많이 있었다.

→ There _____ be a lot of trees in the park.

(3) 그녀는 내 전화번호를 잊었을지도 모른다.

→ She _____ forgotten my phone number.

(4) Sam이 그 음식을 다 먹었을 리가 없다.

→ Sam _____ eaten all the food.

(5) 엄마가 내 방을 치웠음에 틀림없다.

→ Mom _____ cleaned my room.

3 다음 우리말과 일치하도록 괄호 안의 단어를 알맞게 배열하시오.

(1) 지호는 사진을 찍지 않는 편이 더 낫다. (take / had better / Jiho / not / pictures)

→ _____

(2) 우리는 서로 도와야만 한다. (help / we / other / should / each)

→ _____

(3) 나는 런던에 살았었다. (used / in / I / live / London / to)

→ _____

1 다음 문장의 밑줄 친 부분과 의미가 같은 것은?

> May I take your order?

① She may not know my name.　② Jiho may live in Seoul now.
③ The girl may feel lonely.　④ You may go home early.
⑤ James may be sick today.

2 다음 빈칸에 공통으로 들어갈 말로 알맞은 것은?

> • You ＿＿＿＿＿＿＿ take a photo in the museum.
> • You ＿＿＿＿＿＿＿ swim in this river. It's too dangerous.

① must　② have to　③ must not　④ had better　⑤ don't have to

3 다음 대화의 빈칸에 들어갈 말로 알맞은 것은?

> **A**: Who is the girl with blue jeans?
> **B**: I'm not sure. She ＿＿＿＿＿ be Jimin's little sister.

① can　② may　③ will　④ must　⑤ have to

4 다음 글의 밑줄 친 (A), (B)와 바꾸어 쓸 수 있는 표현을 알맞게 짝지은 것은? (2015 중3 학업성취도평가 변형)

> Tim just arrived on a flight from Chicago and he found that his baggage was missing. He (A) needed to claim his lost baggage. He went to the Baggage Service Center to fill out a claim form. He was very upset because all of his clothes for a meeting that afternoon were in the lost bag. The Baggage Service Center apologized and arranged for him to get a new suit. That afternoon, he (B) was able to go to his meeting wearing his new suit.

	(A)	(B)		(A)	(B)
①	have to	− can	②	has to	− can
③	had to	− can	④	have to	− could
⑤	had to	− could			

서술형 1

5 다음 글을 읽고 밑줄 친 ⓐ~ⓒ 중 어법상 <u>잘못된</u> 부분을 알맞게 고치시오. (2014 중3 학업성취도평가 변형)

Visitors and residents agree that a gondola ride is an amazing way to see Venice. Gondolas are long, narrow boats. They first appeared in the 11th century. They ⓐ <u>used to</u> workers to take things from one part of the city to another. By the 17th century, there were 8,000 to 10,000 gondolas. Nowadays, there are just over 400 gondolas in Venice. They ⓑ <u>are used to</u> take tourists on pleasure trips, but also ⓒ <u>used</u> for special celebrations, such as races. One of the most famous gondola races takes place every April 25, on St. Mark's Day.

잘못된 부분: _____ → 고친 답: _____

서술형 2

6 다음 우리말 해석을 참고하여 괄호 안의 단어를 활용해 보라의 영어 일기를 완성하시오.

보라의 일기

2016년 5월 10일, 맑음

나는 오늘 수학 시험을 잘 보지 못했다. 나는 밤늦게까지 공부할 계획이었지만 오후 9시에 잠자리에 들고 말았다. 아, (1) <u>나는 어제 공부를 더 열심히 했어야만 했다.</u> (2) <u>나는 다음에는 더 열심히 공부할 것이다.</u>

Bora's Diary

May 10th, 2016. Sunny

I didn't do well on the math exam today. I planned to study unitl late at night, but I went to bed at 9 p.m. Oh, (1) I _____ (study) harder yesterday. (2) I _____ (study) harder next time.

(1) _____

(2) _____

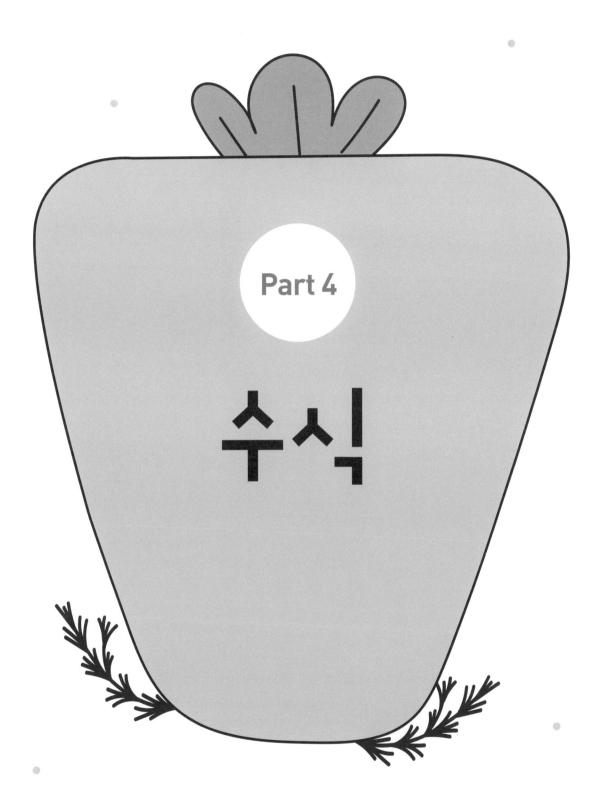

Part 4

수식

Rule 087 형용사의 개념

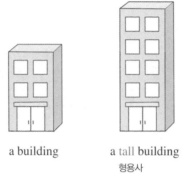

a building   a tall building
형용사

형용사는 명사(사람, 사물)의 모습, 상태, 수량 등을 표현하기 위해 쓰는 단어에요. 위 그림에서 tall이라는 단어는 '큰'이라는 의미로 뒤에 오는 building이라는 명사를 꾸며줍니다. 이와 같이 의미를 풍부하게 전달하기 위해 형용사를 사용합니다.

예 a cute baby
귀여운 아기

a big tree
큰 나무

a beautiful lady
아름다운 여인

an old house
오래된 집

a funny movie
재미있는 영화

an exciting game
신나는 게임

Rule 088 형용사의 용법

① 형용사가 주로 명사 앞에서 수식을 하는 용법을 '한정적 용법(제한적 용법)'이라고 해요.

예 Steve / is a handsome boy.
Steve는 / 잘생긴 소년이다

Mr. Smith / is a kind teacher.
Smith 씨는 / 친절한 선생님이다

The short girl / is my best friend.
키 작은 소녀는 / 나의 가장 친한 친구이다

She / is a famous singer.
그녀는 / 유명한 가수이다

② 형용사가 주로 be동사 뒤에 와서 '~이다, ~하다'라고 해석이 될 때가 있어요. 이와 같이 'be동사 + 형용사'의 형태로 쓰이는 것을 형용사의 '서술적 용법'이라고 해요.

예 Steve / is handsome.
　　Steve는 / 잘생겼다

Mr. Smith / is kind.
Smith 씨는 / 친절하다

My best friend / is short.
나의 가장 친한 친구는 / 키가 작다

The singer / is famous.
그 가수는 / 유명하다

───────────────── 정답 및 해설 p. 30 ─────

Check-Up 1 다음 〈보기〉와 같이 주어진 문장을 바꾸어 쓰시오.

〈보기〉　This question is easy. → This is an easy question.

(1) This book is interesting.　→ This _____
(2) The movie is sad.　→ It _____
(3) This box is heavy.　→ This _____
(4) The shoes are clean.　→ They _____
(5) The teacher is kind.　→ He _____

Rule
089
부사의 개념

얘들아, 울지들 마!
내가 다 안아줄게!

부사는 주로 우리말로 '~게, ~하게, ~히, 이'로 해석되는 단어들이에요. 위에서 보는 것처럼 **동사, 형용사, 다른 부사, 문장 전체까지 수식**하기 때문에 문장 속에서 의미를 풍부하게 만들어 준답니다.

예 He drives / his car / slowly. (천천히 운전한다 → 동사 drive 수식)
그는 운전한다 / 그의 차를 / 천천히

This soup / is very delicious. (아주 맛있다 → 형용사 delicious 수식)
이 수프는 / 아주 맛있다

Thank you / very much. (아주 많이 → 부사 much 수식)
감사합니다 / 아주 많이

Fortunately, / the bus arrived / on time. (부사 fortunately가 문장 전체 수식)
다행스럽게도 / 그 버스는 도착했다 / 제 시간에

정답 및 해설 p. 30

Check-Up 2 다음 밑줄 친 부사가 수식하는 것을 괄호에서 고르시오.

(1) My sister dances <u>very</u> well.   (동사, 형용사, 부사, 문장 전체)

(2) She can run <u>fast</u>.   (동사, 형용사, 부사, 문장 전체)

(3) It's <u>really</u> cold today.   (동사, 형용사, 부사, 문장 전체)

(4) <u>Fortunately</u>, he passed the exam.   (동사, 형용사, 부사, 문장 전체)

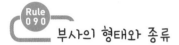

부사의 형태와 종류

부사는 크게 다음 세 가지 형태로 구분해서 이해하면 좋아요. ①은 단어를 외운다고 생각하고 문장 속에서 해석하면 됩니다. ② '형용사＋ly'로 이루어진 부사들은 '～히, ～게, ～하게'로 해석하면 됩니다. ③의 경우에는 형용사와 부사가 같은 형태라 헷갈릴 수 있으므로 문장 속에서 주의해야 한답니다.

① 원래 부사	well(잘), now(이제), here(여기서), there(저기서)	
② '형용사 + ly'로 이루어진 부사	slow(느린) + ly = slowly(느리게) careful(조심스러운) + ly = carefully(조심스럽게) kind(친절한) + ly = kindly(친절하게) beautiful(아름다운) + ly = beautifully(아름답게) easy(쉬운) + ly = easily(쉽게)	
	형용사	부사
③ 형용사와 같은 형태를 가진 부사	hard 어려운, 딱딱한 fast 빠른 early 이른 late 늦은	hard 열심히 fast 빨리 early 일찍 late 늦게

준석쌤의 꿀팁

③의 경우처럼 같은 모양의 단어라도 문장 속에서 어떤 의미로 쓰이는지 파악하면 형용사인지 부사인지 쉽게 알 수 있답니다.

⑩ This / is a hard question. (형용사)   He / studied English / hard. (부사)
    이것은 / 어려운 문제이다   그는 / 영어를 공부했다 / 열심히

정답 및 해설 p. 30

Check-Up 3 다음 단어들의 우리말 뜻을 쓰시오.

(1) quietly : _____   (2) quickly : _____

(3) happily : _____   (4) luckily : _____

(5) simply : _____   (6) strongly : _____

빈도부사

| never | sometimes | often | usually | always |

위의 단어들처럼 **얼마나 자주 뭔가를 하는지 횟수를 알려주는 부사를 빈도부사**라고 해요. never(절대 ~하지 않다), sometimes(때때로), often(종종, 자주), usually(보통, 대개), always(항상)의 순으로 점점 빈도가 올라가지요. 그리고 빈도부사는 보통 **'조비뒤일앞'(조동사와 be동사의 뒤, 일반동사의 앞)에 위치**하니 꼭 알아두세요.

예 Mom always makes me breakfast.
엄마는 항상 나에게 아침 식사를 만들어 주신다.

I usually wake up at 7:30.
나는 보통 7시 30분에 일어난다.

He often goes to school by bus.
그는 종종 버스를 타고 학교에 간다.

Sumi's father sometimes takes her to school.
수미의 아버지는 가끔씩 그녀를 학교에 데려다 주신다.

Peter is never late for school.
Peter는 절대 학교에 늦지 않는다.

정답 및 해설 p. 30

Check-Up 4 다음 괄호 안에서 어법에 맞는 것을 고르시오.

(1) I (often go / go often) to the cafe.

(2) Mary (never eat / never eats) fast food.

(3) His room (is always / always is) dirty.

(4) I (sometimes hang out / hang out sometimes) with my friends.

(5) They (often clean / clean often) their classroom.

*dirty 형 더러운   *hang out 시간을 보내다

1 다음 괄호 안에서 어법에 맞는 것을 고르시오.

(1) This book is very (difficult / easy). I can't understand it.

(2) It is too (cheap / expensive). Can you give me a discount?

(3) You should be (quiet / quite) in the movie theater.

(4) I'm (Korea / Korean). Where are you from?

(5) You should not be (late / early) for school again.

2 다음 문장의 밑줄 친 부분을 어법에 알맞게 고치시오.

(1) Jiwon sings a song good. → _____

(2) Please come here quick. → _____

(3) You must not run so fastly in the library. → _____

(4) He came back home very lately. → _____

(5) Yuna solved the problem easy. → _____

3 다음 형용사에 해당하는 부사를 쓰시오.

(1) careful → _____   (2) final → _____

(3) hard → _____   (4) polite → _____

(5) full → _____   (6) simple → _____

(7) fast → _____   (8) early → _____

4 다음 단어들을 알맞게 배열하여 의미에 맞는 문장을 만드시오.

(1) (always / to / school / walks / Sujin)

→ _____

(2) (rains / it / London / in / often)

→ _____

(3) (he / reads / a / never / comic book)

→ _____

(4) (sometimes / on weekends / breakfast / Nicole / skip)

→ _____

(5) (I / play / usually / after / soccer / school)

→ _____

DAY 24 비교급

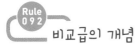

비교급의 개념

두 사람 또는 두 사물을 비교할 때가 많죠? 위의 상황은 '준석이가 Tiffany보다 더 작다'고 하거나, 'Tiffany가 준석이보다 더 크다'라고 표현할 수가 있어요. 이처럼 '더 작은, 더 큰'과 같은 표현을 비교급이라 합니다.

예 **Junseok** is shorter / than **Tiffany**.
준석은 더 작다 / 티파니 보다

Tiffany is taller / than **Junseok**.
Tiffany는 더 크다 / 준석이 보다

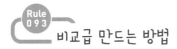

비교급 만드는 방법

규칙 변화		
1. 형용사[부사]+er	tall - taller 큰 – 더 큰	fast - faster 빠른, 빨리 – 더 빠른, 더 빨리
2. 형용사[부사]가 e로 끝날 때 + r	close - closer 가까운 – 더 가까운	large - larger 큰 – 더 큰
3. '단모음+단자음'으로 끝날 경우: 자음을 한 번 더 쓰고+er	big - bigger 큰 – 더 큰	hot - hotter 뜨거운(매운) – 더 뜨거운(매운)
4. '자음+y'로 끝날 경우: y를 i로 바꾸고+er	dirty - dirtier 더러운 – 더 더러운	early - earlier 일찍(이른) – 더 일찍(더 이른)
5. 3음절 이상의 단어: more + 형용사[부사]	beautiful - more beautiful 아름다운 – 더 아름다운 important - more important 중요한 – 더 중요한	

불규칙 변화	
good[well] – better 좋은(잘) – 더 좋은(더 잘)	bad[badly] – worse 나쁜(나쁘게) 더 나쁜(나쁘게)
many[much] – more 많은(많이) – 더 많은(많이)	little - less 적은 – 더 적은

대부분은 형용사나 부사에 -er을 붙여서 비교급을 만들어요. 하지만 large처럼 e로 끝났을 때 -er을 또 붙이면 largeer 이렇게 e가 두 번 나오니까 발음할 때 불필요해요. 그래서 r만 붙이는 거랍니다. y로 끝나는 단어도 발음을 더 쉽게 하기 위해 y를 비교적 발음이 비슷한 i로 바꾸고 그 뒤에 -er을 붙이는 거에요.

예 Sora / is taller / than her sister.
소라는 / 더 크다 / 그녀의 언니보다

August / is hotter / than September / in Korea.
8월은 / 더 덥다 / 9월보다 / 한국에서

You / should wake up earlier / than today.
너는 / 더 일찍 일어나야 한다 / 오늘보다

Health / is more important / than money.
건강이 / 더 중요하다 / 돈보다

Jimin / sings better / than Jiho.
지민이는 / 노래를 더 잘한다 / 지호보다

Daniel / has less money / than Mina.
Daniel은 / 돈을 더 적게 가지고 있다 / 미나보다

준석쌤의 꿀팁

1 -less, -ish, -ful, -ous로 끝나는 2음절어 형용사의 비교급은 more를 앞에 붙여요.

예 careless – more careless   foolish – more foolish
　 부주의한　　　더 부주의한　　어리석은　　　더 어리석은

useful – more useful   famous – more famous
유용한　　　더 유용한　　　　유명한　　　더 유명한

2 '형용사＋ly' 형태의 부사 역시 앞에 more를 붙여요.

예 slowly – more slowly   kindly – more kindly
　 천천히　　　더 천천히　　　친절하게　　　더 친절하게

정답 및 해설 p. 31

Check-Up 1 다음 형용사에 해당하는 비교급을 쓰시오.

(1) early → _____ (2) fast → _____ (3) large → _____

(4) good → _____ (5) late → _____ (6) important → _____

(7) noisy → _____ (8) big → _____ (9) bad → _____

비교급의 강조

He / is much taller / than Junseok.
그는 / 훨씬 더 크다 / 준석이보다

비교급 앞에 오는 much, still, even, a lot, far는 '훨씬'이라는 의미로 쓰여요. 비교급의 의미를 더 강조할 때 쓰는 표현이랍니다.

예 Mike / is much heavier / than Junsu.
　　Mike는 / 훨씬 더 무겁다 / 준수보다

　　Cindy is a lot more beautiful / than Kate.
　　Cindy는 / 훨씬 더 예쁘다 / Kate보다

정답 및 해설 p. 31

Check-Up 2 다음 밑줄 친 부분이 어법상 바르면 ○, 틀리면 × 표시를 하시오.

(1) This room is <u>much</u> bigger than my room. (　)

(2) Mr. Kim is <u>very</u> more popular than Mr. Lee. (　)

(3) The skirt is even <u>expensive</u> than this skirt. (　)

(4) Tom is <u>far</u> lazier than his brother. (　)

(5) Jack is a lot <u>taller</u> than Matthew. (　)

*popular ⑱ 인기 있는　*expensive ⑱ 비싼

Rule 095 원급 비교

Junseok / runs as fast / as Jack.
준석이는 / 빨리 달린다 / Jack만큼

준석이가 생각보다 엄청 빨리 달릴 수 있네요? 키는 도저히 이길 수 없었지만, 달리기는 비슷한 실력이라 다행이네요. 이와 같이 **두 사람 또는 두 사물의 능력치가 비슷할 때에는 'as + 원급 + as'를 쓰고, 이를 '원급 비교'**라고 해요.

예 I / am as strong / as Jason.
나는 / 힘이 세다 / Jason만큼

She / is as popular / as Beyonce.
그녀는 / 인기가 있다 / Beyonce만큼

My sister / is as cute / as a doll.
내 여동생은 / 귀엽다 / 인형만큼

This book / is as interesting / as the movie.
이 책은 / 흥미롭다 / 그 영화만큼

정답 및 해설 p. 31

Check-Up 3 다음 그림을 보고 알맞은 비교급 문장을 완성하시오.

(1) Michael is ＿＿＿＿＿＿＿＿ Junseok.
(키 비교)

(2) Jiho is ＿＿＿＿＿＿＿＿ Minsu.
(힘 비교)

1 다음 표의 빈칸에 알맞은 비교급을 쓰시오.

원급	비교급	원급	비교급
tall	(1)	fast	(15)
old	(2)	kind	(16)
large	(3)	close	(17)
pretty	(4)	dirty	(18)
big	(5)	hot	(19)
fat	(6)	good	(20)
bad	(7)	well	(21)
ill	(8)	famous	(22)
colorful	(9)	expensive	(23)
beautiful	(10)	much(many)	(24)
young	(11)	difficult	(25)
heavy	(12)	important	(26)
sad	(13)	loud	(27)
smart	(14)	early	(28)

2 다음 표를 보고 〈보기〉에서 알맞은 단어를 이용하여, Cindy와 Sally를 비교하는 문장을 완성하시오.

	Cindy	Sally
Height	163cm	165cm
Weight	55kg	50kg
Age	15 years	17 years

〈보기〉 heavy light strong weak short tall old young

(1) Cindy _____. (키 비교)

(2) Sally _____. (몸무게 비교)

(3) Cindy _____. (나이 비교)

3 다음 우리말과 일치하도록 괄호 안에 단어를 알맞게 배열하시오.

(1) 사자는 호랑이만큼 힘이 세다. (a lion / as / is / strong / as / a tiger)

→ _____

(2) 그의 가방은 내 것보다 훨씬 더 무거웠다. (heavier / mine / was / his bag / a lot / than)

→ _____

최상급

Rule 096
최상급의 개념

백두산   한라산   설악산

백두산이 셋 중에 제일 높은 것은 다 알고 있죠? **셋 이상의 대상을 비교해서 하나가 가장 '~할' 때**, 형용사/부사의 **최상급 형태**를 쓰면 됩니다. 최상급 만드는 요령은 비교급과 거의 동일해요. er 대신에 est를 붙인다고 생각하면 간단해요! 그리고 **최상급 형용사 앞에는 보통 the를 붙인답니다.**

규칙 변화		
1. 형용사[부사] + est	small - smallest 작은 – 가장 작은	young - youngest 젊은(어린) – 가장 젊은(어린)
2. 형용사[부사]가 e로 끝날 때 + st	close - closest 가까운 – 가장 가까운	large - largest 큰 – 가장 큰
3. '단모음 + 단자음'으로 끝날 경우: 자음을 한 번 더 쓰고 + est	big - biggest 큰 – 가장 큰	hot - hottest 뜨거운(매운) – 가장 뜨거운(매운)
4. '자음 + y'로 끝날 경우: y를 i로 바꾸고 + est	happy - happiest 행복한 – 가장 행복한	heavy - heaviest 무거운 – 가장 무거운
5. 3음절 이상의 단어: most + 형용사[부사]	beautiful - most beautiful 아름다운 – 가장 아름다운 important - most important 중요한 – 가장 중요한	

불규칙 변화	
good[well] – best 좋은(잘) – 가장 좋은(최고로)	bad[badly] – worst 나쁜(나쁘게) – 가장 나쁜(가장 나쁘게)
many[much] – most 많은(많이) – 가장 많은(많이)	little - least 적은 – 가장 적은

📝 Kevin / is the tallest boy / in my class.
　　Kevin은 / 제일 키가 큰 소년이다 / 우리 반에서

　August / is the hottest month / in Korea.
　　8월은 / 제일 더운 달이다 / 한국에서

This / is the happiest memory / in my life.

*memory 명 기억

이것이 / 제일 행복한 기억이다 / 내 인생에서

Snow White / is the most beautiful girl / in the world.

백설공주는 / 제일 예쁜 소녀다 / 세상에서

She / is my best friend.

그녀는 / 나의 가장 좋은 친구이다.

Math / is the least favorite subject.

수학은 / 제일 좋아하지 않는 과목이다.

He / runs (the) fastest / in his class.

그는 / 제일 빨리 달린다 / 그의 반에서

준석쌤의 꿀팁

He runs (the) fastest in his class.에서는 the가 생략 가능해요.

최상급은 셋 이상의 대상 중에서 유일한 것이므로 the를 붙이지만, '가장 빨리 달린다'와 같이 동사(동작)를 수식할 때에는 the를 생략할 수 있답니다. 하지만 the best speaker와 같이 '최고의 연설가'에서는 명사 speaker를 수식하기 때문에 생략할 수 없다는 것을 꼭 기억하세요.

정답 및 해설 p. 32

Check-Up 1 다음 형용사에 해당하는 최상급을 쓰시오.

(1) early → _____   (2) fast → _____

(3) large → _____   (4) good → _____

(5) late → _____   (6) important → _____

(7) noisy → _____   (8) expensive → _____

(9) bad → _____   (10) big → _____

Rule 097 다양한 최상급 표현

지금부터 제시하는 다양한 최상급 표현들을 익혀두세요. 최상급을 나타내는 다양한 표현들은 많은 시험에 자주 출제된답니다.

① one of the 최상급 + 복수 명사: 가장 ~한 ~중 하나이다

예 EXO / is one of the most popular boy bands / among teenagers.

EXO는 / 가장 인기 있는 소년 그룹 중 하나이다 / 십대들에게

② 비교급＋than＋any other＋단수 명사: 다른 어떤 ～보다 더 ～한

　　㉮ Tom / is bigger than any other boy / in his class.
　　　　Tom은 / 다른 어떤 소년보다도 더 크다 / 그의 반에서

③ 비교급＋than＋all the other＋복수 명사: 다른 어떤 ～보다 더 ～한

　　㉮ Russia / is bigger than all the other countries / in the world.　　　*country 몡 나라
　　　　러시아는 / 다른 어떤 나라들보다 더 크다 / 세상에서

④ no other＋단수 명사 ～ 비교급＋than: 다른 어떤 ～도 ～보다 ～하지 않은

　　㉮ No other boy / is smarter than John.
　　　　다른 어떤 소년도 / John보다 똑똑하지 않다

⑤ no other＋단수 명사 ～ as 원급 as: 다른 어떤 ～도 ～만큼 ～하지 않은

　　㉮ No other subject / is as interesting as science.
　　　　다른 어떤 과목도 / 과학만큼 흥미롭지 않다

⑥ The＋비교급, the＋비교급: 더 ～ 할수록, 더 ～ 하다.

　　㉮ The higher we go up, the colder the air becomes.
　　　　우리가 더 높이 올라가면 갈수록 공기가 더 차가워진다.

─── 정답 및 해설 p. 32 ───

Check-Up 2 다음 괄호 안에서 어법에 맞는 것을 고르시오.

(1) Baseball is one of the most popular (sport / sports) in the USA.

(2) This shirt is (more / most) expensive than any other thing in this store.

(3) Love is more important than all the other (thing / things) in life.

(4) No other girl was as (tall / taller) as Minji.

(5) No other man is (handsome / more handsome) than Mr. Kim.

1 다음 표의 빈칸에 알맞은 최상급을 쓰시오.

원급	최상급	원급	최상급
tall	(1)	fast	(15)
old	(2)	kind	(16)
large	(3)	close	(17)
pretty	(4)	dirty	(18)
big	(5)	hot	(19)
fat	(6)	good	(20)
bad	(7)	well	(21)
ill	(8)	famous	(22)
colorful	(9)	expensive	(23)
beautiful	(10)	much(many)	(24)
young	(11)	difficult	(25)
heavy	(12)	important	(26)
sad	(13)	loud	(27)
smart	(14)	early	(28)

2 다음 괄호 안의 단어를 활용하여 최상급 문장을 완성하시오.

(1) He is _____ boy in my class. (cute)

(2) English is _____ subject for me. (easy)

(3) The bag is _____ in this store. (expensive)

(4) Mt. Everest is _____ mountain in the world. (high)

3 다음 우리말과 일치하도록 괄호 안에 주어진 단어를 활용하여 영작하시오.

(1) 그는 중국에서 가장 인기 있는 배우이다. (popular / actor)

→ _____ in China.

(2) 나의 남동생은 우리 가족 중 가장 무겁다. (brother / heavy)

→ _____ in my family.

(3) 중국은 아시아에서 가장 큰 나라이다. (large / country)

→ _____ in Asia.

(4) 건강이 삶에서 가장 중요하다. (health / important)

→ _____ thing in life.

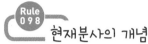

DAY 26 현재분사/과거분사

공부한 날

월   일

Rule 098 현재분사의 개념

> Hey, look at the sleeping dinosaur!

Look at / the sleeping dinosaur!
봐라 / 그 자고 있는 공룡을

sleep는 원래 동사이지요. 그런데 dinosaur라는 명사 앞에서 '자고 있는'으로 해석이 되었어요. 명사를 꾸미는(수식하는) 형용사 역할을 하고 있지요. 이와 같이 **동사를 빌려와서 -ing, -ed를 붙여서 형용사처럼 쓰는 것을 분사라고 해요.** 특히 -ing를 붙이고 '~하고 있는'이라고 해석하는 것을 현재분사라고 해요. 현재분사의 다양한 쓰임을 예문을 통해 살펴보세요.

① 명사를 꾸며줄 때: 명사 주위에서 '~하는, ~하고 있는'으로 쓰임

　　예 The singing boy / is my little brother.
　　　　그 노래하고 있는 소년은 / 나의 남동생이다

　　　　Do you know / the dancing girl?
　　　　너는 알고 있니 / 그 춤추는 소녀를

② 진행형에 쓰일 때: be 동사 다음에 '~하는 중인'으로 쓰임

　　예 The boy / is singing / at a singing contest.
　　　　그 소년은 / 노래하고 있다 / 노래 대회에서

　　　　My sister / is dancing / on the stage.
　　　　내 여동생은 / 춤추고 있다 / 무대 위에서

③ 목적격 보어로 쓰일 때: 앞에 나온 사람의 상태를 말해줌

　　예 I / heard / the boy / singing / at the singing contest.
　　　　나는 / 들었다 / 그 소년이 / 노래 부르는 것을 / 노래 대회에서

Marry / saw / my sister / dancing / on the stage.

Marry는 / 봤다 / 내 여동생이 / 춤추고 있는 것을 / 무대에서

정답 및 해설 p. 33

Check-Up 1 다음 문장의 밑줄 친 부분을 해석하시오.

(1) Look at the smiling baby.

(2) A man is running in the rain.

(3) The boy is talking with his friends.

(4) I'm afraid of the barking dog.

(5) He felt someone touching his shoulder.

*shoulder 명 어깨

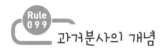

과거분사의 개념

과거분사(p.p.)도 형용사처럼 쓰일 수 있답니다. 주로 사람, 사물이 **동작의 영향을 받거나, 당할 때**를 표현하고, **'~한, ~해진'으로 해석**하면 됩니다.

예 Look at / the broken window.

봐라 / 그 깨진 창문을

He / picked up / the fallen leaves.

그는 / 주웠다 / 떨어진 잎들을

I / couldn't find / the stolen bag.

나는 / 찾을 수 없었다 / 도둑맞은 가방을

Can I open / the closed door?

제가 열어도 될까요 / 그 닫힌 문을

정답 및 해설 p. 33

Check-Up 2 다음 괄호 안의 단어를 빈칸에 알맞은 형태로 바꾸어 쓰시오.

(1) Be careful with the _____ cup. (break)

(2) She bought a _____ car. (use)

(3) This is the _____ purse. (steal)

(4) She kept knocking the _____ window. (close)

(5) I don't want to eat the _____ cookies. (burn)

*purse 명 지갑   *burn 동 타다

뒤에서 수식하는 현재/과거분사

우리말로 해석하면 현재분사와 과거분사는 '자고 있는 공룡', '깨진 창문'처럼 주로 명사 앞에서 수식하죠?
하지만 영어에서는 종종 명사 뒤에서 수식하기도 해요. **분사가 다른 말들과 함께 명사를 수식할 때 뒤에서 수식한답니다. 주로 '분사＋전치사구'의 형태로 명사 뒤에서 수식**하니까 예문을 잘 살펴보세요.

예 Look at the baby / sleeping / in the room. (현재분사)
아기를 봐라 / 자고 있는 / 방에서

The girl / standing / next to the tree / is my friend. (현재분사)
그 소녀는 / 서 있는 / 그 나무 옆에 / 내 친구다

There is a box / filled with books. (과거분사)
상자가 하나 있다 / 책들로 가득찬

He can read / books / written in Chinese. (과거분사)
그는 읽을 수 있다 / 책을 / 중국어로 쓰여진

정답 및 해설 p. 33

Check-Up 3 다음 괄호 안의 단어를 빈칸에 알맞은 형태로 바꾸어 쓰시오.

(1) English is the language _____ in many countries. (speak)

(2) There are many people _____ for the train. (wait)

(3) The girl _____ the violin is my little sister. (play)

(4) She bought a skirt _____ in France. (make)

(5) This is the cake _____ by my father. (bake)

1 다음 괄호 안에서 어법에 맞는 것을 고르시오.

(1) Please show me the pictures (taken / taking) in Europe.

(2) Do you know the name of the man (singing / sung) on the stage?

(3) Can you read books (written / writing) in Japanese?

(4) She bought a T-shirt (making / made) of cotton.

(5) They recommended some (interesting / interested) books to me.

2 다음 우리말과 일치하도록 괄호 안의 단어를 알맞게 배열하시오.

(1) 그들은 피아노를 치고 있는 소녀를 보았다. (they / a girl / saw / the piano / playing)

→ _____

(2) 나는 Jane이 쓴 흥미진진한 소설을 읽는 중이다. (interesting / Jane / am / reading / written / novel / an / I / by)

→ _____

(3) 그 흥분한 사람들은 소리를 지르고 있었다. (shouting / were / excited / the / people)

→ _____

(4) 그는 그 놀라운 소식을 들었다. (surprising / he / news / heard / the)

→ _____

(5) 나는 삶은 계란을 조금 먹었다. (eggs / some / I / ate / boiled)

→ _____.

3 다음 우리말과 일치하도록 괄호 안에 주어진 단어를 활용하여 영작하시오.

(1) Kris는 오븐에 구운 쿠키를 좀 먹었다. (bake / some cookies / in the oven)

→ Kris _____

(2) 소파에 앉아 있는 그 남자는 나의 아버지이다. (sit / on the sofa)

→ The man _____

(3) Lisa가 디자인한 그 가방은 매우 비싸다. (design / expensive)

→ The bag _____

1 다음 표의 내용과 일치하는 것은?

Name	Alex	Susan	Tony
Age	15	17	16

① Susan is the youngest.

② Tony is older than Susan.

③ Susan is older than Tony.

④ Tony is younger than Alex.

⑤ Susan is younger than Alex.

2 다음 지원이의 성적표 내용과 일치하는 것은?

Report card		
		Jeong Jiwon
English	Science	History
100	76	97

① Jiwon got the lowest score in English.

② Jiwon got the highest score in history.

③ Jiwon got lower score in science than English.

④ Jiwon got higher score in history than English.

⑤ Jiwon got higher score in science than history.

3 다음 중 밑줄 친 부분이 <u>어색한</u> 것은?

① The boy <u>dancing</u> on the stage is my friend.

② The book <u>writing</u> in English is difficult.

③ Look at the man <u>helping</u> the old lady.

④ I don't know the lady <u>talking</u> with my mom.

⑤ The cat <u>sleeping</u> in the garden is mine.

4 다음 빈칸 (A)와 (B)에 들어갈 단어를 알맞게 짝지은 것은?

• I walked on the floor ___(A)___ with a red carpet.

• I heard a girl ___(B)___ on the street.

	(A)		(B)			(A)		(B)
①	covered	–	sang		②	covered	–	sung
③	covered	–	singing		④	covering	–	sing
⑤	covering	–	singing					

5 다음 도표의 내용과 일치하는 것은? (2015 중2 진단평가)

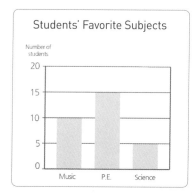

① Five students like music.

② Ten students like P.E.

③ Fifteen students like science.

④ Students like music the most.

⑤ Students like P.E. more than science.

6 다음 도표의 내용과 일치하는 것은? (2013 중2 학력평가)

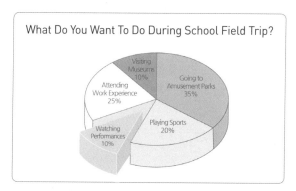

① Attending work experience is the most popular.

② Going to amusement parks is the third most popular.

③ Playing sports is less popular than visiting museums.

④ Watching performances is more popular than playing sports.

⑤ Visiting museums is as popular as watching performances.

서술형 1

7 다음 표의 내용과 일치하도록 괄호 안의 단어들을 알맞은 형태로 고치시오.

Transportation	car	subway	train	airplane
Speed	100 km/h	120 km/h	160 km/h	900 km/h

A car is the (1) __(slow)__ among the four transportation. A subway is (2) __(slow)__ than a train. A train is (3) __(fast)__ than a subway. An airplane is the (4) __(fast)__ among them.

(1) _____ (2) _____

(3) _____ (4) _____

서술형 2

8 다음 글에서 어법상 <u>잘못된</u> 두 부분을 찾아 바르게 고치시오. (2013 중2 학력평가 변형)

Have you seen geese flown in a "V" shape? According to bird scientists, birds flying in a "V" can fly farther than a bird alone. When the lead goose gets tiring, another goose leads the group. They also cheer up each other to keep up their speed. In this way, they can quickly and easily get to where they're going.

(1) 잘못된 부분: _____ → 고친 답: _____

(2) 잘못된 부분: _____ → 고친 답: _____

Part 5

문형

의문문/간접의문문

의문문 만드는 방법

1 be동사의 의문문: 주어와 동사의 순서를 바꿈

That woman is your mother. 저 여성은 너의 어머니이다.

Is that woman your mother? 저 여성은 너의 어머니이니?

2 do동사(일반동사)의 의문문: 주어 앞에 do/does/did를 쓰고 주어 + 동사원형

She loves us. 그녀는 우리를 사랑한다.

Does she love us? 그녀는 우리를 사랑하니?

3 의문사 의문문: who, when, where, what, why, how를 사용함

Who are you? 너는 누구니?

When did you have dinner? 너는 언제 저녁을 먹었니?

Where did you have dinner? 너는 어디서 저녁을 먹었니?

What did you do after dinner? 너는 저녁을 먹은 후에 무엇을 했니?

Why did you come here? 너는 왜 여기에 왔니?

How did you come here? 너는 어떻게 여기에 왔니?

정답 및 해설 p. 35

Check-Up 1 다음 괄호 안에서 어법에 맞는 것을 고르시오.

(1) (Is / Are) he your friend?

(2) (Does / Do) he like to watch TV?

(3) (Who / Where) do you live?

(4) Are (you / your) a student?

(5) Does Mina (study / studies) English?

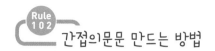

간접의문문 만드는 방법

처음 만나서 '너 이름이 뭐니?'라고 물으면 대답하는 입장에서 조금 부담스럽겠죠? 이 보다 좀 더 부드럽게 물어보려면, '너 이름이 무엇인지 말해줄 수 있겠니?'가 되겠죠? 영어로 한번 옮겨 볼게요.

> 예 What is your name? 너 이름이 뭐니?
>
> Can you tell me what your name is? 너 이름이 무엇인지 말해줄 수 있겠니?

두 번째 문장처럼 의문문이 문장의 일부가 되는 것을 간접의문문이라고 합니다. 간접의문문을 만드는 방법은 아주 중요하니 꼭 잘 알아두세요. 학교 시험에서 서술형으로 잘 나온답니다.

① 의문사가 있는 경우: 의문사 + 주어 + 동사(의주동)

> 예 Do you know? + When was he born?
>
> → Do you know / when he was born? 너는 아니 / 그가 언제 태어났는지
>
> Can you tell me? + Where is the post office?
>
> → Can you tell me / where the post office is? 나에게 말해줄 수 있니 / 우체국이 어디에 있는지

② 의문사가 없는 경우: if / whether + 주어 + 동사

> 예 I want to know + Does he play baseball?
>
> → I want to know / if(whether) he plays baseball. 나는 알고 싶다 / 그가 야구를 하는지
>
> I don't know + Is she happy?
>
> → I don't know / if(whether) she is happy. 나는 모르겠다 / 그녀가 행복한지

③ think, guess, believe, imagine, suppose와 같은 생각 동사가 있을 때: 의문사 + think, guess, believe, imagine, suppose + 주어 + 동사

> 예 Do you think~? + Where are they going?
>
> → Where do you think / they are going? (○)
> 어디라고 생각하니 / 그들이 가는 곳이

Do you think / where they are going? (×)
너는 생각하니 / 어디로 그들이 가는지

준석쌤의 꿀팁

간접의문문의 어순이 '의문사＋동사'가 되는 경우도 있답니다.

Do you know / who did it?
너는 아니 / 누가 그것을 했는지

who did it에서 who did는 '의문사＋동사'잖아요? 그럼 '주어는 어디에 간 거지?'라고 물을 수 있겠죠. 해석을 보면 'who(누가)＋did(했다)'이니까 who가 의문사면서 동시에 '~가'라는 주어 역할을 하고 있어요. 그렇기 때문에 who 다음에 바로 did가 왔답니다.

정답 및 해설 p. 35

Check-Up 2 다음 괄호 안에서 어법에 맞는 것을 고르시오.

(1) (Where Jimin is? / Where is Jimin?) I can't find him.

(2) Please tell me (why you like / why do you like) the movie.

(3) Do you know (how he goes / how does he go) to school?

(4) Can you tell me (what your phone number is / what is your phone number)?

(5) Tell me (who that boy is / who is the boy).

1 다음 괄호 안의 단어를 알맞게 배열하여 의문문을 만드시오.

(1) (you / thirsty / are) → _____

(2) (a / he / is / basketball / player) → _____

(3) (they / were / in the library) → _____

(4) (this / your / is / book) → _____

(5) (Canada / you / from / are) → _____

2 다음 문장을 의문문으로 바꾸시오.

(1) You had a good winter vacation. → _____

(2) She drank coffee in the morning. → _____

(3) He gets up early. → _____

(4) The lesson starts at 8:00. → _____

(5) Mira and John like fall. → _____

3 다음 대화가 자연스럽게 A의 빈칸에 알맞은 의문사를 쓰시오.

(1) A: _____ do you live?   B: I live in Daejeon.

(2) A: _____ is the boy?   B: He is my brother.

(3) A: _____ is your birthday?   B: I was born in July 7.

(4) A: _____ is your favorite subject?   B: My favorite subject is art.

(5) A: _____ is the weather?   B: It is cloudy.

4 다음 두 문장을 연결해 간접의문문을 만드시오.

(1) Do you know? + Where does he live? → _____

(2) Can you tell me? + What is your name? → _____

(3) We're not sure. + Does Mr. Kim eat duck? → _____

(4) I want to know. + Did you have lunch? → _____

(5) Do you think? + What does she like? → _____

Rule 103 명령문의 개념

DO NOT EAT

맛있는 과자를 먹다보면 봉지 안에 방부제가 들어있는 경우가 있어요. 방부제는 절대 먹어서는 안되지요. 그래서 **DO NOT EAT**(먹지 마시오.)라고 적혀 있어요. 이와 같이 사람들에게 어떤 지시를 내리는 문장을 '명령문'이라고 한답니다. **명령문은 주어를 쓰지 않고 '동사원형 ～' 또는 'be + 형용사'와 같이 쓰면 되고, 부정할 때는 앞에 Don't(Do not)을 쓰면 됩니다.**

예 Open the window. 창문을 열어라.

　 Close your eyes. 너의 눈을 감아라.

　 Be quiet. 조용히 해라.

　 Don't be late. 늦지 말아라.

준석쌤의 꿀팁

명령문 다음에 오는 and와 or의 의미에 대해서 알아두세요.

① 명령문 + and(그러면) ～

Study hard / and / you can pass the exam.
열심히 공부해라 / 그러면 / 너는 그 시험에 합격할 수 있다

② 명령문 + or(그렇지 않으면) ～

Hurry up / or / you will miss the train.
서둘러라 / 그렇지 않으면 / 너는 그 기차를 놓칠 것이다

*miss 동 놓치다

정답 및 해설 p. 36

Check-Up 1 다음 문장을 우리말로 해석하시오.

(1) Do not park here. → _____

(2) Don't be sad. → _____

(3) Be careful. → _____

(4) Wash your hands. → _____

(5) Turn off the TV. → _____

Rule 104 감탄문의 개념

영어에서는 깜짝 놀라거나 감탄하게 되면 입에서 먼저 나오는 말, What(뭣이), How(어떻게)를 써서 감탄문을 만들 수 있어요. 감탄문을 만드는 두 가지 방법의 어순에 유의하여 학습하세요.

① What + (a / an) + 형용사 + 명사 + (주어 + 동사)!: '뭣이(What) 그가 혁명을 주동하다니!'로 외워보세요.

　예 What a beautiful place it is! 그 곳은 정말 아름다운 장소이구나!　　　　　　　*place 명 장소

　　= It is a very beautiful place.

　　What a handsome boy he is! 그는 정말 잘 생긴 소년이구나!

　　= He is a very handsome boy.

　　What interesting books they are! 그것들은 정말 재미있는 책들이구나!

　　= They are very interesting books.

② How + 형용사/부사 + (주어 + 동사)!: '어떻게(How)! 형부가 주동하다니!'로 외워보세요.

　예 How funny the movie is! 그 영화는 정말 재미있구나!

　　= The movie is very funny.

　　How fast Mr. Park runs! 박 선생님은 정말 빠르시구나!

　　= Mr. Park runs very fast.

How difficult the problems are! 그 문제는 정말 어렵구나!

= The problems are very difficult.

정답 및 해설 p. 36

Check-Up 2 다음 괄호 안에서 어법에 맞는 것을 고르시오.

(1) (How / What) a busy day!

(2) (How / What) pretty she is!

(3) (How / What) a sad story it is!

(4) How big (the table is / is the table)!

(5) What an expensive (bag it is / bag is it)!

Exercise

1 다음 우리말과 일치하도록 빈칸에 알맞은 영단어를 쓰시오.

(1) 교실에서 뛰지 마라.

→ _____ run in the classroom.

(2) 교과서를 펴라.

→ _____ your textbook.

(3) 노인들에게 공손해라.

→ _____ polite to the old.

(4) 무례하게 굴지 마라.

→ _____ be rude.

(5) 걱정하지 마라.

→ _____ worry.

2 다음 문장의 밑줄 친 부분을 어법에 알맞게 고치시오.

(1) <u>Doesn't</u> make any noise. → _____

(2) <u>Not</u> be shy. → _____

(3) <u>Is</u> a good boy. → _____

(4) <u>Cleans</u> your room. → _____

(5) Don't <u>swims</u> here. → _____

3 다음 두 문장이 같은 의미가 되도록 빈칸에 알맞은 단어를 쓰시오.

(1) He is very kind.

= _____ kind he is!

(2) The mountain is very high.

= _____ high the mountain is!

(3) It was a very smart idea.

= _____ a smart idea it was!

(4) It is a very tall building.

= _____ a tall building it is!

(5) The picture is very nice.

= _____ a nice picture!

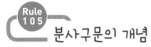 **DAY 29** 분사구문

Rule 105 분사구문의 개념

영어는 같은 의미를 **더 짧은 문장이나 단어들로 표현**하려는 성질이 있답니다. 준석이가 말한 우리말 문장을 잘 보세요.

1단계: 원래 문장	나는 충분한 돈을 가지고 있었기 때문에, 나는 그것을 샀다.
2단계: 접속사, 주어 생략	나는 충분한 돈을 가지고 있었기 때문에, 나는 그것을 샀다.
3단계: 간단한 문장	충분한 돈이 있어서, 나는 그것을 샀다.

위의 과정을 영어로 옮겨볼게요.

1단계: 원래 문장	As I had enough money, I bought it.
2단계: 접속사, 주어 생략	As I had enough money, I bought it. 접속사 주어
3단계: 간단한 문장(분사구문)	Having(분사) enough money, I bought it. 분사구문

2단계에서 3단계로 넘어가면서 원래 있던 것(**접속사, 주어**)이 **생략**되었다는 표시를 남기기 위해 남아있는 동사에 -ing를 붙여서 Having이라는 분사로 썼어요. 이와 같이 **동사 + -ing/-ed(분사)를 사용한 최소한의 단어들로 같은 의미를 나타내는 것을 분사구문**이라고 한답니다.

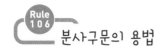

분사구문의 용법

Having enough money, I bought it.

충분한 돈이 있음, 나는 그것을 샀다.

→ 충분한 돈이 있기 때문에, 나는 그것을 샀다.

위처럼 분사구문을 만들면서 어떤 접속사가 생략되었는지를 파악하는 것이 해석에 큰 도움이 된답니다. 위의 문장에서는 '~ 때문에'가 생략되었다는 것을 알 수 있죠. 그래서 분사구문의 '원인'을 나타내는 용법이 된답니다. **분사구문에는 '시간, 원인, 조건, 양보'의 네 가지 용법**이 있어요.

① 시간: when(~할 때), while(~하면서), after(~한 후), before(~전에), as soon as(~하자마자), as(~할 때)

예 As soon as he saw me on the street, he said hello to me.

= Seeing me on the street, he said hello to me.

나를 길에서 보자마자, 그는 나에게 인사를 했다.

When I heard the news, I was very surprised.

= Hearing the news, I was very surprised.

그 소식을 들었을 때, 나는 매우 놀랐다.

② 원인, 이유: since, as, because(~ 때문에, ~해서)

예 Since I was tired, I came back home early.

= (Being) tired, I came back home early.

피곤했기 때문에, 나는 집에 일찍 돌아왔다.

Because she had a headache, she went to see a doctor.

= Having a headache, she went to see a doctor.

두통이 있어서, 그녀는 병원에 갔다.

준석쌤의 꿀팁

위의 Being tired, I came back home early.라는 문장에서 Being은 생략 가능합니다. 보통 분사구문을 만들면서 나오는 Being, Having been은 종종 생략하기도 하니까 당황하지 마세요.

③ 조건: if(만약~라면)

예 If you turn right at the corner, you will see the bakery.   *bakery 명 빵집

= Turning right at the corner, you will see the bakery.

그 모퉁이에서 오른쪽으로 돌면, 너는 그 빵집을 볼 것이다.

If you study hard, you can pass the exam.

= Studying hard, you can pass the exam.

열심히 공부한다면, 너는 그 시험에 통과할 수 있다.

④ 양보: though, although (비록 ~일지라도, ~에도 불구하고)

예 Though I work together with Tom, I don't like him.

= Working together with Tom, I don't like him.

Tom과 함께 일을 함에도 불구하고, 나는 그를 좋아하지 않는다.

Although he knows nothing about me, he likes me.

= Knowing nothing about me, he likes me.

나에 대해서 아무것도 모르지만 그는 나를 좋아한다.

─── 정답 및 해설 p. 36 ───

Check-Up 1 다음 두 문장의 의미가 같도록 빈칸에 알맞은 말을 쓰시오.

(1) When she talked with him, she kept smiling.

= _____ with him, she kept smiling.

(2) Because she was sick, she went to see a doctor.

= _____ sick, she went to see a doctor.

(3) If you cross the street, you will see the building.

= _____ the street, you will see the building.

(4) Although she knew his address, she couldn't find his house.

= _____ his address, she couldn't find his house.

(5) Since I was tired, I got up late in the morning.

= _____ tired, I got up late in the morning.

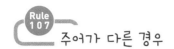

Rule 107 주어가 다른 경우

주어가 같은 경우	주어가 다른 경우
As ~~I~~ had enough money, I bought it.	~~Since~~ it was hot, I didn't go out.
접속사와 주어 생략	접속사만 생략
→ Having enough money, I bought it.	→ It being hot, I didn't go out.
충분한 돈을 가지고 있었기 때문에, 나는 그것을 샀다.	날씨가 더웠기 때문에, 나는 밖에 나가지 않았다.

오른쪽의 경우 접속사가 포함된 문장인 종속절과 주절의 문장 주어가 다르죠? 이런 경우에는 접속사가 포함된 문장의 주어를 생략할 수 없어요. 듣는 사람이 오해할 수 있기 때문이죠. 그래서 **접속사만 생략한 뒤 주어는 그대로 사용**하고 was를 being으로 바꿨답니다.

예 After she arrived home, I called her.
= She arriving home, I called her.
그녀가 집에 도착한 후, 나는 그녀에게 전화를 했다.

When he saw her at the airport, she looked very busy.
= He seeing her at the airport, she looked very busy.
그가 그녀를 공항에서 봤을 때, 그녀는 매우 바빠 보였다.

Because they were too noisy, he left the place.
= They being too noisy, he left the place.
그들이 너무 시끄러워서, 그는 그 장소를 떠났다.

정답 및 해설 p. 37

Check-Up 2 다음 두 문장의 의미가 같도록 빈칸에 알맞은 말을 쓰시오.

(1) When I came back home, my parents were having dinner.

= _____ back home, my parents were having dinner.

(2) As soon as my parents went to bed, I turned on my computer.

= _____ to bed, I turned on my computer.

(3) Because my brother was sick, I took care of him.

= _____ sick, I took care of him.

Rule 108 시제가 다른 경우

시제가 같은 경우	시제가 다른 경우
As I had enough money, I bought it. 　　　과거　　　　　　　　　과거 → Having enough money, I bought it. 충분한 돈을 가지고 있었기 때문에, 나는 그것을 샀다.	As she had lost the key, she couldn't open the door. 　　　과거완료(과거보다 먼저)　　　과거 → Having lost the key, she couldn't open the door. 그 열쇠를 잃어버렸기 때문에, 그녀는 그 문을 열 수 없었다.

앞서 학습한 문장들은 접속사가 포함된 문장인 종속절과 주절의 시제가 같았어요. 이럴 때에는 분사구문에 동사＋-ing의 형태를 쓰면 됩니다. 하지만 **접속사가 포함된 문장의 시제가 주절의 문장보다 더 앞선다면, Having＋p.p.의 형태를 써야** 합니다.

예 As Tom had lost his wallet, he couldn't take the bus.
　　　　　과거완료　　　　　　　　　　과거
= Having lost his wallet, Tom couldn't take the bus.
　그의 지갑을 잃어버렸기 때문에, Tom은 버스를 타지 못했다.

Because she had practiced hard, she could win the race.
　　　　　　　과거완료　　　　　　　　과거
= Having practiced hard, she could win the race.
　열심히 연습했었기 때문에, 그녀는 그 경주에서 승리할 수 있었다.

Although I had read the book, I couldn't remember the plot.　　*plot 명 줄거리
　　　　　　과거완료　　　　　　　　과거
= Having read the book, I couldn't remember the plot.
　그 책을 읽었었음에도 불구하고, 나는 줄거리를 기억하지 못했다.

─── 정답 및 해설 p. 37 ───

Check-Up 3 다음 두 문장의 의미가 같도록 빈칸에 알맞은 말을 쓰시오.

(1) As he had lost all the money, he couldn't buy the bag.

= ＿＿＿＿＿＿＿＿＿ all the money, he couldn't buy the bag.

(2) Because she had seen him before, she could recognize him very easily.

= ＿＿＿＿＿＿＿＿＿ him before, she could recognize him very easily.

(3) Although I had finished the report, I forgot to submit it.

= ＿＿＿＿＿＿＿＿＿ the report, I forgot to submit it.

*recognize 통 알아보다, 인식하다　　*submit 통 제출하다

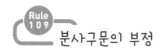

Rule 109 분사구문의 부정

분사구문의 부정은 not을 분사 앞에 쓰면 됩니다. 아래 예문을 잘 살펴보세요.

예 As Mike didn't remember Tina's phone number, he couldn't call her.

= Not remembering Tina's phone number, Mike couldn't call her.

Tina의 전화번호를 기억하지 못했기 때문에, Mike는 그녀에게 전화할 수 없었다.

정답 및 해설 p. 37

Check-Up 4 다음 두 문장의 의미가 같도록 빈칸에 알맞은 말을 쓰시오.

(1) Although she didn't know anything about him, she liked him.

= _____ _____ anything about him, she liked him.

(2) Since I didn't watch the movie, I couldn't understand what they talked about.

= _____ _____ the movie, I coulnd't understand what they talked about.

(3) Because he didn't close the window last night, he caught a cold.

= _____ _____ the window last night, he caught a cold.

*although ~임에도 불구하고

Exercise

정답 및 해설 p. 37

1 다음 문장의 밑줄 친 부분을 어법에 알맞게 고치시오.

(1) <u>Listened</u> to the radio, Tom read the book. → _____

(2) <u>Be</u> young, she can't watch the movie. → _____

(3) Not <u>have</u> seen the food, we didn't know how to eat. → _____

2 다음 우리말과 일치하도록 괄호 안의 단어를 빈칸에 알맞게 배열하시오.

(1) 비가 많이 왔기 때문에 우리는 소풍을 갈 수 없었다. (raining / it / hard)

→ _____, we couldn't go on a picnic.

(2) Sam이 점심을 준비했음에도 불구하고, Cindy는 점심을 먹지 않았다. (lunch / preparing / Sam)

→ _____, Cindy didn't have lunch.

(3) 그를 잘 몰랐음에도 불구하고, 나는 그를 짝사랑했다. (well / not / him / knowing)

→ _____, I had a crush on him.

문장의 5형식

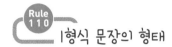

1형식 문장의 형태

1. ~가 + ~한다

2. ~가 + ~한다 + ~에서(장소)

3. ~가 + ~한다 + ~에(시간)

4. ~가 + ~한다 + ~에서(장소) + ~에(시간)

5. ~가 + ~한다 + ~하게(부사)

주어(S) + 동사(V)

영어의 모든 문장은 5개의 유형으로 나눌 수 있어요. 그리고 5개의 유형을 나눌 때 문장을 구성하는 요소가 참 중요한데요. **1형식은 제일 간단한 주어(S, ~가) + 동사(V, ~한다)의 문장 구성 요소로 이루어져** 있어요. 나머지 '~에서, 에, 하게'와 같은 장소, 시간, 부사 등은 문장 구성 요소에 들어가지 않는답니다.

예 He / runs.
그는 / 달린다

He / runs / in the park.
그는 / 달린다 / 그 공원에서

He / runs / every morning.
그는 / 달린다 / 매일 아침

He / runs / in the park / every morning.
그는 / 달린다 / 그 공원에서 / 매일 아침

He / runs / fast.
그는 / 달린다 / 빠르게

Check-Up 1 다음 문장에서 주어와 동사를 찾으시오.

(1) She lives in a big house.

(2) There are many trees in the park.

(3) The airplane has just left the airport.

(4) Mike runs faster than Tom.

(5) The sun rises in the east.

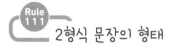

2형식 문장의 형태

1. ~는 + ~이다 / 되다 + 직업

2. ~는 + ~이다 / 되다 + 상태

3. ~가 + ~되다   + 직업 또는 상태

4. ~가 + 감각동사   + 상태

주어(S) + 동사(V)   + 보어(C)

2형식은 보어(C)가 등장해요. **주어에 대해 보충 설명을 하고 싶을 때 보어를 사용**한답니다. 주로 be동사, 되다(become, get, turn, go...), 감각동사(feel, sound, taste...) 다음에 상태나 직업이 오기 때문에 동사를 잘 보면 쉽게 해석할 수 있어요.

예 I / am / a student.
나는 / 이다 / 학생

He / is / happy.
그는 / 이다 / 행복한

She / became / a teacher.   She / became / tired.   *tired 형 피곤한
그녀는 / 되었다 / 선생님이   그녀는 / 되었다 / 피곤한

Mina / feels / happy.
미나는 / 느낀다 / 행복한

예문 네 번째 문장인 Mina feels happy.에서 happy는 '행복한'이라는 뜻이지만, 우리말로 매끄럽게 해석하면 '미나는 행복하게 느낀다.'가 됩니다. 즉, '행복하게'라는 happily라는 부사가 와야 할 것 같다고 많이들 생각한답니다. 하지만 2형식을 나타내는 감각동사 feel, sound, taste...와 같은 동사 다음에는 보어로 반드시 형용사가 나와야 한답니다.

His song sounds (sweet / sweetly). 그의 노래는 달콤하게 들린다.

정답을 아시겠죠? '달콤하게'로 해석은 되지만, 감각동사 sound 다음에는 보어로 형용사가 와야 하기 때문에 sweet가 답이 된답니다. 시험에 자주 등장하니까 꼭 기억하세요!

─── 정답 및 해설 p. 38 ───

Check-Up 2 다음 괄호 안에서 어법에 맞는 것을 고르시오.

(1) She was very (happy / happily).

(2) The leaves (had / turned) red and yellow.

(3) The students (keep / keeps) silent.

(4) The cake smells (sweet / sweetly).

(5) The cookies (is / are) very delicious.

*silent 휑 침묵의

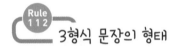

3형식 문장의 형태

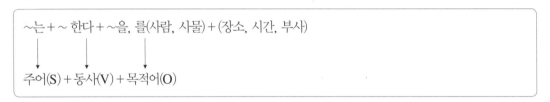

'나는 먹어.'라고 할 때 상대방은 자동으로 '뭘 먹는데?'라고 물어보게 됩니다. 즉, 먹다(eat)라는 동사는 '을, 를'이라는 것을 뒤에 따라오게 만들어요. '을, 를'에 해당하는 단어를 '목적어'라고 한답니다. 이렇게 **주어, 동사 다음에 목적어가 오는 문장을 3형식**이라고 하지요. 문장 뒤에 필요하면 장소, 시간 또는 부사 표현을 덧붙일 수도 있어요. 하지만 1형식에서 배운 것처럼 문장 구성 요소에는 들어가지 않는답니다.

예 I / love / you.
나는 / 사랑한다 / 너를

Mom / baked / cookies / in the kitchen.

엄마는 / 구웠다 쿠키를 / 부엌에서

He / likes / to draw a picture.

그는 / 좋아한다 / 그림 그리는 것을

Teddy / wrote / a funny story.

Teddy는 / 썼다 / 재미있는 이야기를

정답 및 해설 p. 38

Check-Up 3 다음 괄호 안에서 어법에 맞는 것을 고르시오.

(1) I want (buy / to buy) a blue shirt.

(2) My sister enjoys (spending / to spend) her time at home.

(3) Do you know (how / where) to get to the airport?

(4) James loves (play / playing) basketball with his friends.

(5) The baby doesn't like (her / their).

4형식 문장의 형태

give(주다), send(보내다), buy(사주다), present(선물해주다), write(써주다), bake(구워주다), teach(가르쳐주다) 등 '주다'라는 의미를 지니고 있는 동사를 '수여동사'라고 합니다. 우리가 주는 행동을 할 때는 '누구'에게 '무엇'을 줄지 고민하잖아요? 이와 같이 **수여동사는 두 개의 목적어를 가지게 됩니다.** 이때 **사람(~에게) + 사물(~을, 를)의 순서로 쓰게 되고 이를 간접목적어(I.O.), 직접목적어(D.O.)라고** 합니다. 4형식은 이렇게 두 개의 목적어를 가지는 문장입니다.

예 John / gave / his son / a cute doll.

John은 / 주었다 / 그의 아들에게 / 귀여운 인형을

Mom / baked / me / some cookies.

엄마는 / 구워주었다 / 나에게 / 쿠키를

He / sent / her / an e-mail.

그는 / 보냈다 / 그녀에게 / 이메일을

Mina / bought / me / a book / for my birthday.
미나는 / 사주었다 / 나에게 / 책 한 권을 / 내 생일 선물로

정답 및 해설 p. 38

Check-Up 4 다음 괄호 안의 단어를 문법에 맞게 배열하시오.

(1) Jason sent (a / me / letter) yesterday.

(2) She didn't (truth / tell / me / the).

(3) I will (a / mom / buy / scarf / my) for her birthday.

(4) He (difficult / a / asked / teacher / his / question).

(5) Miss Smith (funny / us / told / stories) in the class.

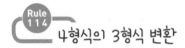

4형식의 3형식 변환

4형식은 두 목적어의 위치를 바꾸어서 3형식으로 나타낼 수 있답니다. 이때 간접목적어도 앞에 전치사 to, for, of 중 하나가 오게 됩니다. 동사에 따라서 어떤 전치사를 쓰는지 반드시 기억하세요. 시험에 아주 잘 나오는 부분이에요!

① 전치사 to를 쓰는 경우: give, show, tell, send, teach...

예 She told me a story.

→ She told a story to me.
그녀는 나에게 이야기 하나를 말해주었다.

② 전치사 for를 쓰는 경우: buy, make, find, get...

예 I bought her a nice ring.

→ I bought a nice ring for her.
나는 그녀에게 멋진 반지를 하나 사주었다.

③ 전치사 of를 쓰는 경우: ask

예 Mr. Kim asked me a lot of questions.

→ Mr. Kim asked a lot of questions of me.
김 선생님은 나에게 많은 질문을 하셨다.

*question 명 질문, 물음

Check-Up 5 다음 문장을 3형식으로 바꾸시오.

(1) Ms. Kim made her son a cake.

→ _____

(2) Mr. Lee teaches me English.

→ _____

(3) Can I ask you a question?

→ _____

(4) She gave me some books.

→ _____

(5) He bought his wife a black dress.

→ _____

Rule 115 5형식 문장의 형태

~는 + ~ 한다 + 을(사람, 사물) + 직업, 이름, 상태, 동작

주어(S) + 동사(V) + 목적어(O) + 목적격 보어(O.C.)

2형식에 보어를 쓴다는 것을 배웠죠? **5형식에서는 목적어에 대해 더 이야기하기 위해 목적격 보어를 쓴답니다.** 가령 I made him angry.는 '나는/만들었다/그를/화난(상태로)' → '나는 그를 화나게 만들었다'로 해석할 수 있죠. 5형식과 관련된 동사로는 make(만들다), keep(유지하다), call(부르다), name(이름짓다), find(알게 되다), elect(선출하다) 등이 있다는 점에 유의하여 예문들을 학습하세요.

예 They / called / the baby / Jane.
그들은 / 불렀다 / 그 아기를 / Jane이라고

The movie / made / me / sad.
그 영화는 / 만들었다 / 나를 / 슬프게

Mom / told / me / to stay home.
엄마는 / 말씀하셨다 / 나에게 / 집에 있으라고

I / saw / a man / playing the piano.
나는 / 봤다 / 한 남자를 / 피아노를 치고 있는 것을

My homeroom teacher / made / us / clean the classroom.
나의 담임 선생님은 / 시켰다 / 우리에게 / 교실을 청소하라고

5형식의 목적격 보어에는 형용사 이외에도 다양한 동사의 형태가 온답니다. 그 동안 배운 것을 바탕으로 목적격 보어를 정리해볼게요.

	목적격 보어의 형태
사역동사(have, let, make)	He let me go. (동사원형) 그는 내가 가도록 허락했다.
지각동사(see, feel, hear...)	I saw him jog/jogging. (동사원형/현재분사) 나는 그가 조깅하는 것을 보았다.
want, ask, tell, expect...	He asked me to help his brother. (to부정사) 그는 나에게 그의 동생을 도와달라고 부탁했다.

정답 및 해설 p. 38

Check-Up 6 다음 괄호 안에서 어법에 맞는 것을 고르시오.

(1) She had her son (wash / to wash) the dishes.

(2) He smelled something (to burn / burning) in the kitchen.

(3) David asked her (turn / to turn) off the radio.

(4) I found the movie (interested / interesting).

(5) His father made (he / him) a famous baseball player.

Exercise

1 다음 문장의 형식을 괄호 안에 쓰시오.

(1) Minho and Mina walked together. (　　　　)

(2) My English teacher looked very upset today. (　　　　)

(3) Mom made me a warm sweater last winter. (　　　　)

(4) I saw my friend walk the dog in the park. (　　　　)

(5) He bought a box of chocolate for her. (　　　　)

2 다음 우리말과 일치하도록 괄호 안의 단어를 알맞게 배열하시오.

(1) 나는 엄마가 그녀의 친구들과 이야기하는 것을 들었다.

(my mom / her friends / I / heard / with / talking)

→ _____

(2) 귀여운 곰 인형 하나가 창가에 있다.

(a / next to / cute / the window / is / teddy bear / there)

→ _____

(3) 그 음악은 아름답게 들린다.

(music / the / beautiful / sounds)

→ _____ _____

(4) 나는 파리에서의 몇 장의 사진을 친구들에게 보여주었다.

(showed / some / pictures / my friends / I / from / Paris / to)

→ _____

(5) 나의 오빠는 나에게 무서운 이야기를 해 주었다.

(me / told / scary / my brother / a / story)

→ _____

3 다음 문장의 밑줄 친 부분을 어법에 알맞게 고치시오.

(1) The pizza tastes <u>well</u>. → _____

(2) My parents made me <u>to come</u> back home early. → _____

(3) You should keep your room <u>cleanly</u>. → _____

(4) She asked a lot of questions <u>to me</u>. → _____

(5) Mr. Brown wants <u>drinking</u> a cup of coffee. → _____

1 다음 대화의 빈칸에 들어갈 말로 알맞은 것은?

> **A**: Do you know _____ you bought it?
>
> **B**: I bought it at the Polar Bear department store.

① if   ② who   ③ why

④ where   ⑤ whether

2 다음 밑줄 친 부분 중 어법상 잘못된 것은?

① <u>Seeing</u> him at the station, I felt very surprised.

② <u>Tired</u>, she came back home early.

③ <u>Cooking</u> in the kitchen, mom sang a song.

④ <u>Having</u> lost the key, she couldn't open the door.

⑤ <u>Studying</u> not hard, I failed the test.

3 다음 빈칸에 공통으로 들어갈 말로 알맞은 것은?

> • Tell me _____ your name is.
>
> • _____ a beautiful name you have!

① who   ② why   ③ how

④ what   ⑤ which

4 다음 메모의 목적으로 가장 알맞은 것은? (2015 중1 진단평가)

> Tom is a nice student.
>
> He carried Kevin's bag.
>
> He helped Yuri with her homework.
>
> How kind he is!
>
> *Mina*

① 지시하기

② 동의하기

③ 주문하기

④ 요청하기

⑤ 칭찬하기

5 다음 점검표의 빈칸에 들어갈 문장으로 알맞은 것은? (2013 중1 학력평가)

> ### Safe Bike Riding
> **Before riding, you should**
> **check these things.**
>
> ☑ **Do the tires need air?**
>   → If the tires need air, fill up the tires.
>
> ☑ **Does the chain need oil?**
>   → For better riding, you need to oil the chain.
>
> ☑ _____
>   → Check this to stop quickly and safely.

① Is the helmet new?

② Does the bike look nice?

③ Are the brakes working well?

④ Does the bike have a basket?

⑤ Do you need to paint your bike?

6 다음 (A), (B), (C)에서 어법상 알맞은 것을 골라 짝지은 것은? (2014 중2 진단평가 변형)

> My best friend is pretty and smart, but I'm not. People treat us (A) (different / differently). They are very nice to her, but not to me. I feel so (B) (sad / sadly). I don't like (C) (feel / to feel) this way. What should I do?

	(A)		(B)		(C)
①	different	–	sad	–	feel
②	different	–	sadly	–	feel
③	differently	–	sad	–	feel
④	differently	–	sad	–	to feel
⑤	differently	–	sadly	–	to feel

서술형 1

7 다음 괄호 안의 단어를 알맞게 배열하여 문장을 완성하시오. (2012 중1 학력평가 변형)

Do you feel tired? Here are some tips. Happiness can be yours. Try these and be happy.

1. Live a better life with music!
   • Listen to your favorite music and feel better. Good music helps you relax.
2. (in / words / believe / of / the power)!
   • Look in the mirror every morning. Say, "I'm happy. I'm excited about today." Soon, it will be true!

서술형 2

8 다음 괄호 안의 단어를 알맞게 배열하여 글의 제목을 완성하시오. (2012 중1 학력평가 변형)

(in the past / send / how / people / messages / did) ?

In the past, sending messages was not easy because people didn't have a phone or a computer. But they tried to send messages in different ways. Old Koreans made fires on high mountains and American Indians beat drums. Sailors put flags high on their ships. Some people even tied messages to the legs of birds.

Part 6

접속사 /
관계사

DAY 31 접속사

Rule 116 접속사의 개념

접속사

기차의 칸과 칸을 연결하는 것처럼, **단어와 단어, 구와 구, 그리고 문장과 문장을 이어 주는 연결고리**를 '접속사'
라고 해요. and, but, or 같은 것들이 대표적인 접속사이지요.

예 I like math and English. 나는 수학과 영어를 좋아한다.

I am happy but she is sad. 나는 행복하다. 하지만 그녀는 슬프다.

Which subject do you like, math or English? 너는 수학 또는 영어 중 어떤 과목을 좋아하니?

Rule 117 부사절을 이끄는 접속사

시간을 나타내는 접속사	while(∼하는 동안에), as(∼할 때, ∼하면서), since(∼ 이후로)
이유를 나타내는 접속사	because(∼ 때문에), as(∼ 때문에), since(∼ 때문에)
양보를 나타내는 접속사	(al)though(∼에도 불구하고)
조건을 나타내는 접속사	if(만약 ∼한다면), unless(만약 ∼하지 않는다면)

While we were in Japan, we stayed at a traditional Japanese house. (∼하는 동안에) *traditional 형 전통적인
우리가 일본에 있는 동안에, 우리는 전통 일본 집에서 머물렀다.

As she prepared dinner, she listened to the radio. (∼할 때, ∼하면서)
그녀가 저녁 준비를 할 때, 그녀는 라디오를 들었다.

Since I moved to Busan, I've been to Haeundae beach many times. (~ 이후로)

내가 부산으로 이사한 이후로, 나는 해운대 해변에 많이 갔었다.

As I was very hungry, I ate a lot of pizza. (~ 때문에)

나는 배가 고팠기 때문에, 피자를 많이 먹었다.

Since it is getting dark, you should come back home right now. (~ 때문에)

어두워지고 있기 때문에, 너는 지금 당장 집으로 돌아가야 한다.

(Al)though he is very short, he is quite strong. (~에도 불구하고)   *quite 🄫 아주, 꽤

비록 *그*가 매우 작은데도 불구하고, 아주 강하다.

If it is sunny tomorrow, we will go on a picnic. (만약~ 한다면)

만약 내일 날씨가 화창하다면, 우리는 소풍을 갈 것이다.

Unless you study hard, you will fail the exam. (만약 ~하지 않는다면)

= If you don't study hard, you will fail the exam.   *fail the exam 시험에 떨어지다

만약 네가 열심히 공부하지 않는다면, 너는 시험에 떨어질 것이다.

준석쌤의 꿀팁

시간, 조건의 부사절에서 미래를 표현할 때에는 현재 시제를 써야 한답니다.

> 예 If he will make it on time, everybody will be satisfied. (×)
> 만약 그가 제 시간에 온다면, 모든 사람들이 만족할 것이다.
> → If he makes it on time, everybody will be satisfied. (○)

'만약 ~ 올 거라면 '이라는 말 보다는 '만약 ~ 온다면'이라는 표현이 더 자연스럽죠? 이처럼 시간, 조건의 부사절에서는 미래를 현재 시제로 나타냅니다.

정답 및 해설 p. 40

Check-Up 1 다음 괄호 안에서 어법에 맞는 것을 고르시오.

(1) I fell a sleep (while / although) I was reading a book.

(2) (Since / If) I was young, I've visited many places with my family.

(3) (Because / Unless) I was very busy, I couldn't call you.

(4) You will miss the train (if / unless) you hurry.

(5) (Though / As) it was hot, he wore a warm sweater.

명사절을 이끄는 접속사 ❶

(a) That is my pencil.

(b) She doesn't like that person.

(c) I don't think that he is honest.

(a), (b), (c)에 나온 that의 의미를 파악해보세요. (a)에서는 '저것'이라는 대명사로 쓰였습니다. (b)에서는 '저'로 해석되지요. 뒤에 명사를 꾸며주는 형용사로 쓰였답니다. (c)에서는 무슨 뜻일까요? 잘 모르겠죠? that이 문장을 연결해주는 접속사로 쓰였답니다. 접속사 that은 문장의 다양한 자리에 오니까 아래의 예문을 보면서 잘 익혀두세요.

① 주어 자리

예 That he can speak three languages is true.

= It is true that he can speak three languages.

그가 세 개의 언어를 말할 수 있는 것은 사실이다.

② 목적어 자리(생략 가능)

예 I think (that) he will join our baseball club.

나는 그가 우리 야구 클럽에 가입할 것이라고 생각한다.

③ 보어 자리

예 The problem is that he is late every day.

문제는 그가 매일 늦는다는 것이다.

정답 및 해설 p. 40

Check-Up 2 다음 문장에서 that이 들어가기에 알맞은 곳을 고르시오.

(1) I (①) know (②) whales (③) are (④) mammals. (⑤)

(2) It (①) was (②) careless (③) he (④) broke (⑤) the window.

(3) My hope (①) is (②) my family (③) is (④) happy (⑤) forever.

(4) I (①) believe (②) you (③) can (④) win (⑤) the race.

(5) (①) James and Thomas (②) are (③) friends (④) is (⑤) true.

*whale 몡 고래 *mammal 몡 포유류, 포유동물

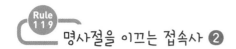

Rule 119 명사절을 이끄는 접속사 ❷

whether는 '~인지'의 의미를 지닌 접속사로 주어, 목적어, 보어의 자리에 와요. 목적어 자리를 이끌 때에는 if로 바꿔 쓸 수 있답니다. 이때 if는 조건을 나타내는 '만약에 ~한다면'이라는 뜻이 아니라 '~인지'를 의미해요. 주어나 보어 자리의 whether는 if로 바꾸어 쓸 수 없으니 예문으로 잘 정리해보세요.

예 Whether it is sunny or not is not certain. (주어)　　　　　*certain 혱 확실한
날씨가 화창한지 아닌지는 확실하지 않다.
→ If it is sunny or not is not certain. (×)

I don't know whether they are good friends or not. (목적어)
그들이 좋은 친구들인지 아닌지를 나는 모르겠다.
→ I don't know if they are good friends or not. (○)

The problem is whether he will come or not. (보어)
문제는 그가 올 건지 아닌지이다.
→ The problem is if he will come or not. (×)

―――― 정답 및 해설 p. 41 ――――

Check-Up 3 다음 문장의 밑줄 친 부분을 우리말로 해석하시오.

(1) The question is whether she will get well.
(2) You can go home early if you are sick today.
(3) Whether you like the food or not is very important.
(4) I wonder if he will come to the party or not.
(5) If it rains tomorrow, I will stay at home.

*get well 회복하다

1 다음 문장의 밑줄 친 부분에 유의하여 우리말로 해석하시오.

(1) It was stupid that you believed the story.

(2) Although he passed the driving test, he can't drive well.

(3) I couldn't eat lunch as I had a stomachache.

(4) While you were taking a shower, it started to snow heavily.

(5) Unless he takes a taxi, he will be late.

2 다음 단어들을 알맞게 배열하여 의미에 맞는 문장을 만드시오.

(1) (the / read / if / you / book), you can solve the problem.

(2) Don't say that (here / was / because / she / not).

(3) It was strange (he / that / know / my / didn't / name).

(4) (room / although / my / was / small), I liked it very much.

(5) (will / whether / come / or / he / not) doesn't matter.

DAY 32 상관접속사

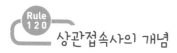

Rule 120 상관접속사의 개념

체육대회 때 서로의 발목을 묶고 달리는 2인 3각 경기를 해봤나요? 한 사람이 너무 빨리 달리면 다른 한 사람이 넘어질 수 있어요. 그래서 두 사람이 서로 달리는 속도와 자세를 맞춰야 합니다. 영어에서 상관접속사도 마찬가지에요. **상관접속사는 두 개의 단어가 짝을 이루어 나오게 하는 표현**을 말한답니다. 아래의 표를 보세요.

상관접속사	의미
both A and B	A, B 둘 다
either A or B	A 또는 B 중 하나
neither A nor B	A, B 둘 다 아닌
not A but B	A가 아니라 B
not only A but (also) B	A 뿐만 아니라 B도
B as well as A	

A와 B는 같은 형태가 와야 한답니다. A가 형용사이면 B도 형용사, A가 동명사면 B도 동명사가 오는 것처럼 말이죠. 아래의 예문을 보면서 의미와 A, B의 형태도 잘 살펴보세요.

Both <u>Mina</u> and <u>Mike</u> like action movies. 미나와 Mike는 둘 다 액션 영화를 좋아한다.
    A   B

I think he's either <u>Korean</u> or <u>Japanese</u>. 나는 그가 한국인 또는 일본인 중 하나일 거라 생각한다.
        A   B

Neither <u>Mina</u> nor <u>Mike</u> likes romance movies.
    A   B
미나와 Mike는 둘 다 로맨스 영화를 좋아하지 않는다.

Not <u>Mina</u> but <u>Mike</u> is right. 미나가 아니라 Mike가 맞다.
    A   B

He is not only <u>smart</u> but also <u>humorous</u>. 그는 똑똑할 뿐만 아니라 재미있다.   *humorous ⓗ 재미있는
            A   B

He is <u>humorous</u> as well as <u>smart</u>. 그는 똑똑할 뿐만 아니라 재미있다.
      B   A

정답 및 해설 p. 41

Check-Up 1 다음 두 문장의 뜻이 같도록 빈칸에 알맞은 말을 쓰시오.

(1) Tom can swim in the sea. I can swim in the sea.

= _____ Tom _____ I can swim in the sea.

(2) She is kind as well as pretty.

= She is _____ _____ pretty _____ _____ kind.

(3) Susan can't play the violin. I can't play the violin.

= _____ Susan _____ I can play the violin.

Rule 121 상관접속사의 수 일치

상관접속사	동사의 수 일치
both A and B	복수동사
either A or B	B에 일치
neither A nor B	
not A but B	
not only A but (also) B	
B as well as A	

both는 '둘 다'라는 뜻이니까 주어로 쓰이면 복수로 생각하면 됩니다. 나머지 표현들은 B에 수 일치를 하여 동사 형태를 결정하게 됩니다. 주로 동사에 가까운 쪽이 B가 되지만, as well as에서는 앞에 오는 것이 B가 되니까 이것만 주의하면 어떠한 시험에서도 문제 없어요!

<u>Both Mina and her brother</u> go to the same school.
      A   B
미나와 그녀의 남동생은 모두 같은 학교에 다닌다.

<u>Either Tom or her wife</u> has to return the book to the library.
     A   B
Tom이나 그의 부인 둘 중 하나는 그 책을 도서관에 반납해야 한다.

Neither Mike nor Sam likes winter. Mike와 Sam 둘 다 겨울을 좋아하지 않는다.
      A   B

Not Kevin but his sisters were sick. Kevin이 아니라 그의 여동생들이 아팠다.
    A   B

Not only Jane but also her friends speak English well.
        A   B

Jane뿐만 아니라 그녀의 친구들도 영어를 잘한다.

Her friends as well as Jane speak English well. Jane뿐만 아니라 그녀의 친구들도 영어를 잘한다.
    B   A

정답 및 해설 p. 41

Check-Up 2 다음 괄호 안에서 어법에 맞는 것을 고르시오.

(1) Both Jina and I (am / are) able to ride a bike.

(2) Neither Kevin nor his friends (like / likes) to play basketball.

(3) Not only she but also they (was / were) shocked.

(4) Either you or your sister (has / have) to clean the living room.

Exercise

정답 및 해설 p. 41

1 다음 우리말과 일치하도록 빈칸에 알맞은 영단어를 쓰시오.

(1) Cindy와 Jina는 둘 다 영국으로 떠나버렸다.

  → _____ Cindy _____ Jina have gone to England.

(2) 그는 똑똑할 뿐만 아니라 용감하다.

  → He is _____ _____ smart _____ _____ brave.

(3) Tom이나 Judy 중 한 사람은 무엇을 할지 결정해야만 한다.

  → _____ Tom _____ Judy has to decide what to do.

(4) 엄마가 아니라 아빠가 내 점심을 준비했다.

  → _____ my mom _____ my dad prepared my lunch.

(5) Jake와 나는 둘 다 그 노래를 좋아하지 않는다.

  → _____ Jake _____ I like the song.

2 다음 우리말과 일치하도록 괄호 안의 단어를 알맞게 배열하시오.

(1) 우리는 책들로부터 뿐만 아니라 사람들로부터도 배울 수 있다.

(learn / books / people / can / we / as well as / from / from)

→ _____

(2) 소라나 James 중 한 명은 내일 일찍 와야만 한다.

(or / either / has to / early / Sora / tomorrow / James / come)

→ _____

(3) 그는 잘생긴 것이 아니라 귀엽다. (not / handsome / is / he / cute / but)

→ _____

(4) 그뿐만 아니라 그녀도 쇼핑가는 것을 정말 좋아한다.

(but also / shopping / not only / she / loves / he / to go)

→ _____

(5) 소민이와 나는 둘 다 테니스를 치지 못한다. (I / tennis / nor / play / Somin / neither / can)

→ _____

3 다음 문장의 밑줄 친 부분을 어법에 알맞게 고치시오.

(1) Both Jim and Sue likes science. → _____

(2) Sally is not only good at singing but also to dance. → _____

(3) Either he or you has to clean the room. → _____

(4) Not my sister but her friends is tall. → _____

(5) Neither Tom and Minji can play the piano. → _____

주격 관계대명사

①

That is my sister.

저 사람은 내 여동생이다.

②

She is a tennis player.

그녀는 테니스 선수이다.

③ That is my sister who ~~she~~ is a tennis player.

선행사   관계대명사

①과 ②를 한 문장으로 만들고 싶다면 ③처럼 표현할 수 있답니다. my sister와 She가 같은 사람인 것을 알겠죠? 먼저 등장한 같은 의미를 가진 표현 my sister(선행사)는 그대로 두고 뒷문장의 주어였던 She를 생략했어요. 주어를 지우고 who라는 관계대명사를 썼기 때문에 who를 '주격 관계대명사'라고 부른답니다. **선행사가 사람이면 who를, 사물이면 which를 쓰면 되고, 둘 다 구분 없이 that을 쓰기도** 해요.

예 Sally is my friend. + She is good at singing.

Sally는 내 친구이다. + 그녀는 노래를 잘한다.

→ Sally is my friend who/that is good at singing.
Sally는 노래를 잘하는 내 친구이다.

I like the movie. + It is very exciting.

나는 그 영화를 좋아한다. + 그것은 아주 흥미진진하다.

→ I like the movie which/that is very exciting.
나는 아주 흥미진진한 그 영화를 좋아한다.

정답 및 해설 p. 42

Check-Up 1 다음 두 문장을 who 또는 which를 활용해 한 문장으로 만드시오.

(1) Do you know the boy? He is wearing a cap.

→ _____

(2) There is a book. It was written by Alex.

→ _____

(3) The man looks so sad. He is next to the window.

→ _____

(4) I will have dinner with the girls. They are my students.

→ _____

(5) I like the dog. It is very cute.

→ _____

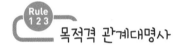

목적격 관계대명사

This is the girl.	+	I met her yesterday.
이 사람은 그 소녀이다.		나는 그녀를 어제 만났다.

= This is the girl who(m) I met ~~her~~ yesterday.
　　　　　　선행사　　관계대명사

목적격 관계대명사도 주격 관계대명사와 같은 원리랍니다. 두 문장을 한 문장으로 간단히 하기 위해, 앞에 나온 the girl(선행사)는 그대로 두고 뒤에 동일인을 의미하는 her를 생략한답니다. 그리고 두 문장 사이에 결합의 흔적인 관계대명사를 쓰는 거예요. 단, 생략된 단어인 her는 목적어잖아요? 그래서 목적격 관계대명사를 쓰는 거예요. **선행사가 사람이면 who나 whom, 사물이면 which를 쓰면 되고, 둘 다 구분없이 that을 써도** 됩니다.

◉ I like the doll. + My mom bought it for my birthday.
　 나는 그 인형을 좋아한다. + 엄마가 그것을 내 생일 선물로 사주셨다.

→ I like the doll which/that my mom bought for my birthday.
　 나는 엄마가 생일 선물로 사주신 그 인형을 좋아한다.

Do you know the man? + Jane likes him.

당신은 그 남자를 아나요? + Jane은 그를 좋아한다.

→ Do you know the man who(m)/that Jane likes?

당신은 Jane이 좋아하는 그 남자를 아나요?

준석쌤이 꿀팁

목적격 관계대명사는 생략할 수 있어요. 원어민들은 목적격 관계대명사를 생략해서 말 또는 글로 표현한답니다. 반면에 주격 관계대명사는 생략할 수 없어요. 주격이라는 말 자체가 문장의 주인, 머리를 의미하잖아요? 시험에는 관계대명사를 생략할 수 있는지를 물어보니까 주의하세요.

That is my sister ~~who~~ is a tennis player. (×)

This is the girl ~~who(m)~~ I met yesterday. (○)

정답 및 해설 p. 42

Check-Up 2 다음 두 문장을 whom 또는 which를 활용해 한 문장으로 만드시오.

(1) I know the girl. Mr. Kim met her yesterday.

→ _____

(2) Lydia is wearing the shirt. Daniel bought it for her.

→ _____

(3) Ms. Jeong is an English teacher. Yuna respects her.

→ _____

(4) This is the boy. I like him very much.

→ _____

(5) Mike lost the book. He borrowed it from his friend.

→ _____

소유격 관계사

Look at the boy.　　+　His dream is to be a computer programmer.

그 소년을 봐라.　　　　그의 꿈은 컴퓨터 프로그래머가 되는 것이다.

= Look at the boy whose ~~his~~ dream is to be a computer programmer.
　　　　　　선행사　　관계대명사

두 문장에서 the boy와 His는 동일인을 나타내는 어휘입니다. 따라서 선행사인 the boy는 그대로 두고, his를 생략했지요. his는 '소유격'이지요. 그래서 생략한 뒤 **소유격 관계사인 whose를** 썼답니다. **선행사가 사물인 경우에는 whose나 of which를 쓸 수 있답니다.**

예 I know a boy. + His brother is a famous singer.
나는 한 소년을 안다. + 그의 형은 유명한 가수이다.

→ I know a boy whose brother is a famous singer.
나는 그의 형이 유명한 가수인 한 소년을 안다.

Mina lost a cat. + Its eyes are blue.
미나는 고양이를 잃어버렸다. + 그것의 눈은 파랗다.

→ Mina lost a cat whose eyes are blue.
미나는 눈이 파란 고양이를 잃어버렸다.

준석쌤의 꿀팁

간단하게 복습해보죠! 선행사의 종류가 사람인지 사물인지 또는 둘 다 나왔는지를 파악한 뒤 아래의 표와 같이 관계사를 쓰면 됩니다.

격	선행사 – 사람	선행사 – 사물	선행사 – 사람 또는 사물
주격	who	which	that
목적격	who(m)	which	that
소유격	whose	whose/of which	–

정답 및 해설 p. 43

Check-Up 3 다음 두 문장을 whose를 활용해 한 문장으로 만드시오.

(1) That is the house. Its door is painted black.

→ _____

(2) I know James. His voice is really beautiful.

→ _____

(3) This is the book. Its cover is made of wood.

→ _____

(4) We know a girl. Her family is from Denmark.

→ _____

(5) There was a king. His name was Jun.

→ _____

Exercise

1 다음 괄호 안에서 어법에 맞는 것을 고르시오.

(1) That's the girl (who / whom) invited me to the party.

(2) That's the boy (which / whom) I met in the park.

(3) This is the computer (which / whose) we bought yesterday.

(4) That's the boy (that / whose) birthday is today.

(5) This is a machine (who / that) makes popcorn.

2 다음 밑줄 친 부분을 대신하여 쓸 수 있는 단어를 쓰시오.

(1) This is the girl <u>who</u> I met in the library. → _____

(2) The pizza <u>that</u> my mom made for me was delicious. → _____

(3) This is the suit <u>which</u> I will wear at the party. → _____

(4) I know a girl <u>that</u> dances very well. → _____

(5) This is the picture <u>that</u> she bought recently. → _____

3 다음 밑줄 친 단어가 관계사이면 괄호 안에 O, 그렇지 않으면 X 표시를 하고 전체 문장을 우리말로 해석하시오.

(1) I don't know <u>whose</u> book it is. ( )

→ _____

(2) He is the boy <u>whose</u> nickname is a 'bookworm.' ( )

→ _____

(3) Can I borrow <u>that</u> book? ( )

→ _____

(4) I borrowed a book <u>that</u> is very interesting. ( )

→ _____

(5) Sam said <u>that</u> he read the book yesterday. ( )

→ _____

DAY 34 관계대명사2

Rule 125 관계대명사의 계속적 용법

① He has two daughters, who are tennis players.

② He has two daughters who are tennis players.

①, ②의 문장은 콤마 하나의 차이밖에 없죠? 하지만 그림처럼 의미 차이가 무척 크답니다. ②의 문장을 우리말로 하면 '그는 테니스 선수인 두 딸이 있다.'라는 의미입니다. 즉, 다른 아들이나 딸이 더 있을 수도 있지요. ①은 '그는 두 딸이 있는데, 그들은 테니스 선수이다.'로 해석이 됩니다. 즉, 딸이 둘 밖에 없다는 것을 의미한답니다. ①과 같이 **관계대명사 앞에 콤마를 쓰는 것을 관계대명사의 '계속적 용법'이라고 하고, 앞에서부터 차례로 해석**하면 됩니다.

He has two daughters, who are tennis players.
= He has two daughters and they are tennis players.

위처럼 **콤마 + 관계대명사는 '접속사 + 대명사'로 바꿔 쓸 수** 있답니다. 주로 접속사는 and를 쓰면 되지만 의미상 but을 쓰기도 합니다. 이처럼 관계대명사의 계속적 용법을 같은 의미의 문장으로 고칠 수 있어야 해요. 학교 내신 시험에서 서술형으로 자주 출제된답니다.

예 She had two sons, who became teachers.
　 그녀는 두 아들이 있었는데, 그들은 교사가 되었다.
　 = She had two sons and they became teachers.
　 그리고 그들은

I bought a book, which was full of cartoons.

나는 책 한 권을 샀는데, 그 책은 만화로 가득 차 있었다.

= I bought a book and it was full of cartoons.

그리고 그것은

We have two daughters, who are students.

우리는 두 딸이 있는데, 그들은 학생들이다.

= We have two daughters and they are students.

그리고 그들은

He recommended the movie, which was not interesting.   *recommend 통 추천하다

그는 그 영화를 추천했는데, 그것은 흥미롭지 않았다.

= He recommended the movie but it was not interesting.

그러나 그것은

선행사가 사물인 경우 관계대명사는 which를 쓰지요. 그리고 that도 쓸 수 있다는 것을 배웠지요.

I bought a book which(that) was full of cartoons. (○)

하지만 계속적 용법에서는 that을 쓸 수 없으니 조심하세요. 아래 예문으로 확인하세요.

I bought a book, which was full of cartoons. (○)

I bought a book, that was full of cartoons. (×)

— 정답 및 해설 p. 44 —

Check-Up 1 다음 문장을 우리말로 해석하시오.

(1) I have a friend, who is from California.

→ _____

(2) She is wearing a ring, which looks pretty expensive.

→ _____

(3) Kevin has a brother, who teaches math at a middle school.

→ _____

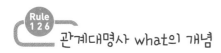

관계대명사 what의 개념

what은 '무엇'이라는 뜻을 가진 의문사예요. 하지만 **문장과 문장을 연결하는 관계대명사로도 쓰인답니다.** 이 때의 what은 'the thing that~(~하는 것)'이라는 의미로 쓰인답니다. 관계대명사 what과 that 중 옳은 것을 선택하라는 문제가 자주 등장하는데요. 이런 문제들은 what을 the thing that으로 풀어서 생각해보면 된답니다.

예 He showed me / what was in his bag.
그는 나에게 보여주었다 / 그의 가방 속에 있는 것을

= He showed me the thing that was in his bag.

We like to see / what is really funny.   *funny 재미있는
우리는 보고 싶다 / 정말로 재미있는 것을

= We like to see the thing that is really funny.

What I want to be / is a famous movie star.
내가 되고 싶은 것은 / 유명한 영화 스타이다

= The thing that I want to be is a famous movie star.

준석쌤의 꿀팁

I didn't understand (that / what) she said. 라는 문장에서 that과 what 중에서 문법적으로 알맞은 것을 고르는 문제가 시험에 나왔다면 어떻게 해야 할까요? 아래처럼 원래의 두 문장을 연결시켜 봅시다.

I didn't understand the thing. She said it.
→ I didn't understand the thing that she said it.
→ I didn't understand what she said.

the thing that을 what으로 바꿀 수 있으니 마지막과 같은 문장이 나옵니다. 그래서 정답은 what이 됩니다. 만약 정답이 관계대명사 that이 되려면 문제에서 the thing이라는 선행사가 나와야 합니다.

Check-Up 2 다음 괄호 안에서 어법에 맞는 것을 고르시오.

(1) I can't believe (that / what) you said.

(2) He is the boy (that / what) I should take care of.

(3) This is (that / what) I'm looking for.

(4) The movie was (that / what) I really wanted to watch.

(5) I gave Tom a book (that / what) he liked to read.

Exercise

1 다음 괄호 안에서 어법에 맞는 것을 고르시오.

(1) This is the most interesting movie (who / that) I've ever seen.

(2) I remember the boys (who / whom) helped me yesterday.

(3) Mike met a girl (who / whose) hair was red.

(4) They are the students (whose / whom) Ms. Kim taught.

(5) Taking a picture is (which / what) he does in his free time.

2 다음 문장의 밑줄 친 부분을 어법상 올바르게 고치시오.

(1) Dad doesn't like the dog <u>what</u> I brought home.

고친 답: _____

(2) Look at the man <u>what</u> is wearing blue jeans.

고친 답: _____

(3) They are the twin sisters who <u>doesn't</u> look exactly the same.

고친 답: _____

(4) Tell me <u>that</u> you want to have for dinner.

고친 답: _____

(5) Jenny loved <u>that</u> her students suggested.

고친 답: _____

3 다음 우리말과 일치하도록 괄호 안의 단어를 알맞게 배열하시오.

(1) 나는 초록색 치마를 입은 그 소녀를 좋아한다.

(the girl / I / a green skirt / wearing / that / like / is)

→ _____

(2) Jacob은 다채로운 그림이 있는 책을 찾았다.

(which / found / Jacob / a book / had / colorful / pictures)

→ _____

(3) 지호가 어제 그린 그 그림을 봐라.

(yesterday / the picture / Jiho / look / that / drew / at)

→ _____

(4) 나는 눈이 파란 한 소년을 보았다.

(eyes / I / were / whose / saw / blue / a boy)

→ _____

(5) 내가 먹고 싶은 것은 베이글이다.

(I / a bagel / is / what / want / eat / to)

→ _____

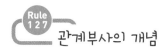

관계부사의 개념

① He went to the amusement park.
그는 그 놀이동산에 갔다.

② His father was working in the amusement park.
그의 아버지는 그 놀이동산에서 일하고 계셨다.

③ He went to the amusement park which his father was working in.
　　　　　　　선행사　　　　　관계대명사

= He went to the amusement park in which his father was working. (in이 앞으로 이동 가능)
　　　　　　　선행사　　　　전치사＋관계대명사

= He went to the amusement park where his father was working. (in which를 where로 바꿈)
　　　　　　　선행사　　　　관계부사

*amusement park 놀이동산

두 문장을 하나로 합치는 과정에서 in which와 같이 **'전치사＋관계대명사'를 관계부사로 바꿀 수 있답니다.** 한 단어로 쓸 수 있으니 더 편하겠죠? 이렇게 **두 문장을 합치면서 장소, 시간, 이유, 방법을 나타낼 때 쓰는 것을 관계부사**라고 합니다.

선행사	관계부사
장소(place)	where
시간(time)	when
이유(reason)	why
방법(way)	how

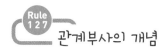

예 This is the building. + I met Tom in the building.

이것은 그 건물이다.　　나는 Tom을 그 건물에서 만났다.

= This is <u>the building</u> <u>in which</u> I met Tom.
　　　　　　선행사　　전치사＋관계대명사

= This is <u>the building</u> <u>where</u> I met Tom.
　　　　　　선행사　　　관계부사

July 7th is the day. + I met Tom on the day.

7월 7일은 그날이다.　　나는 Tom을 그날 만났다.

= July 7th is <u>the day</u> <u>on which</u> I met Tom.
　　　　　　　선행사　　전치사＋관계대명사

= July 7th is <u>the day</u> <u>when</u> I met Tom.
　　　　　　　선행사　　관계부사

This is the reason. + I met Tom for the reason.

이것이 그 이유이다.　　나는 Tom을 그 이유 때문에 만났다.

= This is <u>the reason</u> <u>for which</u> I met Tom.
　　　　　　선행사　　전치사＋관계대명사

= This is <u>the reason</u> <u>why</u> I met Tom.
　　　　　　선행사　　관계부사

This is the way. + I met Tom in the way.

이것이 그 방식이다.　　나는 Tom을 그 방식으로(그렇게) 만났다.

= This is <u>the way</u> <u>in which</u> I met Tom.
　　　　　선행사　　전치사＋관계대명사

This is <u>the way</u> <u>how</u> I met Tom. (×)
　　　　선행사　　관계부사

= This is the way I met Tom. (○) / This is how I met Tom. (○) (the way와 how는 함께 쓰지 않아요. 둘 중에 하나만 쓴답니다. 꼭 기억하세요!)

정답 및 해설 p. 45

Check-Up 1 **다음 문장의 빈칸에 알맞은 관계부사를 쓰시오.**

(1) New Zealand is one of the few countries _____ people drive on the left.

(2) December 26th is the day _____ I was born.

(3) That is the reason _____ he is always late.

(4) Busan is the city _____ Mina lives.

(5) Thomas told me the reason _____ he didn't come yesterday.

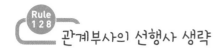

관계부사의 선행사 생략

관계부사의 선행사는 일반적으로 생략이 가능하답니다. 관계부사 자체에 핵심 내용이 담겨 있기 때문에 굳이 선행사가 필요하지 않아요. 따라서 선행사가 생략된 문장은 **관계부사를 보고 어떤 선행사가 생략되었는지를 유추**할 수 있답니다.

예 This is <u>the building</u> <u>where</u> I met Tom.
　　　　　　선행사　　　관계부사
　→ This is where I met Tom.

July 7th is <u>the day</u> <u>when</u> I met Tom.
　　　　　　선행사　관계부사
　→ July 7th is when I met Tom.

This is <u>the reason</u> <u>why</u> I met Tom.
　　　　　선행사　　관계부사
　→ This is why I met Tom.

1 다음 두 문장을 관계부사를 활용하여 한 문장으로 쓰시오.

(1) Do you know the reason? She was late for the reason.

   → _____

(2) This is the way. My mom made delicious hot cakes in the way.

   → _____

(3) This is the place. I lost my purse there.

   → _____

(4) Saturday is the only day. I can relax on Saturday.

   → _____

(5) April is the month. My father was born in April.

   → _____

2 다음 빈칸에 들어갈 적절한 관계사를 쓰시오.

(1) This is the building _____ he works.

(2) December is the month _____ it is hot in Australia.

(3) Fall is the season _____ many fruits become ripe.

(4) This is the reason _____ my friends like this cafe.

3 다음 괄호 안의 단어들을 알맞게 배열하여 의미에 맞는 문장을 완성하시오.

(1) Tell me the reason (you / me / don't / why / like).

   → _____

(2) Saturday is the day (go / I / when / swimming).

   → _____

(3) I will visit an amusement park (I / a roller coaster / can / where / ride).

   → _____

(4) Please tell me (to / you / subway station / how / got / the).

   → _____

(5) The Internet has changed (products / the / people / buy / way).

   → _____

1 다음 빈칸에 공통으로 들어갈 말로 알맞은 것은?

> • Both Minsu _____ Semi like to play tennis.
> • My father is making pizza _____ my mother is cleaning the bedroom.

① or   ② so   ③ and   ④ but   ⑤ then

2 다음 밑줄 친 as의 의미가 다른 것은?

① Jane laughs out loud <u>as</u> she is really happy.
② He can't go into the house <u>as</u> the door is closed.
③ This muffin must be delicious <u>as</u> my mom made it.
④ <u>As</u> I was sick yesterday, I couldn't go to the concert.
⑤ The man entered the room <u>as</u> he ate a sandwich.

3 다음 중 밑줄 친 부분이 어법상 잘못된 것은?

① Both math and science <u>is</u> difficult to me.
② Either Somi or Suyoung <u>should</u> clean the room.
③ Neither Mr. Kim nor I <u>am</u> interested in drinking.
④ Mr. Golden is the teacher who <u>teaches</u> music in the kindergarten.
⑤ Art and P.E. are the subjects which <u>are</u> very popular for teenagers.

4 다음 (A), (B), (C)에서 어법상 알맞은 것을 골라 짝지어진 것은? (2011 중3 학업성취도평가)

> A clever girl in China had an idea. She tapped an empty glass with a stick. She said, "(A) (What / How) a pretty sound!" She filled the glass with water and tapped it again. Now the sound was lower. Then she drank some of the water. She tapped the glass once more. The sound was higher. The girl put (B) (a little / a few) glasses together. Each glass held a different amount of water. By tapping different glasses, she could play tunes. All of her friends loved the glass music. So did the travelers (C) (who / which) were in China.

	(A)		(B)		(C)		(A)		(B)		(C)
①	What	–	a little	–	who	②	What	–	a few	–	who
③	What	–	a few	–	which	④	How	–	a little	–	who
⑤	How	–	a few	–	which						

5 주어진 문장 다음에 이어질 글의 순서로 알맞은 것은? (2011 중3 학업성취도평가)

> When babies cry at night, most parents wake up quickly to take care of them.

(A) If the owner does not follow, the dog does it again. The dog will run back and forth until his owner gets to the baby.

(B) But what if the parents are deaf and cannot hear? That is when a signal dog can help.

(C) The dog can wake his owner quickly. When his owner wakes up, the dog runs to the baby.

① (A) − (B) − (C)　　　　② (B) − (A) − (C)

③ (B) − (C) − (A)　　　　④ (C) − (A) − (B)

⑤ (C) − (B) − (A)

6 다음 빈칸 (A), (B), (C)에 들어갈 말로 알맞게 짝지은 것은? (2014 중3 학업성취도평가 변형)

> Dear Marketing Director,
>
> ___(A)___ a parent of two teenagers, I am very concerned about the way your company promotes your energy drinks in television advertisements. Your ads often show young people jumping and running around in busy city streets. ___(B)___ the ads may look exciting and fun, they can be very dangerous for children ___(C)___ try to copy what they see. Just the other day, my 13-year-old son tried to jump over a parked car and hurt his knee. I trust that a company of your reputation will do the right thing and take the ads off the television immediately.
>
> Sincerely,
> *Norah Partridge*

	(A)		(B)		(C)
①	As	−	Since	−	who
②	As	−	Although	−	who
③	As	−	Although	−	whose
④	Because	−	Since	−	who
⑤	Because	−	Since	−	whose

7 다음 글의 빈칸에 들어갈 말로 알맞은 것은? (2014 중3 학업성취도평가 변형)

Astronauts found no water on the surface of the moon. The moon is drier than a desert. They found no living things on the moon — no animals or plants. However, scientists have discovered _____ seems to be water and ice beneath the surface of the moon. The water is not completely liquid. Most of it is combined together with other chemicals. So, when you visit the moon, you should be able to separate the water from the other chemicals. Then, you will be able to drink the water.

① who　　　　　　② that　　　　　　③ what
④ which　　　　　⑤ whose

서술형 1

8 다음 글을 읽고, 내용과 일치하도록 빈칸 (1)과 (2)에 알맞은 단어를 본문에서 찾아 쓰시오.

(2011 중3 학업성취도평가 변형)

Susan worked for twenty years as a teacher. She can play the piano and guitar. She has visited forty-five countries on her own. What's so special about her? Well, nothing, except she can't see. She has been blind her entire life. Her parents didn't want her to go to a special school, so they sent her to the local high school. She was a good student and went to college. After college, she became a teacher at a school for blind children.

⬇

Though Susan has been ___(1)___ all her life, she became a(n) ___(2)___ for children at a special school.

서술형 2

9 다음 글을 읽고, 내용과 일치하도록 빈칸에 주어진 철자로 시작하는 알맞은 단어를 쓰시오.

(2014 중3 학업성취도평가 변형)

Last Sunday, my family went to an amusement park. I got excited when we were in line for a ride in the park. Lucy, my little sister, wanted to take the ride with me. Just at the entrance of the ride, the guard stopped Lucy and measured her height. She was 110cm tall. To get on the ride, she had to be over 120cm. In the end, Lucy had to wait for me with Mom. Poor Lucy!

⬇

Question: What happened to Lucy?

Answer: She could not get on the ride b_____ her height was less than 120cm.

서술형 3

10 다음 글에서 어법상 잘못된 두 부분을 찾아 알맞게 고치시오.

There once was a king whom was defeated in a battle. While he was taking shelter in a cave from his enemy, he saw a spider, that was trying to make a spider web. As it climbed up, a thread in its web broke and it fell down. But it did not give up. It tried to climb again and again. Finally, the spider successfully completed the web. The king thought, "If a small spider can face failure so bravely, why should I give up?" Then, he collected his soldiers and fought against his enemy again and again. Finally, he regained his kingdom.

(1) 잘못된 부분: _____ → 고친 답: _____

(2) 잘못된 부분: _____ → 고친 답: _____

Part 7

가정법

Rule 129 가정법 과거의 개념

| 단순 조건
(실현 가능성 있음) | If you give me 500won, I will lend you my pencil. | 음, 빌릴까 말까? 고민되네. |
| 가정법 과거
(실현 가능성 없음) | If you gave me 1,000,000won, I would lend you my pencil. | 지금 나랑 농담하는건가?? |

단순 조건은 충분히 일어날 수 있는 상황을 말해요. '네가 나에게 오백 원을 준다면, 내가 너에게 내 연필을 빌려 줄게.' 하지만 두 번째 상황은 '네가 나에게 백만 원을 준다면, 내가 너에게 내 연필을 빌려 줄게.' 잖아요? 아무리 연필이 급하게 필요하더라도 저렇게 큰 돈을 내고 빌리진 않겠죠? 그래서 비록 둘 다 우리말로 '~한다면, ~할 텐데.'라고 해석이 되지만 가능성이 다르기 때문에 영어로는 아래와 같이 옮긴답니다.

① If you give me 500 won, I will lend you my pencil.

② If you gave me 1,000,000 won, I would lend you my pencil.

give, will을 gave, would와 같이 과거시제로 바꾸어서 실현 불가능하다는 것을 나타냅니다. 이와 같이 우리말로는 현재로 해석되지만 실현 가능성이 없어진 ②와 같은 문장을 '가정법 과거'라고 해요. **가정법 과거는 'If 주어＋[were/과거동사] ~, 주어＋[would/should/could/might]＋동사원형 ~'으로 나타내고 '주어가 ~한다면, 주어가 ~할 (수 있을) 텐데.'라고 해석해요. '주어가 ~했다면, ~했을 텐데'로 해석하면 안 된답니다.** 현재로 해석하되 '가능성이 없거나, 일어나지 않을 일이다'라고 생각하면 됩니다.

예 If I were you, I wouldn't say like that.

만약 내가 너라면, 나는 그렇게 말하지 않을 텐데.

If I had a lot of money, I could travel all around the world.

만약 내가 돈이 많다면, 나는 전 세계를 여행할 수 있을 텐데.

If I were a girl, I could wear the beautiful dress.

만약 내가 소녀라면, 나는 그 예쁜 드레스를 입을 수 있을 텐데.

If I won a lottery, I would buy a big house.

만약 내가 복권에 당첨된다면, 나는 큰 집을 살 텐데.

준석쌤의 꿀팁

영문법 교재나 강의를 보다 보면, '현재 사실의 반대를 나타낸다'라는 표현을 자주 접하게 됩니다. 이 표현 역시 가정법 과거를 의미하는 거랍니다. 내가 현재 무척 가난한데, 아래와 같은 상황을 가정한다고 생각해 보세요.

If I were rich, I would buy you this house. (가능성 없음)

내가 부자라면, 나는 너에게 이 집을 사줄 텐데.

현재 나는 무척 가난한데, 부자(현재 사실의 반대)라고 가정을 했기 때문에 가능성이 없는 이야기를 하는 거예요. 그래서 가정법 과거를 사용하는 거랍니다.

정답 및 해설 p. 48

Check-Up 1 다음 괄호 안에서 어법에 맞는 것을 고르시오.

(1) If Mina (has / had) lunch, she wouldn't be hungry.

(2) If you (study / studied) hard, you could pass the exam.

(3) If John (takes / took) a taxi, he could get to the airport on time.

(4) If they were from England, they (can / could) speak English.

(5) If I were a child, I (will / would) like the animation.

*animation 명 애니메이션, 만화

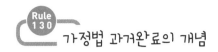
가정법 과거완료의 개념

가정법 과거 (현재: 실현 가능성 없음)	If I won a lottery, I would travel to New Zealand. / 에휴, 복권 당첨이 그렇게 쉽게 되니?
가정법 과거완료 (과거: 실현 가능성 없음)	If I had won a lottery, I would have traveled to New Zealand. / 그거 꽝이었잖아!

가정법 과거는 현재 일어나기 힘든 상황을 가정할 때 시제를 과거로 바꿔서 표현한 것입니다. 하지만 가정법 과거완료는 과거의 이야기를 하고 있답니다. '내가 복권에 당첨되었더라면, 나는 뉴질랜드로 여행을 갔을 텐데.' 이 말은 '복권이 당첨되지 않았기 때문에 과거에 뉴질랜드로 여행을 가지 못했다'라는 것을 의미하지요. 이와 같이 **과거로 해석되고 가능성이 없을 때는 가정법 과거완료**를 씁니다. **가정법 과거완료**는 'If + 주어 + [had been/had + p.p.] ~, 주어 + [would/should/could/might] + have + p.p. ~'로 나타내고, '**주어가 ~했다면, 주어가 ~했을 텐데.**'로 해석하면 됩니다.

◉ If I had finished my homework, I could have played soccer with my friends.
   만약 내가 숙제를 끝냈다면, 친구들과 축구를 할 수 있었을 텐데.
  = I didn't finished my homework, so I couldn't play soccer with my friends.
    나는 내 숙제를 끝내지 못했다. 그래서 친구들과 축구를 할 수 없었다.

  If she had not been tired, she could have watched the program.
  만약 그녀가 피곤하지 않았다면, 그 프로그램을 시청할 수 있었을 텐데.
  = She was tired, so she couldn't watch the program.
    그녀는 피곤했다. 그래서 그 프로그램을 시청할 수 없었다.

  If you had read the letter, you would have called him.
  만약 당신이 그 편지를 읽었다면, 그에게 전화했었을 텐데.
  = You didn't read the letter, so you didn't call him.
    당신은 그 편지를 읽지 않았다. 그래서 그에게 전화하지 않았다.

If I hadn't got up early, I couldn't have taken the school bus.

만약 내가 일찍 일어나지 않았다면, 학교 버스를 타지 못했을 텐데.

= I got up early, so I could take the school bus.

나는 일찍 일어났다. 그래서 학교 버스를 탈 수 있었다.

정답 및 해설 p. 48

Check-Up 2 다음 괄호 안에서 어법에 맞는 것을 고르시오.

(1) If I had listened to your advice, I could (be / have been) a winner.

(2) If it had been fine, we would (go / have gone) on a picnic.

(3) If the exam (was / had been) easy, she might have got a high score.

(4) If she (came / had came), she would have met her sister.

(5) If Olivia (watched / had watched) the movie, she would have been scared.

*scare ⑧ 무서워하다, 겁먹다

준석쌤의 꿀팁

가정법 총정리

단순 가정	현재: 가능성 있음	If he is honest, I will hire him. 그가 정직하다면, 나는 그를 고용할 것이다. (아직 정직한지 아닌지 알 수 없지만, 그럴 가능성도 있음)
가정법 과거	현재: 실현 가능성 없음	If he were honest, I would hire him. 그가 정직하다면, 나는 그를 고용할 텐데. (평소 아는 바에 따르면, 절대 그 사람은 정직한 사람이 아니라서 이런 가정을 함)
가정법 과거완료	과거: 실현 가능성 없음	If he had been honest, I would have hired him. 그가 정직했다면, 나는 그를 고용했을 텐데. (과거에 그 사람이 정직하지 않아서, 그를 고용하지 않았기에 이런 가정을 함)

1 다음 괄호 안에서 어법에 맞는 것을 고르시오.

(1) If she were rich, she (can / could) buy a car.

(2) If he had had enough time, he (will / would) have helped you.

(3) They would have been sad if I (left / had left) without saying good-bye.

(4) Susie would be disappointed if I (didn't come / hadn't come) to her birthday party.

(5) If I had stayed in Korea alone, I would (be / have been) very lonely.

2 다음 문장의 밑줄 친 동사를 어법상 알맞은 형태로 고치시오.

(1) If I am Minha, I would accept the suggestion. → _____

(2) If I have a pencil, I could lend it to you. → _____

(3) If I know his phone number, I would have called him. → _____

(4) If you tell her the truth, it would have been better. → _____

3 다음 괄호 안의 주어진 동사를 활용하여 빈칸을 어법에 맞게 채우시오.

(1) If I _____ a million dollars, I would buy a great house on the beach. (have)

(2) If I _____ you, I would say sorry to him. (be)

(3) If you had explained the situation to Minho, he would _____ it. (understand)

(4) I would have finished my homework if I _____ my textbook. (have)

4 다음 문장을 가정법으로 바꾸시오.

(1) I don't have enough money to buy a new car now.

→ _____

(2) I couldn't eat the cookies because I was on a diet.

→ _____

(3) As it is raining, I can't go out to play tennis.

→ _____

(4) We didn't have a key, so we couldn't enter the room.

→ _____

(5) Since she doesn't know Chinese, she cannot read the book.

→ _____

DAY 37 | I wish/as if 가정법

Rule 131 I wish 가정법 과거

준석이가 순간 이동해서 지금 바로 하와이로 갈 수 있을까요? 물론 불가능하겠죠. 이와 같이 현재 사실의 반대 또는 거의 불가능한 사실을 가정할 때 가정법 과거를 쓰는데요, I wish(~이면 좋을 텐데)를 사용하여 가정법 과거를 표현할 수 있답니다. 'I wish + 주어 + [were/과거동사] ~'로 쓰면 됩니다. 그리고 이것을 I wish 가정법 과거라고 한답니다.

예 I wish I were happy. 내가 행복하면 좋을 텐데.
= I am sorry I am not happy. 내가 행복하지 않아서 유감이다.

I wish I could dance well. 내가 춤을 잘 추면 좋을 텐데.
= I am sorry I can't dance well. 내가 춤을 잘 추지 못해서 유감이다.

I wish I were a teacher. 내가 선생님이면 좋을 텐데.
= I am sorry I am not a teacher. 내가 선생님이 아니라서 유감이다.

정답 및 해설 p. 49

Check-Up 1 다음 괄호 안에서 알맞은 단어를 골라 I wish 가정법 과거를 완성하시오.

(1) I wish I (was / were) an adult.
(2) I wish I (can / could) speak French.
(3) I wish you (like / liked) me.
(4) I wish I (can / could) visit Finland.
(5) I wish I (have / had) an older brother.

*adult 명 어른, 성인

I wish 가정법 과거완료

① 가정법 과거

I wish I were PSY.
내가 싸이라면 좋겠어.

싸이도
아니면서~~

② 가정법 과거완료

I wish I had been PSY.
내가 싸이였다면 좋았을 텐데.

②처럼 과거 사실에 대한 후회나 실현하기 힘들었던 소망에 대해 말할 때 'I wish + 주어 + [had been/ had + p.p.] ~'를 쓴답니다. 이를 **I wish 가정법 과거완료**라고 하며, **'~했으면 좋았을 텐데'**라고 해석하면 된답니다.

예 I wish I had passed the exam. 내가 그 시험에 통과했었으면 좋았을 텐데.

= I am sorry I didn't pass the exam. 나는 내가 그 시험에 통과하지 못한 것이 유감이다.

I wish you had come to the party. 네가 그 파티에 왔었으면 좋았을 텐데.

= I am sorry you didn't come to the party. 나는 네가 그 파티에 오지 않은 것이 유감이다.

I wish Mom had bought me a new smart phone. 엄마가 내게 새 스마트폰을 사줬었으면 좋았을 텐데.

= I am sorry Mom didn't buy me a new smart phone.
나는 엄마가 내게 새 스마트폰을 사주지 않은 것이 유감이다.

정답 및 해설 p. 49

Check-Up 2 다음 밑줄 친 부분을 고쳐 I wish 가정법 과거완료를 완성하시오.

(1) 내가 어제 너를 만났더라면 좋았을 텐데.

I wish I <u>met</u> you yesterday. → _____

(2) 내가 그때 영어를 배웠다면 좋았을 텐데.

I wish I <u>learn</u> English at that time. → _____

(3) 내가 지난 주말에 일찍 일어났다면 좋았을 텐데.

I wish I <u>wake</u> up early last weekend. → _____

(4) 그가 아프지 않았더라면 좋았을 텐데.

I wish he <u>was</u> not sick. → _____

(5) 그때 그녀가 나를 사랑했다면 좋았을 텐데.

I wish she <u>loves</u> me then. → _____

Rule 133 as if 가정법 과거

He talks / as if he were rich.

그는 말한다 / 마치 (지금) 그가 부자인 것 처럼

as if는 '마치 ~인 것처럼'이란 뜻을 가지고 있어요. **as if 가정법 과거는 'as if + 주어 + 과거'의 형태로 현재 사실과 반대되거나 거의 불가능한 일을 가정할 때 사용**한답니다.

예 He talks as if he were my father. 그는 마치 나의 아버지처럼 말한다.
  = In fact, he is not my father. 사실, 그는 나의 아버지가 아니다.

  She acts as if she were not sad. 그녀는 마치 슬프지 않은 것처럼 행동한다.
  = In fact, she is sad. 사실, 그녀는 슬프다.

  You treat me as if I were a child. 당신은 마치 내가 아이인 것처럼 대한다.
  = In fact, I am not a child. 사실, 나는 아이가 아니다.

정답 및 해설 p. 49

Check-Up 3 다음 밑줄 친 부분을 고쳐 as if 가정법 과거를 완성하시오.

(1) Mike는 마치 그 영화가 재미있는 것처럼 웃는다.

  Mike laughs as if the movie is funny. → _____

(2) 당신은 마치 나를 잘 알고 있는 것처럼 말한다.

  You talk as if you know me well. → _____

(3) Mary는 마치 그녀가 선생님인 것처럼 말한다.

  Mary talks as if she is a teacher. → _____

(4) 그는 그 음식이 마치 맵지 않은 것처럼 먹는다.

  He eats as if the food is not spicy. → _____

(5) 그녀는 마치 그를 사랑하는 것처럼 말한다.

  She talks as if she loves him. → _____

*spicy 형 매운, 양념 맛이 강한

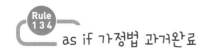

as if 가정법 과거완료

as if 가정법 과거완료는 'as if + 주어 + 과거완료'의 형태로 과거 사실과 반대 또는 거의 불가능한 일을 가정할 때 **사용**해요. '마치 ~였던 것처럼'이라고 해석하면 된답니다.

ⓔ Cathy talks as if she had read the book. Cathy는 마치 그녀가 그 책을 읽었던 것처럼 말한다.
 = In fact, Cathy didn't read the book. 사실, Cathy는 그 책을 읽지 않았다.

He talks as if he had slept well last night. 그는 마치 지난밤에 잠을 잘 잤던 것처럼 말한다.
 = In fact, he didn't sleep well last night. 사실, 그는 지난밤에 잠을 잘 자지 못했다.

They talk as if they had met my father.
그들은 마치 내 아버지를 만났던 것처럼 말한다.
 = In fact, they didn't meet my father. 사실, 그들은 내 아버지를 만나지 않았다.

정답 및 해설 p. 49

Check-Up 4 다음 밑줄 친 부분을 고쳐 as if 가정법 과거완료를 완성하시오.

(1) 너는 네가 어제 거기에 있지 않았던 것처럼 말한다.

You talk as if you <u>weren't</u> there yesterday. → _____

(2) 그녀는 마치 그 영화를 봤던 것처럼 말한다.

She talks as if she <u>watched</u> the movie. → _____

(3) 그들은 마치 그 스테이크가 맛있었던 것처럼 말한다.

They talk as if the steak <u>was</u> delicious. → _____

(4) Sam은 마치 그가 충격받지 않았던 것처럼 행동한다.

Sam acts as if he <u>was not</u> shocked. → _____

(5) Jane은 마치 그녀가 힘든 일을 겪었던 것처럼 말한다.

Jane talks as if she <u>had</u> a hard time. → _____

1 〈보기〉와 같이 주어진 문장을 I wish를 이용한 가정법 문장으로 바꾸어 쓰시오.

> 〈보기〉   I'm sorry I don't have a little sister.
> → I wish I had a little sister.

(1) I'm sorry that it was not sunny yesterday.

→ _____

(2) I'm sorry I'm not healthy.

→ _____

(3) I am sorry I didn't learn Chinese.

→ _____

(4) I'm sorry I'm not as smart as John.

→ _____

(5) I'm sorry my mom is not good at cooking.

→ _____

2 〈보기〉와 같이 주어진 문장을 as if를 이용한 가정법 문장으로 바꾸어 쓰시오.

> 〈보기〉   In fact, she slept well last night.
> → She looks as if she had not slept well last night.

(1) In fact, he is not happy.

→ He acts _____.

(2) In fact, my brother is not smarter than me.

→ My brother treats me _____.

(3) In fact, Tony didn't like her.

→ Tony talks _____.

(4) In fact, Tiffany is not good at singing.

→ Tiffany talks _____.

(5) In fact, he was drunk.

→ He talks _____.

1 다음 문장의 빈칸에 들어갈 말로 알맞은 것은?

> If I _____ his email address, I would have sent an email to him.

① know   ② knew   ③ known

④ have known   ⑤ had known

2 다음 두 문장의 의미가 일치하지 <u>않는</u> 것은?

① If Jane were not sick, she would go to school.

    = Jane is sick, so she can't go the school.

② If she knew that, she should help me.

    = Though she knew that, she didn't help me.

③ If I had some money, I could buy those shoes.

    = Since I don't have any money, I can't buy those shoes.

④ I wish I had enough free time to travel abroad.

    = I am sorry that I don't have enough free time to travel abroad.

⑤ Mr. Watson acts as if he knew Sherlock Holmes.

    = If fact, Mr. Watson doesn't know Sherlock Holmes.

3 다음 밑줄 친 부분 중 어법상 <u>틀린</u> 것은?

① He seems as if he <u>had</u> a hard time.

② I wish she <u>were</u> as tall as you.

③ If it were not raining, I <u>could go</u> out to play soccer.

④ If he <u>has worked</u> hard, he would have succeeded.

⑤ If they had been rich, they <u>could have bought</u> the house.

4 다음 대화의 빈칸에 들어갈 말로 알맞은 것은?

> **Teacher** : What would you like to do if you were a millionaire?
>
> **Billy** : I'd like to buy a nice car.
>
> **Cindy** : If I were a millionaire, I _____ poor people.
>
> **David** : I want to take a trip with my family.

① help   ② helped   ③ would help

④ have helped   ⑤ would have helped

5 다음 글에서 어법상 <u>잘못된</u> 두 부분을 찾아 알맞게 고치시오.

> If I am Harry Potter, I would play Quidditch riding a flying broomstick. Quidditch is a wizarding sport played on broomsticks. Two teams of seven players play the game with using four flying balls. It is the most popular game among wizards and witches. When I read 'Harry Potter' series, the game seems to be really exciting. I wish I can play the game with Harry and his friends.

(1) 잘못된 부분: _____ → 고친 답: _____
(2) 잘못된 부분: _____ → 고친 답: _____

6 다음 대화의 괄호 안의 단어를 어법에 알맞게 배열하시오.

> **Mom**: What is your father doing now?
> **Sally**: He is lying on the couch with his eyes closed.
> **Mom**: Is he sleeping now?
> **Dad**: No, I'm not. (it / sleeping / as / seems / were / if / I), but I'm listening to the radio now.
> **Sally**: No way, Dad. I've already turned off the radio because I thought you were sleeping.

Remember Your Dream!

공부하느라 힘드시죠?

으라차차^^ 소리 한번 지르세요.

언제나 여러분의 성공을 기원할게요 *^^*

– 공부책 잘 만드는 쏠티북스가 –

www.saltybooks.com

Never give up!

Carpe diem!

중학영문법 총정리 한권으로 끝내기

New Version
'혼공쌤' 허준석의
'쉽고 빠르게 끝내는 중학영문법'

정답 및 해설

쏠티북스

중학영문법
총정리

한권으로 끝내기

정답 및 해설

쏠티북스

Check-Up 1

(1) 복수 (2) 단수 (3) 복수 (4) 단수

Check-Up 2

(1) girls (2) keys (3) cups (4) toys (5) books (6) tables
(7) rivers (8) apples

Check-Up 3

(1) boxes (2) watches (3) dresses (4) berries (5) foxes
(6) wolves (7) women (8) feet

Check-Up 4

(1) is (2) are (3) is (4) is (5) are (6) are

(1) 의자가 하나 있다.
(2) 아이들이 있다.
(3) 사과가 하나 있다.
(4) 아기가 한 명 있다.
(5) 몇 개의 감자가 있다.
(6) 두 남자가 있다.

Check-Up 5

(1) X (2) X (3) O (4) O (5) X (6) X

Check-Up 6

(1) spoonful (2) slice (3) bottles (4) glasses

Exercise

1 (1) banana, child, fly, tooth, boy, river, friend, mouse, car (2) salt, beauty, water, friendship, juice, bread, paper, Amazon, air, Kevin, gold

2 (1) are (2) girl (3) brothers (4) water

3 (1) children (2) pencils (3) birds (4) salt (5) glasses

4 (1) friends (2) glass (3) potatoes (4) Friendship
(5) sisters (6) cookies (7) luck (8) are (9) is (10) cities

| 해석 및 해설 |

1 → 셀 수 없는 명사는 다음과 같다.
추상명사(beauty, friendship), 고유명사(Amazon, Kevin), 물질명사(salt, water, juice, bread, paper, air, gold)
[어휘] salt 뎽 소금 beauty 뎽 아름다움 friendship 뎽 우정
bread 뎽 빵 tooth 뎽 이빨 mouse 뎽 쥐
2 (1) 두 개의 사과가 있다.
→ two apples는 복수이므로 be동사는 are가 와야 한다.
(2) 한 소녀가 피아노를 치고 있는 중이다.
→ 명사 앞에 a와 be동사가 is라는 것을 통해 주어가 단수인 girl임을 알 수 있다.
(3) 수미는 두 명의 남동생이 있다.
→two는 두 명을 나타내므로 뒤에는 복수인 brothers가 와야 한다.
(4) 물을 좀 주세요.
→water는 셀 수 없는 명사이므로 복수로 쓸 수 없다.
3 (1) 다섯 명의 아이들이 있다.
→ five는 다섯 명을 의미하므로 child의 복수 형태인 children으로 고쳐야 한다.
(2) 그 소녀는 연필을 두 자루 가지고 있다.
→ two는 두 개를 의미하므로 pencil의 복수 형태인 pencils로 고쳐야 한다.
(3) 새 열 마리가 있다.
→ten은 열 마리를 의미하므로 bird의 복수 형태인 birds로 고쳐야 한다.
(4) 그 수프에 소금을 좀 넣어라.
→salt는 셀 수 없는 명사이므로 -s를 붙인 복수 형태로 쓸 수 없다.
(5) 나는 하루에 두 병의 와인을 마신다.
→wine은 셀 수 없는 명사이기 때문에 와인 몇 잔, 와인 몇 병 등 단위를 붙여서 써야 한다. glass는 셀 수 있는 명사이기 때문에 two 다음에는 복수 형태인 glasses가 와야 한다.
4 (1) → 친구가 두 명 있으므로 복수인 friends를 쓴다.
(2) → 한 잔은 단수인 glass를 쓴다.
(3) → 감자는 셀 수 있는 명사이므로 -es를 붙여서 복수형을 만든다.
(4) → 우정은 friendship으로 셀 수 없는 명사이다.

(5), (6) → be동사 are 앞에는 복수 주어가 온다.

(7) → 행운은 luck으로 셀 수 없는 명사이다.

(8) → '많은 나무들'이 있으므로 be동사 are와 함께 써야 한다.

(9) → '종이 한 장'이 있으므로 be동사 is와 함께 써야 한다.

(10) → many 뒤에는 복수 명사가 와야 한다. city는 자음＋y로 끝나므로 y를 i로 고치고 -es를 붙인다.

[어휘] important 휑 중요한　cute 휑 귀여운　tasty 휑 맛있는

DAY 02 대명사

Check-Up 1

(1) 1　(2) 3　(3) 2　(4) 3　(5) 3

Check-Up 2

(1) I　(2) I　(3) me　(4) we　(5) 우리들의　(6) 우리들을

(7) 2　(8) you　(9) your　(10) him　(11) her　(12) its　(13) they

(14) 그들의　(15) them

Check-Up 3

(1) mine　(2) hers　(3) his　(4) ours　(5) yours

Exercise

1 (1) I　(2) me　(3) mine　(4) we　(5) our　(6) ours　(7) 2

(8) you　(9) you　(10) yours　(11) your　(12) you　(13) 3　(14) his

(15) him　(16) his　(17) she　(18) her　(19) its　(20) it　(21) they

(22) them　(23) theirs

2 (1) his　(2) us　(3) theirs　(4) his　(5) this　(6) that　(7) these

(8) those

3 (1) This, my　(2) That, hers　(3) Those, theirs

(4) This, my　(5) Those, his　(6) These, Kevin's

DAY 03 관사/부정대명사

Check-Up 1

(1) a　(2) an　(3) an　(4) a

Check-Up 2

(1) The, earth, the, sun　(2) the, tree　(3) The, movie

Check-Up 3

(1) one　(2) another　(3) the others　(4) some　(5) others

(6) the other

물건이 여러 개 있을 때 one은 처음 하나를, 두 번째는 another, 나머지는 여러 개는 the others로 표현한다. 그리고 물건이 여러 개 있을 때 몇 개는 some, 나머지 몇 개는 others, 그리고 마지막 하나는 the other로 표현한다.

Exercise

1 (1) an　(2) an　(3) a　(4) an　(5) a　(6) an　(7) a　(8) an　(9) a

2 (1) a　(2) The　(3) a, the　(4) an　(5) the

3 (1) one　(2) another　(3) Both　(4) None　(5) Every

4 (1) You should read all the books on the desk.

(2) Every student likes the cat.

(3) Each player is wearing a green T-shirt.

(4) Both girls are interested in drawing a picture.

| 해석 및 해설 |

1 → orange, ox, airplane처럼 명사가 모음으로 시작하거나 hour, MP3 player처럼 발음이 'a, e, i, o, u'로 시작하면 부정관사 an을 쓴다.

[어휘] horse 휑 말　ox 휑 황소　airplane 휑 비행기

2 → (1) 언니 한 명, (3) 고양이 한 마리, (4) 한 시간 등 '하나'를 의미할 때는 명사 앞에 부정관사 a나 an을 쓰고, 이미 앞에서 언급하거나 화자들이 알고 있는 명사라서 (2) 그 영화, (3) 그 의자라고 할 때는 정관사 the를 쓴다. 또한 (5) fifth처럼 서수 앞에도 정관사 the를 쓴다.

[어휘] interesting 휑 재미있는　fifth floor 5층

3 (1) 만일 그녀가 책 한 권을 필요로 한다면, 나는 그녀에게 하나를 빌려 줄 것이다.

→ 앞 문장의 a book을 대신하는 명사는 one이다.

(2) 커피 한 잔 더 드실래요?

→ '하나 더'라는 표현은 another이다.

(3) Jessica는 캐나다 출신이고 Michael 역시 캐나다 출신이다. 그들 둘 다 캐나다 출신이다.

→ Jessica와 Michael이 모두 캐나다 출신이므로 '그들 둘 다'라는 표현으로 Both가 알맞다.

(4) 그는 커피를 좋아하지 않고 그녀도 커피를 좋아하지 않는다. 그들 중 누구도 커피를 좋아하지 않는다.

→ 그와 그녀가 둘 다 커피를 좋아하지 않으므로 '그들 중 누구도 ~하지 않다'는 표현으로 None이 알맞다.

(5) 모든 개는 그의 날을 가지고 있다. (쥐구멍에도 볕들 날 있다는 뜻의 영어 속담)

→ dog가 단수이므로 Every를 써야 한다.

[어휘] need ⑧ 필요하다   lend ⑧ 빌려주다

4 (1) → 읽어야 한다는 표현은 should read이다.

(2) → 모든 학생들은 every student로 표현한다.

(3) → 각 선수들은 each player로 표현한다.

(4) → 두 소녀 모두는 both girls로 표현한다.

[어휘] wear ⑧ 입다   be interested in ~에 관심이 있다   draw ⑧ 그리다

DAY 04 전치사

Check-Up 1

(1) in (2) in (3) on (4) at (5) on (6) on (7) at (8) in (9) in

→ (1) '오후에'라는 표현, (2) 월, (8) 년도, (9) 계절 앞에는 전치사 in을 쓴다. (3) 요일, (5) 특정한 날, (6) 날짜 앞에는 전치사 on을 쓴다. (4)와 (7)처럼 특정한 시간, 시각 앞에는 전치사 at을 쓴다.

Check-Up 2

(1) next to (2) in front of (3) in (4) between (5) under (6) above

(1) 고양이가 소파 옆에 있다.

(2) 빵집 앞에 벤치가 하나 있다.

(3) 상자 안에 책이 몇 권 있다.

(4) 책 사이에 테디 베어가 있다.

(5) 책상 아래에 축구공 하나가 있다.

(6) 탁자 위에 램프가 하나 있다.

Exercise

1 (1) in (2) on (3) at (4) at (5) in

2 (1) plays, on, Sundays (2) go, at, in (3) hospital, next, to, library (4) finish, in (5) in, classroom

3 (1) I went to the movies in the morning.

(2) He reads books at night.

(3) My father was born in 1970.

(4) She met her teacher in front of the building.

(5) Brian put the box on the table.

4 (1) My mom(She) is in the living room.

(2) My backpack(It) is under the desk.

(3) Jiho(He) is next to Jane.

(4) The pencil(It) is in my pencil case.

| 해석 및 해설 |

1 (1) 내 생일은 12월에 있다.

→ 월 앞에는 전치사 in을 쓴다.

(2) 그는 토요일에 하이킹을 간다.

→ 요일 앞에는 전치사 on을 쓴다.

(3) 나는 그를 버스정류장에서 봤다.

→ '버스정류장에서'는 전치사 at을 쓴다.

(4) 그녀의 부모님은 그녀를 집에서 가르치신다(교육을 하신다).

→ '집에서'는 전치사 at을 쓴다.

(5) 나의 아버지는 부엌에서 요리를 하고 계신다.

→ '부엌에서'는 전치사 in을 쓴다.

[어휘] go hiking 하이킹을 가다   bus stop 버스정류장   teach ⑧ 가르치다

2 (1) → 전치사 on은 주로 요일, 특정한 날짜 앞에 쓴다.

(2) → 전치사 at은 주로 특정 시간 앞에 쓰며 in은 월, 계절, 연도 앞에 쓴다. '아침에'라고 표현 할 때도 in을 쓴다.

(3) → '~옆에'는 next to를 쓴다.

(4) → '~후에, ~내에'라고 표현할 때 전치사 in을 쓴다.

(5) → '교실에서', '거실에서', '방안에서' 등을 표현할 때 전

치사 in을 쓴다.

[어휘] minute 명 분

3 (1) 나는 아침에 영화를 보러 갔다.

→ '아침에'라는 표현은 in the morning이다.

(2) 그는 밤에 책을 읽는다.

→ '밤에'라는 표현은 at night이다.

(3) 나의 아버지는 1970년에 태어나셨다.

→ 연도 앞에는 전치사 in을 쓴다.

(4) 그녀는 그 건물 앞에서 그녀의 선생님을 만났다.

→ '그 건물 앞에서'라는 표현은 in front of the building을 쓴다.

(5) Brian은 탁자 위에 그 상자를 놓았다.

→ '탁자 위에'라는 표현은 on the table을 쓴다.

4 (1) 너의 엄마는 어디에 계시니?

나의 엄마(그녀)는 거실에 계신다.

→ '거실에서'라는 표현은 in the living room이다.

(2) 너의 배낭은 어디에 있니?

나의 배낭(그것)은 책상 아래에 있다.

→ '책상 아래에'라는 표현은 under the desk이다.

(3) 지호는 어디에 있니?

지호(그)는 Jane 옆에 있다.

→ 'Jane 옆에'라는 표현은 next to Jane을 쓴다.

(4) 그 연필은 어디에 있니?

그 연필(그것)은 내 필통 안에 있다.

→ '내 필통 안에'라는 표현은 in my pencil case를 쓴다.

[어휘] backpack 명 배낭

Final Test 1

1 ① 2 ⑤ 3 ③ 4 ④ 5 ④ 6 ⑤ 7 ① 8 ⑤

9 (1) They will meet in front of the theater.

(2) They will meet at 1:50.

10 (1) 잘못된 부분: an → 고친 답: a

(2) 잘못된 부분: on → 고친 답: at

(3) 잘못된 부분: in → 고친 답: at

| 해석 및 해설 |

1 → It is on the second floor.(그것은 2층에 있다.)가 올바른 순서이다.

[어휘] second 형 두 번째의 floor 명 층, 마루

2 A: 우체국은 어디에 있습니까?

B: 그것은 병원과 도서관 사이에 있습니다.

→ 그림에서 우체국이 병원과 도서관 사이에 있다.

[어휘] post office 우체국 hospital 명 병원 library 명 도서관

3 Sumin: 나는 수민이야. 너의 이름은 무엇이니?

Jiho: 나의 이름은 지호야.

Sumin: 안녕, 지호야. 너는 몇 학년이니?

Jiho: 나는 1학년이야.

Sumin: 정말? 나도 1학년이야.

→ 빈칸 (A), (B)에는 소유격이, (C)에는 주격이 들어가야 한다.

[어휘] grade 명 학년

4 종이 접기는 매우 재미있다. 당신은 그것을 위해 종이 한 장이 필요하다. 당신은 개구리와 배같은 것들을 만들 수 있다. 여기에 종이 접기의 다른 예시들이 있다.

① 컵 ② 잔 ③ 덩어리 ④ 장 ⑤ 병

→ paper는 셀 수 없는 명사로 '종이 한 장'이라고 표현할 때에는 a piece of paper 또는 a sheet of paper로 쓴다.

[어휘] fold 동 접다 need 동 필요하다 frog 명 개구리 example 명 예시

5 나의 아버지는 나에게 자전거 타는 것을 가르치셨다. 나는 하루 만에 자전거를 탈 수 있었다. 나는 지수에게 내가 그것을 얼마나 잘 할 수 있는지 보여주었다. 그녀도 그것을 배우기를 원했다. 그래서 나는 그녀에게 자전거 타는 법을 가르쳤다. 이제 그녀는 그것을 잘 탈 수 있다.

→ 주어진 문장에서 her는 지수를 의미한다. 지수에게 자전거 타는 법을 가르쳤다고 했으므로 지수가 자전거 타는 법을 배우기를 원했다는 문장 뒤에 오는 것이 가장 적절하다.

[어휘] ride 동 타다 bike 명 자전거

6 A: 우리는 노래 대회를 할 거야.

B: 그게 언제야?

A: 7월 5일.

B: 어디서?

A: _____

① 버스로 ② 한 달에 한 번 ③ 3시 정각에

④ 내 친구들과 함께 ⑤ 음악실에서

→ 빈칸 바로 앞의 질문이 '어디에?'라고 묻고 있으므로 대답으로는 장소를 나타내는 표현이 알맞다.

[어휘] contest 명 대회

7 학생들은 방과 후에 많은 종류의 활동들을 한다. 몇몇 학생들은 축구나 농구하는 것을 즐긴다. 다른 학생들은 기타나 드럼을 연주한다.

→ 정해져 있지 않은 여러 명이 있는 중 '몇몇은 ~, 다른 사람들은 ~'이라고 할 때 Some ~, Others ~ 를 사용한다.

[어휘] activity 몡 활동 enjoy 통 즐기다 soccer 몡 축구
basketball 몡 농구

8 나는 개를 한 마리 가지고 있다. 내가 어제 그녀를 봤을
때, 그녀는 아파보였다. 나는 그녀가 걱정스러웠다. "걱정
하지 마. 그녀는 괜찮을 거야." 나의 엄마가 말씀하셨다.
그녀는 나의 개를 수의사에게 데리고 갔다.

→ ①~④는 '나의 개'를 의미하며 ⑤는 '나의 엄마'를 의미
한다.

[어휘] worry 통 걱정하다 animal doctor 수의사

9 A: 그 영화는 2시에 시작해.

B: 1시 30분에 <u>영화관 앞에서</u> 만나는 것이 어떨까?

A: 내 생각에 그건 너무 일러.

B: <u>그러면 1시 50분에 만나자.</u>

A: 그래. 그때 보자.

(1) 그들은 어디에서 만날 것인가?

(2) 그들은 몇 시에 만날 것인가?

→ (1) 만나는 장소를 물어보고 있으므로 in front of the
theater가 들어간 답을 만든다.

(2) 만나는 시간을 물어보고 있는데 최종적으로 1시50분에
만나기로 한 것에 유의한다.

[어휘] movie 몡 영화 theater 몡 극장

10 A: 안녕, Jane. Riverside Park에서 무료 마술 쇼가 있
어.

B: 정말? 언제야?

A: 오후 6시에 시작해. 같이 가자.

B: 물론이지! 5시에 버스정류장에서 만나자.

(1) → free magic show는 자음으로 시작하므로 부정관사 a
를 쓴다.

(2) → 특정한 시각 앞에는 전치사 at을 쓰므로 at six p.m.이
되어야 한다.

(3) → bus stop은 보통 전치사 at과 같이 쓴다.

[어휘] magic 몡 마술 bus stop 버스정류장

DAY 05 be동사

Check-Up 1

(1) am (2) are (3) are (4) is (5) is (6) is (7) are (8) are
(9) are

Check-Up 2

(1) was (2) were (3) was (4) was (5) were (6) were
(7) was (8) was (9) were

Check-Up 3

(1) Yes, he is.

(2) Yes, I was. / Yes, we were.

(1) Mike는 키가 크니? 그래, 그는 키가 커.

(2) 어제 너는/너희들은 행복했니? 그래, 나는 행복했어. /
그래, 우리들은 행복했어.

Exercise

1 (1) Julian is handsome.

(2) They are not busy.

(3) The movie was interesting.

(4) The computer was not expensive.

(5) Were you late for school?

2 (1) were (2) History (3) music (4) were (5) is (6) not
(7) are

| 해석 및 해설 |

1 → be동사가 있는 문장의 어순은 보통 '주어 + be동
사 + 보어(형용사/명사)'의 순서가 된다. 부정문을 만들 때
는 be동사 뒤에 not을 붙여주고, 의문문을 만들 때는 be동
사와 주어의 자리를 바꿔주면 된다.

[어휘] handsome 형 잘생긴 expensive 형 비싼

2 지난해, 음악과 그리기는 Sam이 제일 좋아하는 과목들
이었다. 역사와 음악은 Sally가 지난해에 좋아하는 과목들
이었다. 음악은 올해 Sam이 제일 좋아하는 과목이 아니다.
지금 Sam이 제일 좋아하는 과목들은 그리기와 체육이다.

→ last year가 들어간 문장은 과거 시제를, this year와
now가 들어간 문장은 현재 시제를 쓰면 된다.

[어휘] history 몡 역사 P.E. 몡 체육(physical education)
favorite 형 좋아하는 subject 몡 과목

DAY 06 일반동사 1

Check-Up 1

(1) raises (2) cooks (3) play (4) speaks (5) like

(1) 그녀는 고양이들을 키운다.
(2) Sam은 부엌에서 요리한다.
(3) 나는 내 친구들과 축구를 한다.
(4) 내 형은 영어를 잘 말한다.
(5) 수진과 지수는 배드민턴 하는 것을 좋아한다.
→ 현재형은 동사원형을 사용한다. 다만 주어가 3인칭 단수인 경우 현재형은 동사에 -s나 -es를 붙이는 것에 유의한다.

Check-Up 2

(1) watches (2) finishes (3) go (4) studies (5) cries

(1) 그는 일요일에 영화를 본다.
(2) Tom은 항상 제 시간에 그의 숙제를 마친다.
(3) 그들은 매일 학교에 간다.
(4) 내 여동생은 일본어를 공부한다.
(5) 그 아기는 항상 운다.
→ 주어가 3인칭 단수인 경우 현재형은 동사에 -s나 -es를 붙인다. 특히 동사가 자음＋y로 끝날 때 y를 i로 바꾸고 -es를 붙이는 것에 유의한다.

Check-Up 3

(1) I don't like apple juice.
(2) She doesn't like playing the guitar.
(3) They don't walk to school.
(4) Jane doesn't watch TV.
(5) Paul doesn't make dinner for her.

(1) 나는 사과 주스를 좋아하지 않는다.
(2) 그녀는 기타 연주하는 것을 좋아하지 않는다.
(3) 그들은 학교에 걸어가지 않는다.
(4) Jane은 텔레비전을 시청하지 않는다.
(5) Paul은 그녀를 위해 저녁을 만들지 않는다.
→ 일반동사의 현재형 부정은 동사 앞에 don't를 쓰되, 주어가 3인칭 단수이면 doesn't를 쓴다. 부정어 다음에는 동

사원형이 온다.

Check-Up 4

(1) is playing (2) is swimming (3) is taking
(4) are watching (5) are studying (6) is walking

(1) 그 소녀는 피아노를 연주하고 있다.
(2) 그 소년은 수영을 하고 있다.
(3) 그는 사진을 찍고 있다.
(4) 그들은 영화를 보고 있다.
(5) 너는 수학을 공부하고 있다.
(6) Tom은 학교에 걸어가고 있다.
→ 현재진행형은 'be동사의 현재형 + 동사원형 + -ing'로 표현한다.

Check-Up 5

(1) walked (2) played (3) looked (4) cleaned (5) studied
(6) stopped (7) tried (8) danced (9) watched (10) enjoyed

Exercise

1 (1) Kevin (2) My uncle (3) I (4) doesn't (5) doesn't
(6) don't (7) look (8) plays (9) crying (10) are
2 (1) washed (2) invited (3) brushed (4) played
(5) helped
3 (1) listens (2) reads (3) cleans, his (4) washes(does)
(5) play (6) reading (7) are, sleeping (8) is, swimming
(9) am, going (10) are, doing (11) danced (12) cleaned
(13) visited (14) studied (15) lived

| 해석 및 해설 |

1 (1) Kevin은 저녁에 정원에 물을 준다.
→ 동사에 -s가 붙어 있으므로 주어는 3인칭 단수인 Kevin이 알맞다.
(2) 나의 삼촌은 그 차를 고친다.
→ 동사에 -es가 붙은 경우 주어는 3인칭 단수가 와야 하므로 My uncle이 알맞다.
(3) 나는 컴퓨터를 가지고 있다.
→ 동사가 have로 주어가 3인칭 단수가 아니라는 것을 알 수 있다.

(4) Mike는 퍼즐을 끝내지 않는다.
→ 주어가 3인칭 단수인 경우 부정은 동사 앞에 does not(doesn't)를 쓴다.
(5) Melanie는 그녀의 숙제를 하지 않는다.
→ 주어가 3인칭 단수인 경우 부정은 동사 앞에 does not(doesn't)를 쓴다.
(6) Tom과 Matthew는 축구를 하지 않는다.
→ 주어가 3인칭 단수가 아닌 경우 부정은 do not(don't)를 쓴다.
(7) 내 여동생은 행복해 보이지 않는다.
→ 부정을 표현하는 doesn't 다음에 동사원형을 쓴다.
(8) Jane은 바이올린을 연주한다.
→ Jane은 3인칭 단수 주어이므로 동사에 -s를 붙여야 한다.
(9) 그 아기는 울고 있는 중이다.
→ be동사 다음에 '동사＋-ing'가 오면 '~하는 중이다.'라는 진행형의 문장이 된다.
(10) 나의 친구들은 지금 영어 공부를 하는 중이다.
→ My friends는 3인칭 복수이므로 be동사 중 are와 함께 쓴다.
[어휘] water ⑧ 물을 주다 fix ⑧ 고치다. 수리하다
soccer ⑲ 축구
2 (1) 그녀는 설거지를 했다.
(2) 나는 그녀를 나의 집으로 초대했다.
(3) 유리는 그녀의 이를 닦았다.
(4) 나는 어제 야구를 했다.
(5) 그녀는 내가 숙제를 끝내는 것을 도와주었다.
[어휘] wash(do) the dishes 설거지하다 invite ⑧ 초대하다
brush one's teeth 이를 닦다
3 → (1), (2), (3), (4), (5)는 항상, 또는 정기적으로 하는 일을 표현하므로 현재 시제를 쓴다. (1), (2), (3), (4)는 주어가 3인칭 단수이므로 동사의 현재 시제는 '동사원형＋-(e)s'로 표현하며, (5)는 주어가 복수이므로 동사원형을 쓴다.
(6), (7), (8), (9), (10)은 '~하는 중이다'라는 현재진행형으로 주어에 맞는 'be동사(am / are / is)＋동사＋-ing' 형태로 표현한다.
(11), (12), (13), (14), (15)는 '~했다'는 과거의 일을 나타내므로 '동사원형＋-(e)d' 형태를 쓴다.

Check-Up 1
(1) came (2) wrote (3) met (4) gave (5) saw (6) went
(7) ran (8) had

Check-Up 2
(1) I did not(didn't) see you yesterday.
(2) We did not(didn't) eat sandwiches for lunch.
(3) He did not(didn't) play soccer with his friends.
(4) You did not(didn't) go to the park last Sunday.
(5) My mom did not(didn't) buy a Christmas present for me.

(1) 나는 너를 어제 보지 못했다.
(2) 우리는 점심으로 샌드위치를 먹지 않았다.
(3) 그는 그의 친구들과 축구를 하지 않았다.
(4) 너는 지난 일요일에 공원에 가지 않았다.
(5) 내 엄마는 나에게 크리스마스 선물을 사주지 않았다.
→ 일반동사 과거형의 부정은 동사 앞에 did not(didn't)를 쓴다. did not(didn't) 다음에는 동사원형이 온다.

Check-Up 3
(1) She was not playing the guitar.
(2) You were not singing the song.
(3) Mike was not riding a bike.
(4) They were not wearing a cap.
(5) I was not doing my homework.

(1) 그녀는 기타를 연주하고 있지 않았다.
(2) 너는 그 노래를 부르고 있지 않았다.
(3) Mike는 자전거를 타고 있지 않았다.
(4) 그들은 모자를 쓰고 있지 않았다.
(5) 나는 내 숙제를 하고 있지 않았다.
→ 과거진행형의 부정은 be동사 다음에 not을 쓴다.

1 (1) began (2) broke (3) brought (4) came (5) did
(6) drew (7) drank (8) felt (9) got (10) gave (11) went
(12) knew (13) made (14) read (15) ran (16) said (17) saw
(18) slept (19) took (20) won

2 (1) had (2) bought (3) forgot (4) lost (5) wrote

3 (1) took (2) broke (3) came (4) was (5) did not(didn't)

4 (1) He did not(didn't) enjoy the movie.

(2) I did not(didn't) read a book yesterday.

(3) Jane did not(didn't) live in Japan last year.

(4) We were eating some pizza.

(5) I was drinking a cup of tea.

| 해석 및 해설 |

2 (1) 나는 Jane과 함께 점심을 먹었다.

(2) John은 어제 책을 한 권 샀다.

(3) 나는 엄마의 생신을 잊어버렸다.

(4) Mike는 아침에 그의 교과서를 잃어버렸다.

(5) Sam은 그의 친구에게 편지를 썼다.

→ have의 과거형은 had, buy의 과거형은 bought, forget 의 과거형은 forgot, lose의 과거형은 lost, write의 과거형 은 wrote이다.

[어휘] textbook 몡 교과서 letter 몡 편지

3 (1) 그들은 지난밤에 많은 사진을 찍었다.

(2) 그는 지난해 다리가 부러졌다.

(3) 그녀는 어제 한국으로 돌아왔다.

(4) 그녀는 그때 책을 읽고 있는 중이었다.

(5) 나는 어제 수학공부를 하지 않았다. 그래서 나는 수학 시험에서 떨어졌다.

→ 제시된 문장에 각각 등장하는 last night, last year, yesterday, at that time, yesterday 모두 과거의 어느 시점 을 나타내기 때문에 동사도 과거 시제로 쓴다. (5)의 경우 시험에 떨어졌다는 것에 주의하여 부정형을 써야 한다.

[어휘] math 몡 수학 test 몡 시험

4 → (1), (2), (3)은 '~하지 않았다.'는 과거의 일을 부정하는 표현으로 'did not(didn't) + 동사원형'을 쓴다. (4), (5)는 '~ 하는 중이었다.'는 표현으로 과거진행형인 'be동사의 과거 형 + 동사 + -ing'를 쓴다.

DAY 08 to부정사

Check-Up 1

(1) 자전거를 타는 것은 재미있다. (주어)

(2) 너는 차를 마시기를 원하니? (목적어)

(3) 내 취미는 우편엽서를 수집하는 것이다. (보어)

(4) 영어를 공부하는 것은 중요하다. (주어)

Check-Up 2

(1) to read (2) to write on (3) to wear (4) to drink
(5) to live in

(1) 나는 읽을 책을 좀 발견했다.

→ books를 꾸며주는 형용사 역할의 to부정사가 알맞다.

(2) 그녀는 쓸 종이 한 장이 필요하다.

→ 종이 위에 글을 쓰기 때문에 전치사 on이 들어간 to write on이 알맞다.

(3) 그는 입을 티셔츠를 한 장 샀다.

→ '~을 입다'는 'wear + 옷, 모자'로 표현할 수 있기 때문에 wear on이라고 쓰지 않는다.

(4) 뜨거운 마실 것을 원하세요?

→ something을 꾸며주는 형용사 역할의 to부정사가 알 맞다.

(5) 나는 살 집이 필요하다.

→ '집에서 살다'라고 하면 live in a house가 되기 때문에 to live in이 알맞다.

Check-Up 3

(1) 한국 문화를 배우기 위해

(2) 그 말을 들으니

(3) 내 가방을 옮겨주다니

(4) 너를 거기서 만나서

(5) 몇 권의 책을 반납하기 위해

(1) Sam은 한국 문화를 배우기 위해 여기에 왔다.

(2) 나는 그 말을 들으니 행복하다.

(3) Bob이 내 가방을 옮겨주다니 친절하다.

(4) 나는 너를 거기서 만나서 놀랐다.

(5) 그녀는 몇 권의 책을 반납하기 위해 도서관에 갔다.

Check-Up 4

(1) I decided not to play computer games.

(2) Amy tried not to cry.

(3) We decided not to go to the party.

(4) Not to be late for school is my goal for this year.

(5) Not to tell a lie is important.

(1) 나는 컴퓨터 게임을 하지 않기로 결심했다.

(2) Amy는 울지 않으려고 노력했다.

(3) 우리는 그 파티에 가지 않기로 결심했다.

(4) 학교에 늦지 않는 것이 올해 나의 목표이다.

(5) 거짓말을 하지 않는 것은 중요하다.

➡ to부정사의 부정은 to부정사 앞에 not을 쓴다.

Exercise

1 (1) how to (2) what to (3) how to (4) to buy

(5) to teach

2 (1) His homework is to interview his teacher.

(2) It is difficult to tell the truth.

(3) There are a few chairs to sit on.

(4) I have a report to finish.

(5) He has five children to take care of.

3 (1) to find my wallet again

(2) to hear the news

(3) to brush her teeth

(4) not to be late for school

(5) to take care of his brother

4 (1) 부사적 용법 (2) 부사적 용법 (3) 형용사적 용법 (4) 명사적 용법

| 해석 및 해설 |

1 ➡ (1), (2), (3)은 '의문사＋to부정사'의 표현으로 '의문사의 의미＋~할지'로 해석한다. (4)는 동사 want의 목적어로 (5)는 His job이라는 주어를 보충 설명해 주는 보어로 모두 to부정사를 쓴다.

[어휘] decide ⑧ 결정하다

2 ➡ (1), (2)에서는 to부정사가 명사적 용법(보어, 진주어)으로 사용되었으며 (3), (4), (5)는 앞에 나오는 명사를 꾸며주

는 형용사적 용법으로 사용되었다. to부정사의 명사적 용법의 경우 '~하는 것'으로, 형용사적 용법의 경우 '~할'로 해석하면 자연스럽다.

[어휘] difficult ⑲ 어려운 take care of ~을 돌보다

3 (1) 나는 내 지갑을 다시 찾아서 행운이라고 느꼈다.

(2) 그들은 그 사실을 듣고서 놀랐다.

(3) 그녀는 이를 닦기 위해서 욕실에 갔다.

(4) 그는 학교에 늦지 않기 위해서 일찍 일어났다.

(5) 그의 동생을 돌보다니 그는 매우 착하다.

➡ (1)~(5)는 모두 to부정사의 부사적 용법으로 사용되었다. (1), (2)는 감정을 나타내는 형용사 lucky(운이 좋은), shocked(놀란)를 꾸며주는 감정의 원인으로, (3), (4)는 went와 got up이라는 동사의 목적으로, (5)는 그가 친절하다고 생각하게 된 판단의 원인의 to 부정사를 쓰고 그 뒤에 나머지 단어를 적절히 배치하면 된다.

[어휘] bathroom ⑲ 욕실

4 (1) 나는 수학 공부를 하기 위해서 밤을 샜다.

➡ 목적을 나타내는 부사적 용법이다.

(2) 나는 그 소식을 들어서 매우 슬프다.

➡ sad라는 감정의 원인을 나타내는 형용사 수식의 부사적 용법이다.

(3) 그 소녀는 먹을 간식을 좀 사기를 원했다.

➡ snacks라는 명사를 꾸며주는 형용사적 용법이다.

(4) 만화를 그리는 것은 재미있다.

➡ It이 가주어, to부정사가 진주어로 쓰인 명사적 용법이다.

[어휘] stay up all night 밤을 새우다 cartoon ⑲ 만화

DAY 09 동명사/분사

Check-Up 1

(1) listening (2) running (3) singing (4) watching

(5) hitting (6) taking

Check-Up 2

(1) 보드게임 하는 것은 (2) 자전거 타는 것을 (3) 간호사가 되는 것 (4) 사진을 찍는 것에 (5) 그 책을 읽는 것을

Check-Up 3

(1) drawing (2) to take (3) playing (4) to cook
(5) opening

(1) 나는 만화 그리는 것을 즐긴다.

(2) 그녀는 사진 찍는 것을 좋아한다.

(3) 그는 2년 전에 축구하는 것을 시작했다.

(4) Tom은 라면을 만들길(요리하길) 원했다.

(5) 창문을 열어주실 수 있을까요?

→ enjoy, mind는 동명사를, like, start는 동명사와 부정사 모두를, want는 부정사를 목적어로 취한다. (5) Would you mind는 '~해주실 수 있을까요?'라는 뜻이며 공손하게 부탁할 때 쓰는 표현이다.

Check-Up 4

(1) painting (2) walking (3) wearing (4) touching
(5) playing

(1) 그는 그림을 그리고 있다.

(2) 거리에서 걷고 있는 그 소년은 나의 남동생이다.

(3) Jenny는 분홍색 치마를 입고 있는 소녀이다.

(4) Ted는 어떤 사람이 그의 어깨를 만지는 것을 느꼈다.

(5) 나는 네가 바이올린을 연주하고 있는 것을 보았다.

→ 모두 '동사원형+-ing'이 알맞다. (1)은 현재진행형으로 나머지는 모두 현재분사로 쓰였다.

Exercise

1 (1) growing (2) visiting (3) drinking and smoking
(4) reading (5) looking

2 (1) reading, to read (2) raining, to rain (3) being
(4) watering, to water (5) explaining

3 (1) She felt someone touching her back.

(2) I saw the children crying.

(3) Look at the man sitting on the chair.

(4) I saw him studying English in the classroom.

| 해석 및 해설 |

1 (1) 나는 채소를 기르는 것에 관심이 있다.

→ 전치사 in의 목적어는 동명사를 쓴다.

(2) 나를 방문해 주신 것에 감사하다.

→ 전치사 for의 목적어는 동명사를 쓴다.

(3) 그녀는 술 마시는 것과 담배피우는 것을 포기했다.

→ give up은 동명사를 목적어로 취한다.

(4) 나는 그 책을 읽는 것을 끝냈다.

→ finish는 동명사를 목적어로 쓰는 동사이다.

(5) 그녀는 그녀의 필통을 찾는 중이다.

→ 문장 안에 이미 be동사가 있으므로 뒤에 나오는 look은 be+-ing의 진행형이 되어야 한다.

[어휘] vegetable 몡 채소, 야채 give up ~을 포기하다

2 (1) 그녀는 과학에 관련된 책을 읽는 것을 좋아한다.

→ like은 to부정사와 동명사 모두 목적어로 취할 수 있다.

(2) 갑자기 밖에 비가 심하게 내리기 시작했다.

→ began은 to부정사와 동명사 모두 목적어로 취할 수 있다.

(3) 오늘 지각을 해서 미안하다.

→ 전치사 for의 목적어로는 동명사가 알맞다.

(4) 그는 식물에 물을 주기 시작했다.

→ start는 to부정사와 동명사 모두 목적어로 취할 수 있다.

(5) 민수는 그것을 다시 설명하는 것을 꺼려하지(개의치) 않았다.

→ mind는 동명사를 목적어로 취한다.

[어휘] suddenly 뫈 갑자기 plant 몡 식물

3 → 주어진 단어에서 목적격 보어로 현재분사를 사용하여 배열한다.

Final Test 2

1 ④ 2 ② 3 ② 4 ④ 5 ③ 6 I went to see a doctor.

7 (1) 어떤 학생들은 공부를 하기 위해서 더 많은 수업을 듣는다. (2) enjoy to play → enjoy playing

| 해석 및 해설 |

1 당신은 학교 점심(급식)을 좋아합니까?

A: 네. 나는 급식을 좋아합니다.

B: 저도요. 맛있어요.

C: 아니요, 좋아하지 않아요. 채소가 너무 많아요.

D: 저는 많은 종류의 음식을 시도해 볼 수 있어요. 그래서 저는 그것을 좋아해요.

E: 친구들과 함께 먹을 수 있기 때문에 저는 급식을 좋아해요.

① 네, 그래요. ② 아니요, 좋아해요.

③ 네, 아니에요. ④ 아니요, 좋아하지 않아요. ⑤ 나는 급

식을 좋아해요.

→ Do you like school lunch?(급식을 좋아하니?)라는 질문에 C가 There are too many vegetable.(채소가 너무 많아.)라고 대답하고 있으므로 빈칸에는 부정의 대답이 온다는 것을 알 수 있다. Do you~?라고 물었을 때는 Yes, I do.(긍정) 또는 No, I don't.(부정)으로 답을 한다.

[어휘] lunch 몡 점심 delicious 휑 맛있는
vegetable 몡 채소, 야채

2 나무들이 그들의 정글에 있는 사자들에 대해서 이야기하고 있는 중이다.

나무 1: 이 정글에는 많은 사자들이 있어.
나무 2: 그들은 다른 동물들을 죽여.
나무 3: 그래서, 우리의 정글은 죽은 동물들의 냄새가 나.
나무 4: 그 사자들은 또 매우 시끄러워.
모든 나무들: 우리는 그들을 좋아하지 않아!

→ There is 다음에는 단수 명사, There are 다음에는 복수 명사가 온다. be동사 다음에 many lions가 왔으므로 ②는 is가 아니라 are가 되어야 한다.

[어휘] jungle 몡 정글 dead 휑 죽은 noisy 휑 시끄러운

3 나는 가족들과 함께 부산에 갔다. 나는 거기에 기차로 갔다. 나는 아름다운 바다를 보았다. 나는 해산물을 먹고 많은 사진을 찍었다. 나는 또한 부산 영화제를 즐겼다. 나는 멋진 시간을 보냈다.

① 부산의 음식 ② 부산으로의 여행 ③ 부산의 사람들
④ 부산의 사진 ⑤ 부산의 축제

→ 글의 전체 시제는 과거형으로 가족들과 함께 부산으로 여행을 갔던 경험에 대해서 쓴 글이다.

[어휘] train 몡 기차 seafood 몡 해산물 picture 몡 사진
film festival 영화제

4 Gordon 씨는 작은 마을 학교의 선생님이었다. 그는 매우 친절한 노인이었고 아이들은 그를 좋아했다. 그들은 그의 수업을 즐겼고 그는 그들을 가르치는 것을 즐겼다. 그 학교에는 피아노가 없었다. 이것이 때때로 그를 약간 불행하게 만들었다. 왜냐하면 그는 음악을 매우 많이 사랑했기 때문이다. 하지만 그는 그 아이들과 함께 노래했다. 그는 그들의 어린 마음들을 노래와 이야기로 채웠다. 그 아이들은 그의 수업을 들을 수 있어서 행복했다.

→ 전체 글의 시제가 과거이므로 (A)는 과거 시제인 liked가 온다. enjoy는 동명사만을 목적어로 쓰는 동사이므로 (B)는 teaching이 알맞다. (C)는 그의 수업을 들을 수 있어서 아이들이 행복했다는 '감정의 원인'을 나타내므로 to부정사의 부사적 용법을 사용해야 한다. 따라서 to take가 오

는 것이 알맞다.

[어휘] village 몡 마을 lesson 몡 수업 sometimes 튀 때때로
unhappy 휑 불행한

5 나는 이 사진을 어제 야구장에서 찍었다. 한 경호원이 모자를 쓴 소녀에게 이야기를 하는 중이었다. 그는 그녀에게 길을 알려주고 있었다. 그는 안경을 쓰고 제복을 입고 있었다. 그는 온화하고 친절해 보였다. 재미있는 것 한 가지는 그가 탈 것에 앉아 있었다는 것이다. 그것은 앞, 뒤로 갈 수 있었다. 그것은 두 개의 바퀴를 가지고 있었다. 그는 한 손으로 손잡이를 잡고 있었다. 그가 매우 멋있어 보이지 않나?

→ 그림을 보면 한 남자가 바퀴가 두 개 달린 탈 것 위에서 있는 것을 알 수 있다. 따라서 ③은 sitting이 아니라 standing이 되어야 한다.

[어휘] baseball stadium 야구장 guard 몡 경호원
gentle 휑 온화한 interesting 휑 재미있는 vehicle 몡 탈 것
forward and backward 앞뒤로 handle bar 손잡이

6 나는 오늘 오후에 내 친구 Nathan, Janet과 함께 해변에 갔다. 날씨가 매우 좋아서 우리는 수영을 많이 했다. 하지만 그때, 나는 열이 있는 것 같은 기분이 들었다. 그래서 나는 의사선생님께 진료를 받으러 갔다.

→ 글이 '나는 열이 있다고 느꼈다. 그래서 ~'로 끝나고 의사의 진료를 받고 있는 그림이 제시되었으므로 병원에 갔다는 내용이 나오는 것이 알맞다. '진료를 받다'는 영어로 go to see a doctor라고 표현한다. 전체 시제가 과거 시제이므로 go는 과거형 went로 쓰면 된다.

[어휘] beach 몡 해변 fever 몡 열

7 학생들은 방과 후에 많은 종류의 활동들을 한다. 어떤 학생들은 축구나 농구하는 것을 즐긴다. 어떤 학생들은 공부를 하기 위해서 더 많은 수업을 듣는다. 다른 학생들은 기타나 드럼을 연주한다.

(1) → take classes는 '수업을 듣다'라고 해석한다. to study는 앞에 나오는 수업을 듣는 목적을 알려주므로 to부정사의 부사적 용법 중 목적 '~하기 위해서'로 해석하는 것이 자연스럽다.

(2) → enjoy는 동명사만을 목적어로 취하는 동사이다.

[어휘] class 몡 수업

DAY 10 감각동사/지각동사

Check-Up 1

(1) sad (2) good (3) angry (4) strange (5) delicious

(1) 나는 슬프다.

(2) 그 수프는 좋은 냄새가 난다.

(3) White 씨는 화가 나보였다.

(4) 그것은 이상하게 들린다.

(5) 그 케이크는 맛이 있다.

➡ 감각동사 다음에는 형용사가 온다.

Check-Up 2

(1) baking (2) laugh (3) touching (4) play (5) swimming

(1) 미나는 그녀의 엄마가 쿠키를 좀 굽고 있는 것을 보았다.

(2) 그는 그 아이들이 함께 웃고 있는 것을 들었다.

(3) 나는 어떤 것이 나의 손가락을 만지는 것을 느꼈다.

(4) 너는 그녀가 첼로를 연주하는 것을 보았니?

(5) Jason은 그녀가 수영장에서 수영하고 있는 것을 보았다.

➡ 지각동사에 다음에 목적어가 오면 목적어의 상태를 표현할 때 현재분사나 동사원형을 쓴다.

Exercise

1 (1) 그 음식은 냄새가 나쁘다.

(2) 나는 그들이 영어를 열심히 공부하는 것을 보았다.

(3) 나는 그가 그 방에 들어오고 있는 것을 보았다.

(4) 너는 오늘 피곤해 보인다.

(5) 이 오렌지는 좋은 냄새가 난다.

2 (1) painted → paint, painting

(2) to sing → sing, singing (3) to call → call, calling

(4) sadly → sad (5) well → good

3 (1) I saw them write/writing something.

(2) She felt the table shake/shaking.

(3) The flower smells good.

| 해석 및 해설 |

1 ➡ (1), (4), (5)는 감각동사가 사용된 문장이고 (2), (3)은 지각동사가 사용된 문장이다.

[어휘] tired 형 피곤한

2 (1) 나는 내 남동생이 그림을 그리는 것을 봤다.

➡ 지각동사 watch가 사용되었으므로 목적격 보어는 paint나 painting을 써야 한다.

(2) 나는 그가 제일 좋아하는 노래를 부르는 것을 들었다.

➡ 지각동사 heard가 사용되었으므로 목적격 보어는 sing이나 singing을 써야 한다.

(3) 그녀는 누군가가 그녀의 이름을 부르는 것을 들었다.

➡ 지각동사 heard가 사용되었으므로 목적격 보어는 call이나 calling을 써야 한다.

(4) Jack은 오늘 슬퍼 보인다.

➡ 감각동사 look이 사용되었으므로 보어는 형용사 sad를 써야 한다.

(5) 그것은 나에게 좋게 들린다.

➡ 감각동사 sound가 사용되었으므로 보어는 형용사 good을 써야 한다.

3 주어 + 지각동사(feel, see, hear, watch) + 목적어 + 목적격 보어(동사원형/현재분사), 주어 + 감각동사(sound, smell, taste, feel) + 주격 보어(형용사)의 순으로 영작한다.

DAY 11 사역동사

Check-Up 1

(1) come (2) know (3) smile (4) stay (5) stop

(1) 그녀는 내가 집에 일찍 오도록 시켰다.

(2) 나는 당신이 어떻게 그 일이 돌아가는지 알게 해줄 것이다.

(3) 그는 항상 그녀가 미소 짓게 만든다.

(4) Sarah는 그녀의 남편이 집에 있도록 했다.

(5) 나는 그녀가 울음을 멈추게 할 수 없다.

➡ 사역동사가 사용된 문장에서 목적어 다음에는 동사원형을 쓴다.

Check-Up 2

(1) painted (2) play (3) cut (4) broken (5) wash

(1) 그는 벽을 페인트 칠하게 했다. (다른 사람에게 시켰다)

(2) 그는 그 어린이들이 밖에서 놀도록 했다.

(3) 그녀는 그녀의 머리가 잘리도록 했다. (머리를 했다)

(4) 나는 다리가 부러졌다.

(5) 엄마는 내가 설거지를 하도록 시키셨다.

→ (1), (3), (4)는 '사역동사＋사물＋과거분사(p.p.)'의 문장이다. cut은 원형, 과거형, 과거분사의 형태가 모두 동일하다. (2), (5)는 '사역동사＋사람＋동사원형'의 구조이다.

Exercise

1 (1) Sam은 그의 아이들이 그 샌드위치를 먹는 것을 허락했다.

(2) 나의 영어 선생님은 내가 그 문장들을 쓰도록 시켰다.

(3) 그는 내가 나의 숙제를 하도록 했다.

(4) 그 남자는 그의 방이 청소되도록 했다.

(5) 제가 당신의 전화번호를 알게 해주세요.

2 (1) The nurse made me roll up my sleeve.

(2) She had me stop talking.

(3) He had them watch the soccer game.

(4) My parents made me go to bed early.

(5) I had my hair cut.

3 (1) introduce (2) cut (3) clean (4) painted (5) fixed

| 해석 및 해설 |

1 → 사역동사가 사용되었음에 유의하여 해석한다.

[어휘] sentence 명 문장

2 → make, have, let과 같은 사역동사가 사용되는 문장은 '주어＋사역동사＋목적어＋목적격 보어(동사원형)'의 순으로 구성된다.

[어휘] roll up 걷어 올리다 sleeve 명 소매

3 (1) 제가 당신을 그에게 소개하도록 해 주세요.

(2) 그는 그 미용사가 그의 머리카락을 자르도록 했다.

(3) 엄마는 내가 나의 방을 청소하도록 했다.

→ (1), (2), (3)은 목적어가 사람으로 '목적어가 ~하도록 하다'라는 의미로 '사역동사＋목적어＋동사원형'을 쓴다.

(4) 그녀는 그 벽이 칠해지도록 했다.

(5) Jane은 그녀의 차가 수리되도록 했다.

→ (4), (5)는 목적어가 그 일을 직접 하는 것이 아니고 '목적어가 ~되도록 하다'라는 의미이므로 목적격 보어로 과거분사(p.p.)를 쓴다.

[어휘] introduce 동 소개하다 hair dresser 미용사

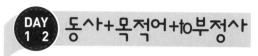

DAY 12 동사＋목적어＋to부정사

Check-Up 1

(1) to clean (2) wash (3) play (4) to finish (5) to go

(1) 김 씨는 우리에게 그 방을 청소하라고 말했다.

(2) 지수는 내가 설거지를 하도록 시켰다.

(3) 나는 Tina가 바이올린을 연주하는 것을 보았다.

(4) 그는 나에게 숙제를 끝내라고 충고했다.

(5) 내 아버지께서 내가 그 콘서트에 가도록 허락하셨다.

→ tell, advice, allow는 목적격 보어로 to부정사를, 사역동사인 make는 목적격 보어로 동사원형을, 지각동사 see는 목적격 보어로 동사원형이나 현재분사를 취한다.

Check-Up 2

(1) I will not allow them to go to the movies tonight.

(2) He told the boys not to enter the room.

(3) They didn't expect him to pass the test.

(4) I don't want her to read the book.

(5) She advised us not to make a noise.

→ (1), (3), (4)는 우리말 해석을 보면 동사를 부정하는 것이고, (2), (5)는 목적격 보어로 쓰인 to부정사를 부정하는 것이다.

Exercise

1 (1) to stay (2) wear (3) dance (4) to exercise (5) to make

2 (1) asked, to, move (2) want, to, be (3) advised, to, stay (4) forbids, him, to (5) me, to, use

3 (1) study → to study

(2) to not open → not to open

(3) we → us

(4) not ordered us to move → ordered us not to move

(5) don't play → not to play

| 해석 및 해설 |

1 (1) 그녀는 그녀의 아들에게 차분히 있으라고 충고했다.

→ advise는 '동사＋목적어＋to부정사' 형태로 쓰는 동사

이다.

(2) 나의 언니는 내가 그녀의 드레스를 입는 것을 허락했다.

➔ let은 사역동사로 '동사 + 목적어 + 동사원형' 형태로 쓴다.

(3) 나는 그들이 그 축제에서 춤을 추는 것을 보았다.

➔ see는 지각동사로 '동사 + 목적어 + 동사원형/현재분사' 형태로 쓴다

(4) 나는 그가 매일 운동하기를 원한다.

➔ want는 '동사 + 목적어 + to부정사' 형태로 쓰는 동사이다.

(5) 나의 영어 선생님은 나에게 같은 실수를 하지 말라고 말씀하셨다.

➔ tell은 '동사 + 목적어 + to부정사' 형태로 쓰는 동사이다.

[어휘] festival 명 축제 exercise 통 운동하다
mistake 명 실수. 잘못

2 ➔ ask(요청하다), want(원하다), advise(충고하다), fobid(금지하다), allow(허락하다)는 모두 뒤에 '목적어 + to부정사' 형태가 온다. (4)의 경우 주어가 Sam's father로 3인칭 단수이고, 우리말 해석을 보면 현재시제이므로 forbid 다음에 -s를 붙여야 한다.

[어휘] police officer 경찰 allow 통 허락하다

3 ➔ want(원하다), ask(요청하다), tell(말하다), order(명령하다)는 모두 동사 뒤에 '목적어 + to부정사' 형태가 온다. 따라서 (1)은 study를 to study로 고쳐야 한다. (2), (4), (5)는 '~하지 말라고 요청하다, 명령하다, 말하다' 라는 표현으로 to부정사 앞에 not을 붙이면 된다. (3)의 경우 we는 주격이므로 목적격인 us를 써야 한다.

[어휘] honest 형 정직한 order 통 명령하다

DAY 13 의미상 주어

Check-Up 1

(1) It is not easy for her to solve this problem.

(2) It is difficult for me to speak English.

(3) It is impossible for us to get there on time.

(4) It is important for them to exercise regularly.

(5) It is hard for him to get up early.

(1) 그녀가 이 문제를 풀기는 쉽지 않다.

(2) 내가 영어로 말하는 것은 어렵다.

(3) 우리가 거기에 제 시간에 도착하는 것은 불가능하다.

(4) 그들에게 정기적으로 운동하는 것은 중요하다.

(5) 그가 일찍 일어나는 것은 어렵다.

➔ to부정사의 의미상 주어는 to부정사 앞에 'for + 목적격'으로 표현한다.

Check-Up 2

(1) of (2) for (3) of (4) of (5) for

(1) 당신이 내 가방을 운반해 주시다니 친절하네요.

(2) 그가 그 책을 읽는 것은 중요하다.

(3) 그녀가 그렇게 말하다니 무례하다.

(4) 네가 그 문제를 해결하다니 똑똑하다.

(5) 그녀가 그렇게 빨리 달리는 것은 위험하다.

➔ to부정사의 의미상 주어는 to부정사 앞에 'for + 목적격'으로 표현하는데, 사람의 성격을 나타내는 형용사가 오면 'of + 목적격'으로 표현한다. 따라서 (1), (3), (4)는 사람의 성격을 나타내는 형용사가 쓰였으므로 의미상의 주어는 'of + 목적격'이 되어야 한다.

Exercise

1 형용사 + of + 목적격: wise, nice, kind, generous, polite, careless, rude, stupid, foolish, smart
형용사 + for + 목적격: difficult, dangerous, hard, easy, safe, impossible, important, possible

2 (1) 그녀가 아침에 일찍 일어나는 것은 매우 어렵다.

(2) 내가 영어로 일기를 쓰는 것은 쉽지 않다.

(3) 그가 나에게 그 책을 빌려주다니 매우 친절했다.

(4) 그들이 그 프로젝트를 끝내는 것은 불가능하다.

3 (1) It was very kind of her to help the boy.

(2) It is impossible for him to drive in this weather.

(3) It is not easy for Hana to do English homework.

(4) It is polite of you to act like that.

| 해석 및 해설 |

1 ➔ 일반적인 경우 'It(가주어) ~ + 의미상 주어 + to부정사(진주어)'는 의미상 주어로 'for + 목적격'을 쓰지만, 사람의 성격이나 태도를 나타내는 형용사가 쓰인 경우에는

'of + 목적격'을 쓴다.

[어휘] generous ⑱ 관대한 careless ⑱ 부주의한
safe ⑱ 안전한 foolish ⑱ 어리석은

2 → 'It(가주어) ~ + 의미상 주어 + to부정사(진주어)'에 유의하여 해석하되, It은 해석을 하지 않는다.

[어휘] wake up 일어나다 diary ⑱ 일기

3 → (1), (4)는 'of + 목적격'을, (2), (3)은 'for + 목적격'을 의미상 주어로 표현하여 단어를 배열한다.

[어휘] weather ⑱ 날씨

DAY 14 수동태

Check-Up 1

(1) be eaten (2) be broken (3) be written (4) be called
(5) be sent (6) be done (7) be played (8) be bitten
(9) be stolen

Check-Up 2

(1) was (2) be (3) is (4) was (5) be

→ 우리말의 주어, 시제, 태에 주의하여 빈칸에 be동사의 알맞은 형태를 쓴다. (1), (4)는 주어가 3인칭 단수, 과거, 수동태이므로 was가 알맞다. (2), (5)는 주어가 3인칭 단수이지만 will이라는 조동사 다음에 동사 원형이 와야 하기 때문에 be가 알맞다. (3)은 3인칭 단수, 현재, 수동태이므로 is가 알맞다.

Check-Up 3

(1) are (2) was (3) were (4) are (5) was

(1) 그 편지들은 내 아버지에 의해서 쓰여진다.
(2) Harry Potter는 J.K. Rolling에 의해 쓰여졌다.
(3) 그 차들은 그에게 도난당했다.
(4) 그 건물들은 Sally에 의해 디자인되어진다.
(5) 내 휴대폰은 내 여동생에 의해 파손되었다.
→ (1), (4)는 주어가 복수이므로 are가 알맞다. (2), (5)는 주어가 단수이므로 was가 알맞다. (3)은 주어가 복수이므로

were가 알맞다.

Check-Up 4

(1) with (2) with (3) of (4) to (5) as (6) in

(1) 나는 그 소식에 만족한다.
*be satisfied with ~로 만족하다
(2) 그의 방은 장난감으로 가득 차 있다.
*be filled with ~로 가득 차 있다
(3) 도서관은 흥미로운 책들로 가득 차 있다.
*be full of ~로 가득 차 있다
(4) 그 노래는 모든 사람들에게 알려져 있다.
*be known to ~에게 알려지다
(5) Beyonce는 유명한 가수로 알려져 있다.
*be known as ~로서 알려지다
(6) 내 여동생은 요리에 관심이 있다.
*be interested in ~에 관심이 있다.
→ by 대신 다른 전치사를 쓰는 수동태 문장에 관한 문제로 숙어처럼 익혀두어야 한다.

Exercise

1 (1) bitten (2) bought (3) written (4) spoken (5) stolen

2 (1) The window was broken by Tom.
(2) The computer game is loved by children.
(3) The room will be cleaned by the students.
(4) The car was not driven by him.
(5) The church was built 300 years ago (by someone).

3 (1) with (2) with (3) to (4) at (5) about

4 (1) will be played by
(2) should not be touched
(3) will be kept
(4) was not called by
(5) can be solved by

5 (1) Many people were killed by the fire.
(2) The building will be designed by him.
(3) The science project was done by the team.
(4) The door will be fixed by Tom.
(5) My parents were shocked at the news.

1 (1) Tom은 어제 개에게 물렸다.

(2) 그 인형은 Amenda에 의해 구입되었다.

(3) Hamlet은 Shakespear에 의해 쓰여졌다.

(4) 영어는 전 세계에서 말해진다.

(5) 나의 가방은 지하철에서 도난당했다.

→ 수동태는 'be동사＋과거분사(p.p.)'형태로 쓴다. 따라서 빈칸에는 제시된 동사들의 과거분사를 써 넣으면 된다. (4), (5)는 'by＋행위자'가 생략된 수동태 문장이다.

[어휘] bite 동 물다　subway 명 지하철　steal 동 훔치다

2 (1) Tom은 그 창문을 깼다.

(2) 아이들은 그 컴퓨터 게임을 좋아한다.

(3) 그 학생들은 그 방을 청소할 것이다.

(4) 그는 그 차를 운전하지 않았다.

(5) 누군가가 300년 전에 그 교회를 지었다.

→ 능동태를 수동태로 만드는 방법은 다음과 같다.

① 능동태의 목적어가 주어 자리(문장의 제일 처음)로 온다.

② 능동태의 동사를 'be동사＋과거분사(p.p.)'로 바꾼다. 이때 원래 문장의 시제에 be동사의 시제도 맞춘다.

③ 능동태의 주어는 by 뒤에 목적격 형태로 바꾼다. 이때, someone, people, everybody처럼 일반적인 사람이 주어였을 경우 'by＋행위자'는 생략할 수 있다.

3 (1) 그 책은 먼지로 덮여있다.

＊be covered with ~로 덮여있다

(2) Tom은 그의 시험 결과에 만족하지 않았다.

＊be satisfied with ~에 만족하다

(3) 그 작가는 한국인들에게 알려져 있다.

＊be known to ~에게 알려지다

(4) 그는 그 소식에 놀랐다.

＊be surprised at ~에 놀라다

(5) 나의 엄마는 나를 걱정하신다.

＊be worried about ~을 걱정하다

→ 수동태 문장에서 대부분 'by＋행위자'를 쓰지만, by 대신에 다른 전치사를 쓰는 경우도 꼭 알아두어야 한다.

[어휘] dirt 명 먼지　exam 명 시험　result 명 결과

4 → 조동사가 있는 수동태는 '조동사＋be동사＋과거분사(p.p.)' 형태로 쓴다. 부정을 할 때는 조동사 다음에 not을 쓴다. 조동사가 쓰이지 않은 수동태의 부정은 be동사 다음에 not을 쓰면 된다.

[어휘] problem 명 문제　solve 동 해결하다

5 → 제시된 단어를 활용하여 알맞은 수동태 문장을 만든다. 제시된 우리말에 유의해서 (1), (3), (5)는 수동태 과거,

(2), (4)는 수동태 미래 문장으로 영작을 한다. 특히 (5)는 전치사 by 대신 at을 사용한다는 점에 유의한다.

■Final Test 3

1 ①　2 ⑤　3 ②　4 ③　5 ①　6 ③　7 chosen

1 W: 아, 당신이 그 유명한 작가 David Kim이에요?

M: 네, 접니다.

W: 저는 당신을 만나서 매우 기뻐요. 저는 당신의 새 책을 좋아해요.

M: 그것을 좋아해 주셔서 기쁘네요.

W: 당신이 그 이야기를 쓰는데 도움을 준 사람이 있나요?

M: 저의 아들이 제가 그 이야기를 쓰도록 만들었죠. 그는 항상 저를 기쁘게 해요.

→ 사역동사 made(make)의 목적격 보어로는 동사원형이 와야 한다.

[어휘] famous 형 유명한　writer 명 작가

2 그들은 그에게 그 책을 읽으라고 조언했다.

① 허락했다 ② 하게했다 ③ 봤다 ④ 시켰다 ⑤ 원했다

→ advised는 목적어 뒤에 목적격 보어로 to부정사가 오는 동사이다. 이처럼 목적격 보어로 to부정사가 와야 하는 동사를 고르면 wanted가 알맞다.

[어휘] advise 동 조언하다, 충고하다

3 ① 엄마는 내가 열심히 공부하기를 원한다.

② 나는 그가 편지를 쓰는 것을 보았다.

③ 그는 그의 아들이 설거지를 하도록 했다.

④ 그녀는 나에게 도서관에 가라고 명령했다.

⑤ 나는 내 여동생이 그녀의 친구들과 이야기하는 것을 들었다.

→ ② saw(see)는 지각동사로 '목적어가 ~하는 것을 봤다' 고 표현할 때 목적어 뒤에 목적격 보어로 동사원형이나 현재분사를 써야 한다.

[어휘] wash the dishes 설거지하다

4 나의 가족은 이번 주말에 캠핑을 갈 것이다. 나는 아빠와 함께 텐트를 세울 것이다. 그리고서, 나는 엄마와 함께 저녁 요리를 즐길 것이다. 나는 그 음식이 맛이 나쁘지 않길 바란다. 밤에는, 우리는 나의 형이 기타 연주하는 것을 들을 것이다. 우리는 그 음악에 맞추어 노래를 부를 것이다. 나는 이번 주말이 기대된다.

→ (A) enjoy는 목적어로 동명사가 사용되는 동사이다. (B)

taste는 '~한 맛이 나다'라고 해석되는 감각동사로 뒤에 형용사가 보어로 온다. (C) hear는 '~가 ~하는 것을 듣다'라고 해석되는 지각동사이다. 목적어 뒤에 목적격 보어로 동사원형이나 현재분사가 온다.

[어휘] set up 세우다 taste ⑧ 맛이 나다
sing along 따라 부르다

5 사람들처럼, 컴퓨터도 바이러스로 인해 아플 수 있다. 컴퓨터 바이러스는 사람들을 아프게 하는 바이러스처럼 작동한다. 그것들은 스스로 복제를 만들어서 컴퓨터에서 컴퓨터로 퍼진다. 바이러스들은 그들이 안에 들어갔을 때 컴퓨터가 천천히 작동하도록 만들 수 있다. 그것들은 심지어 하드드라이브를 삭제함으로써 컴퓨터를 망가트릴 수도 있다. 종종, 컴퓨터 바이러스들은 해커들에 의해 만들어지고 배포된다.

→ (A) 주어가 computer viruses로 복수이므로 동사는 -s가 붙지 않은 원형을 쓰면 된다. (B) 동사 make가 '바이러스가 컴퓨터를 천천히 작동하도록 하다'라고 사역동사로 쓰였으므로 목적격 보어는 동사원형이 와야 한다. (C) '바이러스는 해커들에 의해 만들어지고 배포된다.'라고 해석되므로 수동태(be + 과거분사)를 써야 한다.

[어휘] sick ⑱ 아픈 copy ⑲ 복제 break down 망가트리다
erase ⑧ 삭제하다, 지우다 hacker ⑲ 해커

6 Sally에게
너는 이번 주말 파자마 파티에 초대 받았어.
부디 너의 베개와 침낭을 가지고 오렴. 너의 잠옷을 가지고 오는 것을 기억해.
*날짜: 12월 28일 *시간: 오후 8시
*주소: 옥스퍼드, 캐슬 스트리트 24
Donna가
만약 네가 올 수 있다면 나에게 알려줘.
049-545-6478로 전화해 줘.

→ 글 전체가 파티에 초대하는 내용으로 된 편지 글이므로 빈칸에는 '당신은 초대 받았다'라는 표현이 오는 것이 알맞다. '초대하다'는 영어로 invite이므로 '초대받다'라고 수동태로 표현할 때는 be동사 뒤에 invited를 쓰면 된다.

[어휘] pajama party 10대 소녀들이 친구집에 모여 밤새워 노는 모임
pillow ⑲ 베개 sleeping bag 침낭

7 M: 안녕, Sarah, 무슨 일이니? 정말 걱정스러워 보이네.
W: 너도 알겠지만 나는 학교 장기자랑에 나가.
M: 응. 나는 네가 춤을 출 거라고 들었어.
W: 응, 그런데 내가 그 장기자랑을 시작하도록 선택되었어. 나는 정말 첫 번째가 되는 것이 싫어.

M: 첫 번째로 하는 것이 왜 안 좋은데?
W: 내가 긴장해서 공연을 망칠까봐 걱정스러워.
M: 걱정하지 마! 나는 네가 잘할 거라고 확신해. 첫 번째가 되어서 그걸 극복하는 게 더 나아.
W: 나도 그렇게 느꼈으면 좋겠다.
Sarah는 그녀가 학교 장기자랑의 첫 번째 공연자로 선택되었기 때문에 걱정스럽다.

→ 대화의 내용을 보면 Sarah가 학교 장기자랑에서 첫 번째 순서로 춤을 추게 되어서 걱정한다는 것을 알 수 있다. 빈칸에 '그녀가 첫 번째 공연자로 선택되었다.'라는 내용이 와야 하므로 be동사 was 뒤에 choose(선택하다)의 과거분사 형태인 chosen이 와서 수동태로 쓰이는 것이 알맞다.

[어휘] talent show 장기 자랑 ruin ⑧ 망치다
performance ⑲ 공연 get over 극복하다 performer ⑲ 공연자

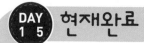

DAY 15 현재완료

Check-Up 1

(1) has played (2) have studied (3) has read
(4) have watched

→ 현재완료는 'have/has + 과거분사(p.p.)'로 표현한다.

Check-Up 2

(1) 우리는 2010년 이후로 부산에 살고 있다.
(2) 나는 유럽에 결코 가본 적이 없다.
(3) Tony는 그의 방을 지금 막 청소했다.
(4) Cindy는 그 창문을 깨버렸다.(그래서 창문이 아직 깨져 있다.)
(5) 나의 엄마는 일주일 동안 아프셨다.

Exercise

1 (1) have learned (2) lost (3) Have, seen (4) was
(5) have been
2 (1) just (2) yet (3) since (4) for (5) before
3 (1) It has been snowing since last weekend.

(2) I have seen the actor five times.

(3) Has Sam ever been to Australia?

(4) I have not eaten the cookies yet.

4 (1) baked (2) been (3) finished (4) gone

5 ⑤ 6 ④

| 해석 및 해설 |

1 (1) 나는 내가 13세 때부터 영어를 배워왔다.

(2) 그는 어제 그의 지갑을 잃어버렸다.

(3) 너는 전에 유령을 본 적이 있니?

(4) 수민이는 1999년에 태어났다.

(5) 우리는 서울에 세 번 가본 적이 있다.

→ 과거 시제와 현재완료 시제를 구분할 수 있는지를 확인하는 문제이다. (2)와 (4)는 각각 yesterday와 in 1999처럼 특정한 과거를 나타내는 표현이 쓰였으므로 과거 시제를 쓴다. (1), (3), (5)는 과거의 일이 현재와 관련이 있으므로 'have/has + 과거분사' 형태의 현재완료를 쓴다.

2 (1) 나는 지금 막 숙제를 끝냈다.

(2) 나는 그녀에게서 아직 편지를 받지 못했다.

→ (1), (2)는 현재완료가 '~했다, ~하지 못했다.'라고 사용되는 경우이다. just나 already와 달리, yet은 '아직'이라는 뜻이 있어 부정문과 함께 쓰인다.

(3) 우리는 작년부터 서로 알고 지냈다.

(4) 그녀는 한 시간 동안 피아노를 연주해왔다.

→ (3), (4)는 과거에 시작한 일이 현재까지 지속되는 것을 표현한 현재완료이다. for는 '~동안'이라는 뜻을 가지고 있으므로 뒤에 기간이나 시간을 나타내는 표현이 오고, since는 '~이후로'라는 뜻을 가지고 있으므로 어떤 일이 시작된 시점이 와야 한다.

(5) 나는 예전에 그의 집에 방문해 본 적이 있다.

→ '~해 본적이 있다'라는 경험을 이야기하고 있으므로 before와 함께 쓰는 것이 알맞다. ago는 과거 시제와 쓴다.

3 → 현재완료의 기본 형태는 'have/has + 과거분사', 부정문은 'have/has not + 과거분사', 의문문은 'Have/Has + 주어 + 과거분사~?'로 쓴다.

[어휘] actor 명 배우

4 (1) 너는 전에 케이크를 구워본 적이 있니?

(2) 그는 이틀 동안 아팠다.

(3) 그들은 그들의 프로젝트를 이미 끝냈다.

(4) 그녀는 캐나다에 가버리고 없다.

5 나는 너의 여동생을 _____ 만났다.

① 지난주에 ② 일요일에 ③ 2년 전에 ④ 12월에 ⑤ 어제

이후부터

→ 주어진 문장의 시제가 과거이므로 함께 쓸 수 없는 표현은 ⑤이다. since는 과거의 어느 시점부터 지금까지를 나타내는 현재완료에 사용한다.

6 〈보기〉 나는 그 만화책을 세 번 읽었다.

① 새 스마트폰이 지금 막 도착했다.

② 그는 그의 가방을 지하철에 놓고 내렸다. (지금 가방이 없다.)

③ Thomas는 파리에 가버리고 없다.

④ 우리는 전에 오스트리아에 가본 적이 있다.

⑤ 어제 이후부터 계속 비가 내리고 있다.

→ 〈보기〉의 문장은 경험을 표현하는 현재완료 문장이다. 현재완료 중 경험을 나타내는 문장은 ④이다. ①은 '막 ~했다'를 의미하고, ②, ③은 '~해서 그 결과 ~하다', ⑤는 계속해서 '~해 왔다'라는 의미를 가지고 있다.

DAY 16 과거완료

Check-Up 1

(1) had eaten (2) had seen (3) had gone (4) had broken

(5) had bought (6) had come

Check-Up 2

(1) 내 여자 친구는 내가 그 버스정류장에 도착했을 때 이미 떠나있었다. (떠나버렸다)

(2) 나는 네가 그것을 나에게 말해줬을 때까지 그 소식을 들어본 적이 없었다.

(3) 그는 그의 가방을 잃어버렸던 것을 몰랐다. (가지고 있지 않았다)

(4) 그녀는 그녀의 아들을 오랫동안 만나지 못했었다.

Exercise

1 (1) had already gone to bed (2) had met Kevin

(3) had already left (4) had broken the window

(5) had been sick

2 (1) has → had (2) gets → got

(3) already began → had already begun

(4) have → had (5) went → gone

3 (1) the plane had just left

(2) the party had already been over

| 해석 및 해설 |

1 → 과거의 어떤 시점보다 먼저 일어난 일에 대해서 표현할 때에는 'had + 과거분사(p.p.)'인 과거완료를 쓴다. (1), (3)의 경우 빈도부사 already는 had와 과거분사 사이에 쓴다.

[어휘] recognize ⑧ 알아보다. 깨닫다 station ⑲ 역

notice ⑧ 알아차리다

2 (1) 내가 돌아갔을 때, 그녀는 이미 나가버렸다.

(2) 그녀는 감기에 걸렸었는데 어제 나아졌다.

(3) 그들이 그 공연장에 도착했을 때, 그 콘서트는 이미 시작해 있었다.

(4) 나는 서울에 이사 오기 전에 부산에 10년간 살고 있었다.

(5) White 씨가 집에 돌아왔을 때, 그의 아이들은 이미 잠자리에 들어있었다.

→ (1), (3), (4), (5) 밑줄 친 부분은 모두 과거완료 문장이므로 had + p.p. 형태가 되어야 한다. (2) yesterday를 통해 gets는 got으로 고친다.

3 → (1) 내가 공항에 도착한 일 보다 비행기가 떠난 일이 먼저이므로 과거완료를 쓰면 된다.

(2) 그가 파티에 도착한 것보다 파티가 끝난 것이 더 먼저 일어난 일이므로 과거완료를 사용한다. 여기서 over는 동사가 아니라 부사이므로 be동사와 함께 쓰면 된다.

[어휘] arrive ⑧ 도착하다 airport ⑲ 공항

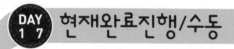

DAY 17 현재완료진행/수동

Check-Up 1

(1) has been studying

(2) has been playing

→ 현재완료진행형은 have/has been + 동사 -ing로 표현한다.

*play computer game 컴퓨터 게임을 하다

Check-Up 2

(1) has been written by him for a month.

(2) has just been finished by us.

(3) hasn't been cleaned by Mr. Kim yet.

(4) has been drawn by my father since last year.

(5) have been broken by the little boy.

(1) 그 책은 그에 의해서 한 달 동안 쓰여졌다.

(2) 그 프로젝트는 우리에 의해서 지금 막 끝났다.

(3) 그 방은 아직 김 씨에 의해 청소되지 않았다.

(4) 그 그림은 지난해부터 나의 아버지에 의해서 그려졌다.

(5) 그 창문들은 그 작은 소년에 의해 깨졌다.

→ 현재완료수동태는 have/has been + p.p로 표현한다.

Exercise

1 (1) studying (2) crying (3) chosen (4) written (5) sent

2 (1) practicing (2) stolen (3) cleaned (4) broken

(5) snowing

3 (1) It has been raining since last weekend.

(2) I have been watching the movie for 2 hours.

(3) Dad has been reading the newspaper since 9 o'clock.

(4) The dress has been designed by Adam.

(5) The computer has been repaired for an hour.

| 해석 및 해설 |

1 (1) 나는 2시간 동안 수학을 공부하고 있는 중이다.

(2) 나의 여동생은 30분 동안 울고 있는 중이다.

(3) 그는 지도자로 선택되어졌다.

(4) 그 책은 그에 의해서 읽혀진다.

(5) 그 소포는 내 상사에 의해 보내졌다.

→ (1), (2)는 현재완료진행형이다. (3), (4), (5)는 현재완료수동형이다.

[어휘] choose ⑧ 선택하다 write ⑧ 쓰다

2 (1) 나는 오늘 아침 이래로 수영 연습을 하고 있는 중이다.

(2) 그 지갑이 도난당했다.

(3) 그 방은 Tony에 의해 치워졌다.

(4) 그 창문은 Cindy에 의해 깨졌다.

(5) 일주일 동안 눈이 내리고 있는 중이다.

→ (1), (5)는 현재완료진행형이다. (2), (3), (4)는 현재완료수동형이다.

[어휘] swimming 휑 수영 practice 통 연습하다. 실행하다

3 우리말 해석을 살펴보면 (1), (2), (3)은 현재완료진행형 문장이다. (4), (5)는 현재완료수동형 문장이다.

[어휘] design 통 디자인하다 repair 통 수리하다

DAY 18 수 일치/시제 일치

Check-Up 1

(1) loves (2) is (3) are (4) draw (5) goes

(1) 그녀는 음악 듣는 것을 좋아한다.
(2) 내 수학 선생님은 대단히 친절하시다.
(3) 책상 위의 책들은 유나의 것이다.
(4) 교실의 아이들은 그림을 그린다.
(5) Daniel은 아침 8시에 학교에 간다.
➡ (1), (2), (5)의 주어는 3인칭 단수, (3), (4)의 주어는 3인칭 복수이므로 이에 알맞게 동사의 수를 일치시킨다.

Check-Up 2

(1) is (2) loves (3) is (4) is (5) is

(1) 경제학은 아주 어려운 과목이다.
(2) 모든 사람은 그의 음악을 사랑한다.
(3) 만화를 그리는 것은 흥미롭다.
(4) 바늘과 실이 탁자 위에 있다.
(5) 2킬로미터는 걷기에 너무 긴 거리이다.
➡ (1) Economics는 과목명이므로 단수 취급, (2) Everyone은 단수 취급, (3) Drawing(그리기)은 단수 취급, (4) A needle and thread는 두 개의 명사로 이루어진 하나의 개념이므로 단수 취급, (5) 2 kilometers가 하나의 단위로 쓰였으므로 단수 취급한다.

Check-Up 3

(1) look (2) are (3) is (4) is (5) like

(1) 그 방의 많은 사람들은 행복해 보인다.
(2) 많은 선택 사항이 이용가능하다.
(3) 이 교실의 학생들의 수는 20명이다.

(4) 그것을 위해 얼마나 많은 돈이면 충분해요?
(5) 몇몇 아이들이 그 TV 프로그램을 좋아한다.
➡ (1) Many people은 복수, (2) a number of options는 복수, (3) the number of 는 단수, (4) much money는 단수, (5) A few children은 복수이므로 이에 알맞게 동사의 수를 일치시킨다.

Check-Up 4

(1) would (2) is (3) bought (4) goes (5) was

(1) 나는 그녀가 돌아올 거라고 생각했다.
(2) 그는 지구가 둥글다고 말했다.
(3) Brian은 그의 아빠가 어제 그에게 새 스마트 폰을 사주었다고 말한다.
(4) Sam은 그의 가족이 일요일마다 교회에 간다고 말했다.
(5) Mr. Han은 그녀가 책을 읽고 있다고 생각했다.
➡ (1), (5)는 주절의 시제가 과거이므로 종속절의 시제도 과거가 알맞다. (2)는 주절의 시제가 과거이지만 종속절이 불변의 진리를 담고 있고, (4)는 종속절이 현재의 습관이나 사실을 담고 있으므로 현재 시제를 쓴다. (3)은 주절의 시제가 현재이고 종속절에 '어제'라는 시간 표현이 있기 때문에 의미상 과거를 쓰는 것이 적절하다.

Exercise

1 (1) likes (2) is (3) was (4) is (5) were
2 (1) 그 방의 절반은 책으로 가득 차 있었다.
(2) 그 학생들 각각은 그들 자신의 공부 방식을 가지고 있다.
(3) 기타를 연주하는 것은 신난다.
(4) 그 영화의 나머지는 너무 지루했다.
3 (1) Half of my classmates like
(2) rich are
(3) Taking a picture is/ Taking pictures is / To take a picture is/ To take pictures is
(4) wouldn't(would not) buy the car
(5) wouldn't(would not) like him

| 해석 및 해설 |

1 (1) 모든 십대들은 그 밴드를 좋아한다.
(2) 사회는 내가 가장 좋아하는 과목이다.
(3) 1,600미터는 달리기에 긴 거리다.

(4) 카레라이스는 내가 가장 좋아하는 음식이다.

(5) 놀이터에 많은 아이들이 있었다.

→ (1) every가 붙은 단수 명사, (2) 과목명, (3) 거리를 하나의 단위로 나타내는 명사, (4) and로 연결되어 한 가지 개념을 나타내는 명사의 다음에 오는 동사는 단수로 수를 일치시킨다. (5) a number of는 '많은'이라는 뜻이므로 복수 동사로 수를 일치시킨다.

[어휘] teenager 명 십대 social 형 사회의 favorite 형 좋아하는 distance 명 거리 playground 명 놀이터, 운동장

2 → (1) Half of the room은 단수 취급, (2) Each of the students는 단수 취급, (3) 동명사 Playing이 주어로 단수 취급, (4) The rest of the movie는 단수 취급한다는 점에 유의하여 해석한다.

[어휘] be full of ~으로 가득 찬 boring 형 지루한

3 → (1) half of는 뒤에 오는 명사의 수에 따라 동사를 일치시킨다. (2) 'the + 형용사'는 복수보통명사로 복수 취급한다. (3) 주어의 역할을 하는 명사구는 단수 취급한다. (4), (5) 종속절의 시제는 주절의 시제에 일치시킨다.

[어휘] classmate 명 급우

Final Test 4

1 ④ 2 ① 3 ③ 4 ④ 5 ① 6 ② 7 ④ 8 has been raining 9 잘못된 문장: I thought all of my friends will come to my birthday party. → 고친 문장: I thought all of my friends <u>would</u> come to my birthday party.

| 해석 및 해설 |

1 ① Brian이 그 창문을 깨뜨렸다.

② 미나는 모든 사람들에게 사랑받아 왔다.

③ 그 교실은 그 학생들에 의해 청소되었다.

④ 한국인은 오랫동안 김치를 먹어왔다.

⑤ 그 건물은 지난 12월부터 건설되어왔다.

→ 현재완료와 현재완료수동태를 구분하는 문제이다. ④에서는 주어가 한국인이므로 현재완료수동태가 아닌 현재완료로 표현해야 한다. Koreans have eaten Kimchi for a long time. 혹은, Kimchi has been eaten by Koreans for a long time.이 올바른 표현이다.

[어휘] classroom 명 교실 December 명 12월

2 〈보기〉 나는 결코 그 영화를 본 적이 없다. (경험)

① 너는 제주도에 가본 적이 있니? (경험)

② 나의 가장 친한 친구는 베트남으로 가버렸다. (결과)

③ White 양은 이곳에 일 년간 살았다. (계속)

④ Tina는 그녀의 오빠의 컴퓨터를 부셨다. (결과)

⑤ 너는 너의 숙제를 아직 끝내지 않았니? (완료)

→ 현재완료는 경험, 계속, 완료, 결과적 용법으로 사용된다. 〈보기〉에 주어진 문장은 never를 사용해서 자신의 경험을 나타내고 있다. 이와 같은 용법이 쓰인 것은 ①이다.

[어휘] watch 동 보다 break 동 부수다 finish 동 끝내다

3 ① 그 의자는 그에 의해 칠해졌다.

→ 주어가 The chair이므로 다음과 같이 현재완료수동태로 써야 한다. The chair has been <u>painted</u> by him.

② 그 꽃들은 소라에 의해 심어졌다.

→ 주어가 The flowers이므로 다음과 같이 현재완료수동태로 써야 한다. The flowers have been <u>planted</u> by Sora.

③ 그녀는 2시간 동안 그 책을 읽고 있다.

→ 현재완료진행형으로 알맞은 문장이다

④ Daniel은 부엌에서 수프를 만드는 중이니?

→ 현재완료진행형으로 다음과 같이 써야 한다. Has Daniel been <u>making</u> the soup in the kitchen?

⑤ Amy는 이 회사를 위해 작년부터 일하고 있다.

→ 현재완료진행형으로 다음과 같이 써야 한다. Amy has been <u>working</u> for this company since last year.

[어휘] soup 명 수프 kitchen 명 부엌 company 명 회사

4 Mina: 안녕하세요, 김 선생님. 시간 있으세요?

Mr. Kim: 물론이지, 미나야. 무엇을 도와줄까?

Mina: 저는 지난 시험을 위해 정말 열심히 공부했어요. 하지만 저는 잘 하지 못했어요.

Mr. Kim: 그래, 어떻게 공부했는데?

Mina: 저는 교과서에 있는 정보를 암기하려고 노력했어요. 하지만 저는 계속해서 잊어버려요.

Mr. Kim: 음, 너는 정보를 암기하는 방식을 바꿀 필요가 있는 것 같구나.

Mina: 무슨 뜻이에요?

Mr. Kim: 너는 네가 암기했던 것을 친구에게 가르쳐 주려고 시도해본 적이 있니? 그런 방식으로, 네가 내용을 더 잘 기억한다는 것을 알게 될 거야.

Mina: 좋은 생각이네요. 감사합니다. 김 선생님.

Mr. Kim: 언제든지, 미나야.

→ Mr. Kim의 세 번째 말인 You need to change the way you memorize information.에서 암기하는 방식을 바꾸라고 조언하고 있다는 것을 알 수 있다.

[어휘] memorize 동 암기하다 information 명 정보 remember 동 기억하다

5 어제, 나는 무언가 다른 것을 했다. 나는 꽃 축제에 갔다. 내가 전에 한 번도 본 적이 없었던 많은 종류의 아름다운 꽃들이 있었다. 그래서 먼저 나는 그것들의 사진을 많이 찍었다. 그리고 나는 걸어 다니다가 꽃과 관련된 활동들이 진행되고 있는 구역을 발견했다. 나는 하나에 참여해서 열쇠고리를 만들었다. 그 다음에, 나는 꽃차를 마셔보았다. 그것은 정말 맛있었다. 그래서 나는 집에 가지고 가기 위해 한 상자를 샀다. 정말 멋진 하루였다.

→ 글의 전체 내용이 어제 한 일에 대해서 이야기하고 있으므로 글의 시제는 기본적으로 과거 시제가 되어야 한다. 따라서 현재완료가 사용된 ①은 단순 과거 시제인 went로 고쳐야 한다. have gone은 '떠나 버려서 여기에 없다'는 의미이다. ②의 'd는 had의 줄인 표현으로 과거완료를 사용하여 어제 있었던 일 보다 더 먼저 경험한 한 번도 그런 꽃을 본 적이 없었다는 것을 이야기하고 있다.

[어휘] different 웹 다른 festival 명 축제 join 통 참여하다

6 천둥은 번개를 따라오는 커다란 소리이다. 당신은 폭풍이 얼마나 멀리 떨어져 있는지 추측할 수 있다. 번개와 천둥 사이의 초를 세어라. 그리고 거리를 마일로 얻기 위해서 그 초를 5로 나누어라. 번개는 천둥이 들리기 전에 보인다. 왜냐하면 빛이 소리보다 더 빨리 여행하기 때문이다.

→ (A) mile은 셀 수 있는 명사이므로 앞에 many를 써야 한다.
(B) 글의 흐름상 '~하기 위해서'라는 to부정사의 부사적 용법을 사용해야 한다.
(C) 동사 앞에 나오는 주어가 light로 3인칭 단수이므로 동사는 -s를 붙여야 한다.

[어휘] loud 웹 커다란 lighting 명 번개 guess 통 추측하다 storm 명 폭풍 divide 통 나누다 distance 명 거리 thunder 명 천둥

7 The Morning Glory Pool은 Yellowstone 국립공원에 있는 온천이다. 그것은 나팔꽃의 색과 비슷한 그 온천의 아름다운 푸른색 때문에 이름 붙여졌다. 하지만 이 유명한 관광지는 웅덩이에 동전을 던지는 방문객들에 의해서 오염되고 있다. 각각의 동전은 웅덩이에 열을 전달하는 땅속의 작은 구멍들을 막아왔다. 그 온천의 온도는 떨어지고 다른 종류의 박테리아들이 활동을 시작했다. 그것은 파란색 중심부 주위에 빨갛고 노란 띠를 만들고 있다. 그 온천에 던져진 행운의 동전들이 자연의 신비 중 하나를 파괴했다.

→ (A) 수동태를 사용하여 이름 붙여졌다고 표현한다. (B) This popular tourist attraction은 온천을 나타내는 것으로 오염되어져 왔다는 현재완료수동태로 표현한다. (C) 과거

와 현재완료 중 선택하는 것으로, 전체 글의 흐름상 관광객들에 의해 시작된 행운의 동전 던지기가 현재까지도 온천을 오염시키고 있다는 것을 알 수 있으므로 과거보다는 현재완료가 어울린다.

[어휘] hot spring 온천 be similar to ~와 비슷한(유사한) tourist attraction 관광명소(관광지) pollute 통 오염시키다 block 통 막다 heat 명 열 temperature 명 온도 bacteria 명 박테리아

8 – 오후 5시에 비가 오기 시작했다.
– 지금 여전히 비가 내리고 있는 중이다.
→ 두 시간 동안 계속해서 비가 내리고 있다.

→ 두 개의 그림을 비교해서 한 문장으로 표현하는 문제이다. 첫 번째 그림에서는 비가 내리기 시작했다. 제시된 문장은 과거시제로 되어있다. 두 번째 그림은 두 시간이 지나 7시가 되었는데 지금까지 계속 비가 오고 있다. 제시된 문장은 현재진행형이다. 따라서 두 문장을 하나로 합치면, 과거의 일이 아직까지 계속되고 있는 현재완료진행형으로 표현하면 된다.

9 어제는 내 생일이었다. 나는 내 친구들 모두 내 생일 파티에 올 것이라고 생각했다. 하지만 미나가 내 파티에 오지 않았다. 내가 그녀에게 전화했을 때, 그녀는 이미 전주에 있는 할머니를 방문하러 떠났었다. 그녀는, "미안해. 내가 전주에서 네 생일 선물을 살게."라고 말했다.

→ 전체 시제가 이미 일어난 일에 대해 이야기하는 과거 시제로 작성되어 있으므로 두 번째 문장에서 조동사 will을 과거형 would로 고쳐야 한다.

[어휘] already 퇴 이미 present 명 선물

DAY 19 be to 용법/관용적 to부정사

Check-Up 1
(1) 운명 (2) 의도 (3) 가능 (4) 의무 (5) 예정

(1) 우리는 언젠가 다시 만날 운명이다. (운명)
(2) 만약 당신이 성공하려거든, 당신은 열심히 일해야 한다. (의도)
(3) 거리에는 아무것도 볼 수 없다. (가능)
(4) 당신은 도서관에서 조용히 해야 한다. (의무)
(5) 나는 뉴욕에 12월에 갈 예정이다. (예정)

미에 유의하여 해석한다. (3) '형용사＋ enough ＋to부정사'
용법에 유의하여 해석한다. (4) 'too ＋ 형용사(부사)＋to부
정사'에 유의하여 해석한다.

Check-Up 2

(1) am ready to (2) seemed to (3) was supposed to

→ 우리말에 주의하여 알맞은 to부정사의 관용적 표현을 고른다. 특히 시제가 (1)은 현재, (2)와 (3)은 과거라는 점에 유의한다.

Exercise

1 (1) are to be quiet (2) are to lose weight (3) are to have lunch

2 (1) John is to visit Korea next month.

(2) They were about to have dinner.

(3) Sam was willing to help the sick.

(4) Mike was too busy to answer the phone.

(5) The man was strong enough to carry the table.

3 (1) 나는 이번 일요일에 내 친구들과 야구를 할 것이다.

(2) 그는 항상 모든 것을 이해하는 척한다.

(3) 그 아기는 책상 위에 있는 책에 닿을 수 있을 만큼 키가 크다.

(4) Tim은 너무 늦게 일어나서 학교 버스를 잡을 수 없었다.

| 해석 및 해설 |

1 (1) 우리는 박물관에서 조용히 해야 한다. (의무)

(2) 만약 당신이 살을 빼려고 한다면, 당신은 매일 운동을 할 필요가 있다. (의도)

(3) 그들은 그 프로젝트를 끝낸 후에 점심을 먹을 것이다. (예정)

→ be to용법의 예정(~할 예정이다, 할 것이다.), 가능(~할 수 있다.) 의무(~해야 한다), 의도(~하려고 한다면), 운명(~할 운명이다.)의 다섯 가지 쓰임과 관련된 문제이다. (1)은 have to가 있으니 의무, (2)는 if 와 intend to가 함께 있으니 의도, (3)은 be going to가 있으니 예정의 be to용법으로 각각 바꾸어 쓸 수 있다.

[어휘] quiet ⑱ 조용한 museum ⑲ 박물관
intend ⑧ ~을 의도하다 lose weight 몸무게를 줄이다

2 → (1) 예정의 의미가 포함된 be to용법을 활용한다. (2) be about to를 활용한다. (3) be willing to를 활용한다. (4) 'too ＋ 형용사(부사)＋to부정사' 용법을 활용한다. (5) '형용사＋ enough ＋to부정사' 용법을 활용한다.

[어휘] enough ⑱ 충분한

3 (1) be to용법 중 예정으로 해석한다. (2) pretend to의 의

DAY 20 동명사와 to부정사의 기타 용법

Check-Up 1

(1) working (2) putting on (3) crying (4) talking
(5) taking care of

(1) 나는 이곳에서 일을 그만 둘 것이다.

(2) Tony는 그 옷을 입는 것을 포기했다.

(3) 너 우는 것을 끝냈니?

(4) 그들은 정말로 서로 이야기하는 것을 즐긴다.

(5) 당신은 제 동생을 돌봐주실 수 있나요?

→ (1) quit (2) give up (3) finish (4) enjoy (5) mind는 모두 동명사를 목적어로 취하는 동사들이다.

Check-Up 2

(1) to do (2) to go (3) to meet (4) to read (5) to pass

(1) 이 씨는 그 일을 하기를 기대한다.

(2) 너는 공부하기 위해서 파리로 가기를 결심한다.

(3) 우리는 당신을 다시 만나기를 원한다.

(4) 나는 이 책을 읽을 계획이다.

(5) 내 여동생은 그 시험을 통과하기를 희망한다.

→ (1) expect (2) decide (3) want (4) plan (5) hope는 모두 to부정사를 목적어로 취하는 동사들이다.

Check-Up 3

(1) to meet (2) watching (3) writing (4) breaking (5) to speak

→ (1) 미래에 할 것을 기억하는 것이므로 to부정사가 알맞다.

(2) TV보는 것을 멈추는 것이므로 동명사가 알맞다.

(3) 과거에 했던 것을 잊어버린 것이므로 동명사가 알맞다.

[어휘] pretend ⑧ ~인 척하다 understand ⑧ 이해하다

(4) 과거에 했던 것을 후회하는 것이므로 동명사가 알맞다.

(5) 한국어를 잘하려고 노력하는 것이므로 to부정사가 알맞다.

Check-Up 4

(1) ⓓ (2) ⓐ (3) ⓑ (4) ⓔ (5) ⓒ

(1) 나의 형은 그의 방을 청소하느라 바쁘다.

＊be busy -ing: ~하느라 바쁘다

(2) 우리는 웃을 수밖에 없었다.

＊cannot help -ing: ~하지 않을 수 없다

(3) Jane은 그 문제를 해결하는데 어려움을 겪고 있다.

＊have difficulty (in) -ing: ~하는데 어려움을 겪다

(4) 나는 나의 여동생을 돌보는데 익숙하다.

＊be used to -ing: ~하는데 익숙하다

(5) 수나는 너를 볼 것을 기대하고 있다.

＊look forward to -ing: ~하는 것을 기대하다

Exercise

1 (1) to cook (2) traveling (3) smoking (4) working

(5) to watch

2 (1) opening (2) to solve (3) doing (4) to go (5) to drink

3 (1) decided to get/wake up (2) mind turning off

(3) finished cleaning (4) enjoys swimming

(5) planned to leave

4 (1) 우리는 너를 다시 만나는 것을 기대했다.

(2) 나는 그 연극을 연습하는데 하루를 다 보내야만 했다.

(3) 나는 매운 음식을 먹는데 익숙하지 않다.

(4) Jeff는 그때 울고 싶은 기분이었다.

(5) 나는 내 방의 창문을 닫는 것을 잊어버렸다.

| 해석 및 해설 |

1 (1) Jane은 그녀의 가족을 위해 요리를 하기로 결심했다.

→ decide는 to부정사를 목적어로 취하는 동사이다.

(2) Sally는 지난주에 그녀의 친구들과 여행을 한 것을 기억했다.

→ remember는 동명사와 to부정사를 모두 목적어로 취할 수 있다. 그런데 last week라는 표현이 있으므로 과거의 일을 나타내는 동명사가 와야 한다.

(3) 나의 아빠는 한 달 동안 금연을 하고 있다.

→ 아버지가 한 달 동안 담배를 피우기 위해 멈추는 것이 아니라 담배 피우는 것을 멈췄다는 금연의 의미가 되어야 하므로 동명사가 와야 한다. stop + 동명사: ~하는 것을 멈추다, stop + to부정사: ~하기 위해 멈추다.

(4) 너는 그곳에서 일하는 것을 그만뒀니?

→ quit은 동명사를 목적어로 취하는 동사이다.

(5) Bill은 그 영화를 보기를 원했다.

→ want는 to부정사를 목적어로 취하는 동사이다.

[어휘] quit 图 그만두다

2 (1) 창문 좀 열어 주시겠어요?

→ mind는 동명사를 목적어로 취하는 동사이다

(2) 나미는 그 문제를 해결하려고 노력했지만, 답을 찾을 수 없었다.

→ try 뒤에 동명사가 오면 '~하는 것을 시도해 보다', try 뒤에 to부정사가 오면 '~하려고 노력하다'라는 의미가 된다. 답을 찾으려고 노력했지만 답을 찾을 수 없었다는 것이 더 자연스러우므로 to부정사로 고쳐야 한다.

(3) 민수는 숙제하는 것을 마치지 않았다.

→ finish는 동명사를 목적어로 취하는 동사이다.

(4) Teddy는 그 파티에 오지 않았다. 그는 거기에 갈 것을 잊어버렸다.

→ Teddy가 파티에 오지 않았다고 했으니 그곳에 가야 한다는 것을 잊어버렸다고 해야 하므로 to부정사로 고친다.

(5) 차 한 잔 마시고 싶니?

→ like는 to부정사와 동명사를 모두 목적어로 취할 수 있으나 일어날 일에 대해서는 to부정사를 쓴다.

[어휘] mind 图 꺼려하다 solve 图 풀다. 해결하다

3 → (1) decide는 to부정사를 목적어로 취한다. 따라서 빈칸에는 decided to get/wake up이 알맞다

(2) Would you mind -ing는 '~을 부탁드려도 될까요?'라는 의미이다. 따라서 빈칸에는 mind turning off가 알맞다.

(3) Have you finished -ing는 '너는 ~을 끝냈니?'라는 의미이다. 따라서 빈칸에는 finished cleaning이 알맞다.

(4) enjoy -ing는 '~을 즐기다'라는 의미이다. 따라서 빈칸에는 주어가 3인칭 단수이므로 enjoys swimming이 알맞다.

(5) plan to 부정사는 '~을 계획하다'라는 의미이므로 빈칸에는 planned to leave가 알맞다.

[어휘] leave for ~로 떠나다 leave ~를 떠나다

4 → 각 문장에 사용된 다음 표현에 유의하여 해석한다.

(1) look forward to -ing: ~하는 것을 기대하다

(2) spend (in) -ing: ~하는데 (시간/돈)을 소비하다

(3) be used to -ing: ~하는데 익숙하다

(4) feel like -ing: ~하고 싶은 기분이다

(5) forget to부정사: ~할 것을 잊어버리다

[어휘] spicy 혱 양념 맛이 강한

Final Test 5

1 ③ **2** ④ **3** ② **4** ④ **5** ③ **6** (1) to be (2) 매일 운동하기 위해 노력해라. **7** looking forward to meeting the children

| 해석 및 해설 |

1 ① 영화보는 것을 좋아하니?

② 그들은 그를 더 자주 만나고 싶다.

③ 나는 여기에 조금 더 오래 머물고 싶다.

④ 우리는 휴식하는 것을 포기하지 않았다.

⑤ 그녀는 수업을 빼먹기 위해 아픈 척했다.

→ hope은 to부정사를 목적어로 취하는 동사이다. staying이 아닌 to stay로 써야 한다.

[어휘] give up 포기하다 take a break 쉬다. 휴식하다 pretend 동 ~인 체하다 skip 동 빼먹다. 건너뛰다

2 • 너는 사진 찍는 것을 좋아하니?

• 그는 그의 남동생을 돌보는 것을 꺼리지 않는다.

→ like는 동명사와 to부정사를 모두 목적어로 취하는 동사지만 mind는 동명사만을 목적어로 취하는 동사이다. 따라서 빈칸에는 동명사 taking이 공통으로 들어가야 한다.

[어휘] take a picture 사진 찍다 take care of ~을 돌보다

3 (A) 그는 다음 주에 올 것이다. (예정)

(B) 그 거리에서 아무것도 볼 수 없다. (가능)

(C) 그들은 이번 여름에 파리에 방문할 것이다. (예정)

(D) 우리가 그 영화를 보기를 원한다면, 우리는 서둘러야 한다. (의도)

(E) 그들은 태어날 때부터 결혼할 운명이었다. (운명)

→ be to용법은 예정, 가능, 의도, 운명, 의무 등으로 해석되는데 제시된 문장에서 (A)와 (C)의 쓰임이 같다.

[어휘] get married 결혼하다 birth 혱 출생

4 Alex에게

나는 여기 한국에서 좋은 시간을 보내고 있어. 나의 가족과 나는 지난 토요일에 이곳에 도착했어. 우리는 이틀 동안 여수에 머물렀고 어제 제주도로 날아왔어. 나는 제주도를 매우 좋아해. 많은 아름다운 마을들이 있어. 나는 너를 곧 만나길 희망한다. 안녕!

진심을 담아, Judy가

→ (A) last Saturday는 명확한 과거를 나타내는 표현이므로 동사도 과거 시제로 써야 한다.

(B) 앞에 two가 왔으므로 뒤에는 복수형이 와야 한다.

(C) hope는 to부정사를 목적어로 취하는 동사이다.

[어휘] village 혱 마을

5 당신은 아버지와 더 친해지기를 원합니까? 마치 당신의 친구와 그러는 것처럼, 당신은 그와 함께 이야기 하지 않으면 아버지와 친해질 수 없습니다. 그러면 어떻게 대화가 원활히 이루어지게 할까요? 한 가지 좋은 방법은 그와 함께 한 가지 활동을 하는 것입니다. 하지만 이것은 들리는 것처럼 쉽지 않을 수도 있습니다. 왜냐하면 당신이 아버지와 함께 낚시하러 가는 것을 좋아하지 않을 수도 있습니다. 아니면 당신의 아버지가 당신과 함께 쇼핑하러 가기를 원치 않을 수도 있기 때문입니다. 당신은 둘이 함께 좋아할 수 있는 공통된 관심사를 찾아야만 합니다. 이 공통된 관심사는 보드게임하기 같은 활동이 될 수도 있습니다. 그 활동을 하는 동안, 대화는 자연스럽게 일어날 것입니다. 그리고 당신이 그것을 알기도 전에 둘은 더 가까워 질 것입니다.

→ 빈칸 (A)를 포함한 문장은 '당신의 친구와 그러는 것처럼'으로 해석되므로 빈칸 (A)에는 답지로 제시된 단어 중에서 like이 알맞다. 빈칸 (B)에는 to부정사를 목적어로 취하는 hope, love, like, want가 들어갈 수 있다. 빈칸 (C)를 포함 문장은 문맥상 '둘이 모두 좋아하는, 즐기는'으로 해석되므로 빈칸 (C)에는 love, like, enjoy가 들어갈 수 있다. 따라서 (A), (B), (C)에 공통으로 들어갈 수 있는 단어는 like이다.

[어휘] conversation 혱 대화 roll 동 굴러가다(대화가 진행되다) go shopping 쇼핑하러 가다 common interest 공통된 관심사 take place 발생하다. 일어나다

6 당신은 건강해지기를 원하는가? 여기 몇 개의 조언이 있다. 채소를 많이 먹어라. 매일 운동하기 위해 노력해라. 학교에 걸어가라. TV를 너무 많이 보지 마라. 잠을 충분히 자라. 그러면 당신은 건강해질 수 있을 것이다.

(1) want는 to부정사만을 목적어로 취하는 동사이다.

(2) try + to부정사는 '~하기 위해 노력하다'로 해석한다.

[어휘] healthy 혱 건강한 exercise 혱 운동

7 Bora: 안녕하세요. 저는 여기에 봉사활동 프로그램에 대해 문의하러 왔어요.

Ms. White: 알겠습니다. 저희와 함께 전에 봉사자로 일해 보신 적이 있나요?

Bora: 아니요, 이번이 처음이에요. 하지만 저는 가능하다면 어린이들과 함께 일하고 싶어요.

Ms. White: 사실 우리는 지금 아이들을 위한 이야기 들려 주기 수업에서 책을 읽어줄 사람이 필요해요.

Bora: 잘됐네요!

Ms. White: 우리는 토요일마다 수업이 있어요. 그때 괜찮 으세요?

Bora: 물론이죠, 완벽해요!

Ms. White: 좋습니다. 여기 양식을 작성해 주세요.

Bora: 알겠습니다. 저는 그 아이들을 만나는 것을 기대하고 있어요.

→ 조건으로 제시된 look forward to를 활용하여 우리말 해석에 맞게 문장을 완성하면 된다. look forward to 다음에는 동명사가 와야 한다. 그런데 빈칸 앞에 I'm으로 be동사가 있으므로 동사 look은 진행형으로 써야 한다.

[어휘] volunteer 명 자원 봉사자
available 형 시간이 되는, 이용 가능한   form 명 양식
fill out 작성하다, 기입하다

DAY 2 1 조동사1

Check-Up 1

(1) can (2) play (3) could (4) Are

(1) 우리는 함께 그 노래를 부를 수 있다.
→ 주어 We는 3인칭 복수이므로 is able to는 쓸 수 없다.
(2) Tony는 농구를 할 수 있다.
→ 조동사 can 다음에는 동사원형이 오므로 play가 알맞다.
(3) 나는 어제 그 영화를 볼 수 있었다.
→ yesterday는 과거이므로 과거형 could가 알맞다.
(4) 너는 이 책을 도서관에 반납해줄 수 있니?
→ be able to는 can과 같은 의미이다.

Check-Up 2

(1) I will not(won't) go see a doctor.
(2) He will not(won't) be a scientist.
(3) Will they come tomorrow?
(4) Will you visit your aunt?

(1) 나는 진찰을 받지 않을 것이다.

(2) 그는 과학자가 되지 않을 것이다.
(3) 그들이 내일 올까요?
(4) 당신은 당신의 고모를 방문할 건가요?
→ 조동사가 사용된 문장의 부정은 조동사 다음에 not을 넣는다. 의문문은 조동사와 주어의 위치를 바꾼다.

Check-Up 3

(1) 약한 추측 (2) 허락 (3) 허락 (4) 약한 추측 (5) 약한 추측

(1) Bob은 정답을 알지도 모른다. (약한 추측)
(2) 너는 지금 집에 가도 좋다. (허락)
(3) 제가 당신의 펜을 사용해도 될까요? (허락)
(4) 내일 비가 올지도 모른다. (약한 추측)
(5) 그는 바보가 아닐지도 모른다. (약한 추측)

Check-Up 4

(1) must (2) must (3) had to (4) Must (5) don't have to

→ 우리말 해석에 유의하여 알맞은 조동사 표현을 고른다.
(1)과 (2)는 주어가 3인칭 단수이므로 have to는 쓸 수 없다.
(3) yesterday가 쓰였으므로 had to가 알맞다. (4) have to는 의문문의 문두에 쓰이지 않는다. (5) '~할 필요가 없다'는 don't have to로 표현한다.

Check-Up 5

(1) can't she (2) will you (3) mustn't he (4) shall we
(5) can they

(1) 정 씨는 스페인 음식을 만들 수 있어요, 그렇지 않나요?
(2) 저녁 식사 후에 설거지를 해, 그렇게 해주겠니?
(3) 내 동생은 그의 방을 반드시 청소해야 해요, 그렇죠?
(4) 내일 소풍 가자, 그럴래?
(5) 소민과 수아는 그 노래를 부를 수 없어, 그렇지?
→ 부가의문문은 앞 문장이 긍정문이면 부정으로 앞 문장이 부정문이면 긍정으로 묻는다. 앞 문장에 조동사가 쓰였다면 조동사를 활용하여 부가의문문을 만든다. 명령문의 경우는 will you?를 Let's가 쓰인 문장의 부가의문문은 shall we?를 사용한다.

Exercise

1 (1) must (2) will not (3) can (4) have

2 (1) will (2) may (3) can (4) will (5) must

3 (1) will play (2) No, I won't (3) can't bring (4) you may not (5) can't ride

---

| 해석 및 해설 |

1 (1) Tony는 그 시험에서 제일 높은 점수를 얻었다. 그는 매우 영리함에 틀림없다.

➔ 시험에서 제일 좋은 점수를 얻었으므로 will보다는 강한 추측을 의미하는 must가 의미상 적절하다.

(2) 일기예보에 의하면, 오후에는 비가 오지 않을 것이다.

➔ 일기예보에서 '비가 오지 않을 것이다.'라고 하는 게 '비가 올 필요가 없다'라고 하는 것보다 어울린다.

(3) Brain은 오랫동안 피아노를 연습해왔다. 그는 이제 피아노를 잘 칠 수 있다.

➔ Brain이 오랫동안 피아노 연습을 해 왔으니 이제 잘 칠 수 있다는 말이 자연스럽다. 또한 He 뒤에는 have to가 아닌 has to가 와야 맞다.

(4) 당신은 그 기차를 타기 위해서 서둘러야만 한다.

➔ must는 조동사이므로 뒤에 to가 나올 수 없다. have to는 must와 같은 의미로 '~해야만 한다'는 의무를 나타낼 때 쓴다.

[어휘] weather report 일기예보

2 ➔ (1) '~할 것이다'라는 의미를 지닌 조동사는 will이다.

(2) '~일지 모르다'라는 약한 추측을 나타내는 조동사는 may이다.

(3) '~할 수 있다'라는 가능을 나타내는 조동사는 can이다.

(4) '미래, 예정'을 나타내는 조동사는 will이다

(5) '의무'를 나타내는 조동사는 must이다.

[어휘] storybook 뗑 이야기책

3 (1) **A**: 학교 끝나고 무엇을 할 거니?

B: 나는 배드민턴을 칠 거야.

(2) **A**: 잠 잘 시간이야, Suzy야. 이제 자러가거라, 그럴거지?

B: 아니요, 그럴 수 없어요. 저는 보고서를 끝내야 해요.

(3) **A**: 실례합니다. 제가 그 카페에 애완동물을 데리고 가도 되나요?

B: 죄송합니다. 여기에는 애완동물을 데리고 오실 수 없어요.

(4) **A**: 저는 이 케이크를 지금 먹을 수 없지요, 그렇죠?

B: 너는 그래서는 안돼. 우리는 아빠를 기다려야 해.

(5) **A**: 제가 그 롤러코스터를 탈 수 있나요?

B: 아니, 너는 탈 수 없어. 너는 그걸 타기에는 키가 너무 작아.

➔ 위의 해석을 참고하여 빈칸에 들어갈 표현을 알맞게 쓴다.

[어휘] report 뗑 보고서 bring 통 가져오다 pet 뗑 애완동물

DAY 2 2 조동사 2

Check-Up 1

(1) should (2) had better (3) used to (4) had better (5) would like

---

(1) 너는 너의 선생님에게 관심을 기울여야 한다.

➔ 빈칸 다음에 동사원형이 왔으므로 should가 알맞다. would like 다음에는 to부정사가 온다.

(2) James는 다시는 늦지 않는 게 낫다.

➔ '~하지 않는 게 낫다'는 had better not으로 표현한다.

(3) 그녀는 어렸을 때 아침에 물 한 병을 마시곤 했다.

➔ 그녀가 어렸을 때는 아침에 물 한 병을 마셨지만 지금은 마시지 않는다는 의미로 빈칸에는 used to가 알맞다.

(4) 오늘 오후에 비가 올 것이다. 너는 네 우산을 가져가는 것이 낫다.

➔ 비가 내릴 것이므로 우산을 가져가는 게 좋겠다는 표현이 되려면 빈칸에는 had better가 알맞다.

(5) 나는 오늘밤 일찍 잠을 자고 싶다.

➔ 빈칸 다음에 to부정사가 왔으므로 빈칸에는 would like이 알맞다.

Check-Up 2

(1) should (2) cannot (3) must (4) may / might (5) could

➔ (1) '~했어야만 했다'는 후회의 표현은 should + have + p.p.로 나타낸다.

(2) '~이었을 리가 없다'는 부정적 추측의 표현은 cannot + have + p.p.로 나타낸다.

(3) '~했음이 틀림없다'는 강한 추측의 표현은 must + have + p.p.로 나타낸다.

(4) '~이었을지도 모르다'는 약한 추측의 표현은 may / might + have + p.p.로 나타낸다.

(5) '~할 수 있었는데'라는 표현은 could + have + p.p.로 나타낸다.

Exercise

1 (1) should (2) had better (3) used to (4) must (5) Would
2 (1) had better (2) used to (3) might have (4) cannot have (5) must have
3 (1) Jiho had better not take pictures. (2) We should help each other. (3) I used to live in London.

| 해석 및 해설 |

1 (1) 그는 그 영어 시험을 통과하지 못했다. 그는 공부를 더 열심히 했어야만 했다.
→ should + have + p.p.: ~했어야만 했다. (과거의 사실에 대한 후회)
(2) 오늘은 매우 춥다. 너는 따뜻한 스웨터를 입는 것이 낫겠다.
→ had better: ~하는 편이 낫겠다.
(3) Tom은 키가 매우 작았다. 하지만 지금은 키가 크다.
→ used to + 동사원형; ~하곤 했다. (과거의 습관이나 상태)
(4) 유나는 그 모임에 오지 않았다. 그녀는 아팠음에 틀림없다.
→ must + have + p.p.: ~했음에 틀림없다. (과거의 사실에 대한 강한 추측)
(5) 차가운 것 좀 마시겠어요?
→ would like to: ~하기를 원하다
2 → (1) had better: ~하는 것이 낫겠다
(2) used to: 어떤 장소에 어떤 것이 있었는데 지금은 없어졌다는 상태의 표현
(3) might + have + p.p.: ~였을지도 모른다.(과거의 사실에 대한 약한 추측)
(4) cannot + have + p.p.: ~였을 리가 없다. (과거의 사실에 대한 부정적인 추측)
(5) must + have + p.p.: ~했음에 틀림없다. (과거의 사실에 대한 강한 추측)
3 → 우리말 해석과 괄호 안에 제시된 조동사의 쓰임에 유의하여 영작한다.

Final Test 6

1 ④ **2** ③ **3** ② **4** ⑤ **5** ⓐ used to → were used by
6 (1) should have studied (2) will study / am going to study

| 해석 및 해설 |

1 제가 당신의 주문을 받아도 될까요?
① 그녀는 나의 이름을 알지 못할 수도 있다.
② 지호는 지금 서울에 살 수도 있다.
③ 그 소녀는 외롭다고 느낄지도 모른다.
④ 당신은 집에 일찍 가도 된다.
⑤ James는 오늘 아플지도 모른다.
→ 조동사 may는 '~일지도 모른다'라는 약한 추측과 '~해도 된다'는 허가의 의미가 있다. 주어진 문장은 허락을 구하는 것이므로 ④에 사용된 may가 같은 의미이다.
[어휘] order 명 주문
2 • 당신은 그 박물관에서 사진을 찍어서는 안 된다.
• 당신은 이 강에서 수영을 해서는 안 된다. 그것은 너무 위험하다.
→ '~해서는 안 된다'라는 뜻의 must not이 빈칸에 공통으로 와야 한다.
[어휘] museum 명 박물관 dangerous 형 위험한
3 A: 청바지를 입은 저 소녀가 누구니?
B: 나도 확실하지 않아. 그녀는 아마 지민이의 여동생일 거야.
→ 빈칸이 있는 문장 앞에 I'm not sure.라는 표현이 있으므로 확실하지 않은 약한 추측의 의미를 지닌 조동사 may가 와야 한다.
[어휘] blue jean 청바지
4 Tim은 방금 시카고에서 오는 비행에서 도착했고 그는 그의 짐이 사라진 것을 발견했다. 그는 그의 잃어버린 짐에 대해서 배상을 요구할 할 필요가 있었다. 그는 요구서를 작성하기 위해서 수화물 서비스 센터에 갔다. 그는 오후에 있을 회의에서 입을 그의 모든 옷들이 그 잃어버린 가방 안에 있었기 때문에 매우 화가 났다. 수화물 서비스 센터에서는 사과를 하고 새로운 정장을 얻을 수 있도록 준비해 주었다. 그날 오후, 그는 그의 새 정장을 입고 회의에 갈 수 있었다.
→ 밑줄 친 (A), (B)의 시제가 모두 과거형이므로 (A)는 '~해야만 했다'는 뜻의 had to로 (B)는 '~할 수 있었다'라는 뜻의 could로 바꾸어 쓸 수 있다.
[어휘] flight 명 비행 claim 동 요구하다 baggage 명 짐 upset 형 화가 난 apologize 동 사과하다

arrange ⑧ (일을) 처리하다

5 방문객들과 주민들은 곤돌라 타기가 베니스를 보는데 멋진 방법이라는 것에 동의한다. 곤돌라는 길고 좁은 배다. 그것들은 처음에 11세기에 나타났다. 그것들은 그 도시의 한 지역에서부터 다른 곳으로 물건들을 가져가기 위해 노동자들에 의해서 사용되었다. 17세기까지는 8,000에서 10,000대의 곤돌라가 있었다. 요즘에는 베니스에 오직 400대가 넘는 곤돌라만이 있다. 그것들은 관광객들의 즐거운 여행을 위해서 사용되지만 경주같은 특별한 행사를 위해서도 사용된다. 가장 유명한 곤돌라 경주 중의 하나는 매년 4월 25일 St. Mark's Day에 열린다.

[어휘] visitor ⑲ 방문객 resident ⑲ 주민 appear ⑧ 나타나다
century ⑲ 세기, 100년 celebrations ⑲ 기념 행사
take place 열리다

➔ 문맥상 ⓐ used to는 수동태 be used by로 고쳐 '~에 의해 사용되다'는 의미가 되어야 한다. 전체 시제가 과거형이고, used 앞의 주어가 They이므로 be동사는 were를 쓴다.

6 ➔ (1) '~했어야만 했다'는 하지 못한 일에 대한 후회를 나타내는 'should + have + p.p.'를 쓴다.
(2) '~할 것이다'는 미래를 나타내는 조동사 will이나 be going to를 쓴다.

[어휘] do well (시험 등을) 잘보다

DAY 23 형용사/부사

Check-Up 1

(1) is an interesting book. (2) is a sad movie. (3) is a heavy box. (4) are clean shoes. (5) is a kind teacher.

(1) 이 책은 재미있다. → 이것은 재미있는 책이다.
(2) 그 영화는 슬프다. → 이것은 슬픈 영화이다.
(3) 이 상자는 무겁다. → 이것은 무거운 상자다.
(4) 그 신발들은 깨끗하다. → 그것들은 깨끗한 신발이다.
(5) 그 선생님은 친절하다. → 그는 친절한 선생님이다.

Check-Up 2

(1) 부사 (2) 동사 (3) 형용사 (4) 문장 전체

(1) 나의 누나는 춤을 매우 잘 춘다.
➔ very가 부사 well을 수식하고 있다.
(2) 그녀는 빨리 달릴 수 있다.
➔ fast가 동사 run을 수식하고 있다.
(3) 오늘은 매우 춥다.
➔ really가 형용사 cold를 수식하고 있다.
(4) 다행스럽게도, 그는 그 시험을 통과했다.
➔ fortunately가 문장 전체를 수식하고 있다.

Check-Up 3

(1) 조용하게, 조용히 (2) 빨리, 빠르게 (3) 행복하게 (4) 운이 좋게, 다행히 (5) 간단하게, 간단히 (6) 강하게

Check-Up 4

(1) often go (2) never eats (3) is always (4) sometimes hang out (5) often clean

(1) 나는 종종 그 카페에 간다.
(2) Mary는 패스트푸드를 절대 먹지 않는다.
(3) 그의 방은 항상 더럽다.
(4) 나는 친구들과 때때로 시간을 보낸다.
(5) 그들은 그들의 교실을 종종 청소한다.
➔ 빈도부사는 be동사와 조동사의 뒤, 일반동사의 앞에 위치한다.

Exercise

1 (1) difficult (2) expensive (3) quiet (4) Korean (5) late
2 (1) well (2) quickly (3) fast (4) late (5) easily
3 (1) carefully (2) finally (3) hard (4) politely (5) fully
(6) simply (7) fast (8) early
4 (1) Sujin always walks to school.
(2) It often rains in London.
(3) He never reads a comic book.
(4) Nicole sometimes skips breakfast on weekends.
    Sometimes Nicole skips breakfast on weekends.
(5) I usually play soccer after school.

| 해석 및 해설 |

1 (1) 이 책은 매우 (어렵다 / 다르다). 나는 그것을 이해할

수 없다.

(2) 이것은 너무 (싸다 /<u>비싸다</u>). 할인을 좀 해줄 수 있나요?

(3) 당신은 영화관에서 (<u>조용히</u> / 꽤) 해야 한다.

(4) 나는 (한국 / <u>한국인</u>) 이다. 너는 어디 출신이니?

(5) 너는 다시는 학교에 (<u>늦지</u> / 빠르지) 말아야 한다.

[어휘] difficult 혱 어려운 understand 통 이해하다
cheap 혱 저렴한 expensive 혱 값비싼 discount 혱 할인

2 (1) 지원은 노래를 잘 한다.

→ good은 형용사이다. 동사 sing을 꾸며주므로 부사 well
로 고쳐야 한다.

(2) 여기에 빨리 오세요.

→ quick은 형용사이다. 동사 come을 꾸며주므로 부사
quickly로 고쳐야 한다.

(3) 너는 도서관에서 그렇게 빨리 뛰어서는 안 된다.

→ fast는 부사와 형용사로 모두 사용된다. fastly는 쓰지 않
는다.

(4) 그는 집에 매우 늦게 왔다.

→ lately는 '최근에'라는 의미를 지닌다. '늦게'라는 부사는
late을 써야 한다.

(5) 유나는 그 문제를 쉽게 풀었다.

→ 동사 solved를 수식하기 위해서는 형용사 easy를 부사
easily로 고쳐야 한다.

[어휘] solve 통 풀다, 해결하다

3 (1) 조심스러운 (2) 마지막의 (3) 열심인, 열심히 / 단단
한, 단단히 (4) 예의바른 (5) 꽉 찬, 배부른 (6) 간단한 (7)
빠른, 빨리 (8) 이른, 일찍

→ hard, fast, early, late는 형용사와 부사의 형태가 같다.
나머지 단어는 형용사에 -ly를 붙여서 부사를 만들어주면
된다.

4 (1) 수진은 항상 학교에 걸어간다.

(2) 런던에는 종종 비가 내린다.

(3) 그는 만화책을 절대 보지 않는다.

(4) Nicole은 주말에 가끔 아침을 거른다.

(5) 나는 보통 방과 후에 축구를 한다.

→ 빈도부사는 be동사와 조동사의 뒤, 일반동사의 앞에 위
치한다는 점에 유의한다.

[어휘] skip 통 거르다, 건너뛰다

DAY 24 비교급

Check-Up 1

(1) earlier (2) faster (3) larger (4) better (5) later (6) more
important (7) noisier (8) bigger (9) worse

(1) 더 일찍, 더 이른 (2) 더 빠른, 더 빠르게 (3) 더 큰 (4)
더 좋은 (5) 더 늦은 (6) 더 중요한 (7) 더 시끄러운 (8) 더
큰 (9) 더 나쁜

Check-Up 2

(1) O (2) X (3) X (4) O (5) O

(1) 이 방은 내 방보다 훨씬 더 크다.

(2) 김 선생님은 이 선생님보다 훨씬 더 인기 있다.

(3) 그 치마는 이 치마보다 훨씬 더 비싸다.

(4) Tom은 그의 남동생보다 훨씬 더 게으르다.

(5) Jack은 Matthew보다 훨씬 더 키가 크다.

→ 비교급을 수식해서 의미를 강조하는 표현으로는 much,
even, far, a lot 등이 있다. (2) very는 강조의 표현으로 쓰
지 않으므로 잘못된 문장이다. (3) 두 개를 비교하는 문장에
원급 형용사가 쓰였으므로 잘못된 문장이다.

Check-Up 3

(1) as tall as (2) as strong as

(1) Michael은 준석만큼 키가 크다.

(2) 지호는 민수만큼 힘이 세다.

→ (1)은 두 사람이 키가 똑같고 (2)는 두 사람이 힘이 똑같으
므로 원급 비교로 문장을 완성한다.

Exercise

1 (1) taller (2) older (3) larger (4) prettier (5) bigger
(6) fatter (7) worse (8) worse (9) more colorful ⑽ more
beautiful ⑾ younger ⑿ heavier ⒀ sadder ⒁ smarter
⒂ faster ⒃ kinder ⒄ closer ⒅ dirtier ⒆ hotter ⒇
better ㉑ better ㉒ more famous ㉓ more expensive
㉔ more ㉕ more difficult ㉖ more important ㉗ louder

(28) earlier

2 (1) Cindy is shorter than Sally.

(2) Sally is lighter than Cindy.

(3) Cindy is younger than Sally.

3 (1) A lion is as strong as a tiger.

(2) His bag was a lot heavier than mine.

| 해석 및 해설 |

2 (1) Cindy는 Sally보다 더 작다.

(2) Sally는 Cindy보다 더 가볍다.

(3) Cindy는 Sally보다 더 어리다.

[어휘] height 몡 키   weight 몡 몸무게

3 (1)은 원급 비교 문장을 쓰고, (2)는 일반 비교 문장을 써서 완성한다.

DAY 25 최상급

Check-Up 1

(1) earliest (2) fastest (3) largest (4) best (5) latest

(6) most important (7) noisiest (8) most expensive

(9) worst (10) biggest

---

(1) 가장 일찍 (2) 가장 빠른, 제일 빠르게 (3) 제일 큰 (4) 가장 좋은 (5) 가장 늦은 (6) 가장 중요한 (7) 가장 시끄러운 (8) 제일 비싼 (9) 가장 나쁜 (10) 가장 큰

Check-Up 2

(1) sports (2) more (3) things (4) tall (5) more handsome

---

(1) 야구는 미국에서 제일 인기 있는 운동 경기 중 하나이다.

(2) 이 셔츠는 이 가게에 있는 다른 어떤 것들 보다 더 비싸다.

(3) 사랑은 인생의 모든 다른 것들보다 더 중요하다.

(4) 어떤 소녀도 민지만큼 크지 않다.

(5) 김 선생님보다 더 잘생긴 사람은 없다.

➜ 다양한 최상급 표현을 확인하는 문제이다.

(1) one of the 최상급 + 복수 명사: 가장 ~한 ~중 하나

(2) 비교급 + than any other + 단수 명사: 다른 어떤 ~보다 더 ~한

(3) 비교급 + all the other 복수 명사: 다른 어떤 ~보다 더 한

(4) no other + 단수 명사 ~ as 원급 as: 다른 어떤 ~도 ~만큼 ~하지 않은

(5) no other + 단수명사 ~ 비교급 + than: 다른 어떤 ~도 ~보다 ~하지 않은

Exercise

1 (1) tallest (2) oldest (3) largest (4) prettiest (5) biggest (6) fattest (7) worst (8) worst (9) most colorful (10) most beautiful (11) youngest (12) heaviest (13) saddest (14) smartest (15) fastest (16) kindest (17) closest (18) dirtiest (19) hottest (20) best (21) best (22) most famous (23) most expensive (24) most (25) most difficult (26) most important (27) loudest (28) earliest

2 (1) the cutest (2) the easiest (3) the most expensive

(4) the highest

3 (1) He is the most popular actor

(2) My brother is the heaviest

(3) China is the largest country

(4) Health is the most important

| 해석 및 해설 |

2 (1) 그는 우리 반에서 제일 귀여운 소년이다.

(2) 영어는 나에게 가장 쉬운 과목이다.

(3) 그 가방은 이 가게에서 가장 비싸다.

(4) 에베레스트 산은 세상에서 가장 높은 산이다.

➜ (1), (2), (4)는 괄호 안에 단어를 최상급으로 바꾸고 앞에 the를 붙인다. (3)은 the most를 이용하여 최상급을 만든다.

[어휘] mountain 몡 산

3 우리말 해석이 모두 최상급을 나타낸다. 따라서 주어진 영단어를 활용해 최상급 문장을 만든다.

[어휘] popular 몡 인기 있는   actor 몡 배우   health 몡 건강

DAY 2 6 현재분사/과거분사

Check-Up 1

(1) 그 웃고 있는 아기
(2) 한 남자가 달리는 중이다
(3) 그 소년은 이야기하는 중이다
(4) 그 짖고 있는 개
(5) 누군가가 그의 어깨를 건드리는 것

(1) 그 웃고 있는 아기를 보아라.
(2) 빗속에서 한 남자가 달리는 중이다.
(3) 그 소년은 그의 친구들과 함께 이야기 하는 중이다.
(4) 나는 그 짖고 있는 개가 무섭다.
(5) 그는 누군가가 그의 어깨를 건드리는 것을 느꼈다.
→ (1), (4)에서는 현재분사가 형용사로, (2), (3)에서는 현재분사가 현재진행형으로, (5)에서는 현재분사가 목적격 보어로 사용되었다.

Check-Up 2

(1) broken (2) used (3) stolen (4) closed (5) burned

(1) 그 깨진 컵을 조심해라.
(2) 그녀는 중고차(사용된 차)를 샀다.
(3) 이것은 도둑맞은 지갑이다.
(4) 그녀는 계속해서 닫힌 창문을 두드렸다.
(5) 나는 탄 쿠키를 먹는 것을 원하지 않는다.
→ 어떤 동작에 영향을 받은 사물의 상태를 설명할 때 과거분사를 사용한다.

Check-Up 3

(1) spoken (2) waiting (3) playing (4) made (5) baked

(1) 영어는 많은 나라에서 말해진다.
(2) 기차를 기다리고 있는 많은 사람들이 있다.
(3) 바이올린을 연주하는 그 소녀는 나의 여동생이다.
(4) 그녀는 프랑스에서 만들어진 치마를 샀다.
(5) 이것은 나의 아버지에 의해 구워진 케이크이다.
→ 분사가 명사의 뒤에서 명사를 꾸며주는 경우, 그 명사가 직접 행동을 하는 경우에는 현재분사를, 명사가 행동의 대상이 되는 경우에는 과거분사를 쓴다. 따라서 (2), (3)은 현재분사, (1), (4), (5)는 과거분사를 쓴다.

Exercise

1 (1) taken (2) singing (3) written (4) made
(5) interesting
2 (1) They saw a girl playing the piano.
(2) I am reading an interesting novel written by Jane.
(3) The excited people were shouting.
(4) He heard the surprising news.
(5) I ate some boiled eggs.
3 (1) ate some cookies baked in the oven.
(2) sitting on the sofa is my father.
(3) designed by Lisa is very expensive.

| 해석 및 해설 |

1 (1) 유럽에서 찍은 사진들을 나에게 보여주세요.
(2) 너는 무대 위에서 노래하는 그 남자의 이름을 아니?
(3) 너는 일본어로 쓰여진 책을 읽을 수 있니?
(4) 그녀는 면으로 만들어진 티셔츠를 샀다.
(5) 그들은 나에게 흥미로운 책들을 추천했다.
→ 현재분사는 진행과 능동의 의미를, 과거분사는 완료와 수동의 의미를 지닌다는 것에 유의한다.
2 (1) 피아노를 치고 있는 소녀는 a girl playing the piano 로 표현한다.
(2) Jane이 쓴 흥미진진한 소설은 an interesting novel written by Jane으로 표현한다.
(3) 그 흥분한 사람들은 the excited people로 표현한다.
(4) 그 놀라운 소식은 the surprising news로 표현한다.
(5) 삶은 계란은 '삶아진' 계란이기 때문에 boiled eggs로 표현한다.
3 → (1), (3)처럼 수동의 의미를 나타낼 때는 과거분사를, (2)처럼 능동의 의미를 나타낼 때는 현재분사를 사용해서 명사를 수식할 수 있다.

Final Test 7

1 ③ 2 ③ 3 ② 4 ③ 5 ⑤ 6 ⑤ 7 (1) slowest
(2) slower (3) faster (4) fastest 8 (1) flown → flying / fly
(2) tiring → tired

1 ① Susan은 제일 어리다.

② Tony는 Susan보다 더 나이가 많다.

③ Susan은 Tony보다 더 나이가 많다.

④ Tony는 Alex보다 더 어리다.

⑤ Susan은 Alex보다 더 어리다.

→ 나이가 많은 순서는 Susan, Tony, Alex이다 따라서 ①은 Susan is the oldest. ②는 Tony is younger than Susan. ④는 Tony is older than Alex. ⑤는 Susan is older than Alex.로 써야 한다.

2 ① 지원이는 영어에서 제일 낮은 성적을 받았다.

② 지원이는 역사에서 가장 높은 점수를 받았다.

③ 지원이는 영어보다 과학에서 더 낮은 점수를 받았다.

④ 지원이는 영어보다 역사에서 더 높은 점수를 받았다.

⑤ 지원이는 역사보다 과학에서 더 높은 점수를 받았다.

→ 지원이의 높은 성적 순서는 영어, 역사, 과학이다. ①은 Jiwon got the lowest score in science. ②는 Jiwon got the highest score in English. ④는 Jiwon got higher score in English than history. ⑤는 Jiwon got higher score in history than science.로 써야 한다.

[어휘] score 명 점수

3 ① 무대 위에서 춤추고 있는 그 소년은 내 친구이다.

② 영어로 쓰인 그 책은 어렵다.

③ 그 나이든 여인을 돕고 있는 남자를 보아라.

④ 나는 나의 엄마와 이야기하고 있는 그 여인을 모른다.

⑤ 정원에서 자고 있는 그 고양이는 내 것이다.

→ 책은 직접 쓰는 것이 아니고 쓰여진 것이므로 수동의 의미를 지닌 과거분사 written이 수식해야 한다.

[어휘] difficult 형 어려운   garden 명 정원

4 • 나는 빨간 카펫으로 덮여있는 바닥을 걸었다.

• 나는 한 소녀가 길에서 노래하는 것을 들었다.

→ 바닥은 레드카펫으로 덮여있는 수동의 의미이므로 과거분사, 소녀는 노래를 하고 있는 진행의 의미이므로 현재분사를 쓴다.

5 ① 다섯 명의 학생들이 음악을 좋아한다.

② 열 명의 학생들이 체육을 좋아한다.

③ 열다섯 명의 학생들이 과학을 좋아한다.

④ 학생들은 음악을 제일 좋아한다.

⑤ 학생들은 과학보다 체육을 좋아한다.

→ 음악은 10명, 체육은 15명, 과학은 5명의 학생들이 좋아한다. 학생들이 체육을 과학보다 좋아한다는 ⑤가 도표의 내용과 일치한다. ①은 Ten students like music. ②

는 Fifteen students like P.E. ③은 Five students like science. ④는 Students like P.E. the most.로 고쳐야 한다.

[어휘] P.E. 명 체육(physical education)

6 ① 직업 체험에 참여하는 것이 제일 인기 있다.

② 놀이동산에 가는 것이 세 번째로 인기 있다.

③ 운동을 하는 것이 박물관에 가는 것보다 덜 인기 있다.

④ 공연을 보는 것이 운동을 하는 것 보다 더 인기 있다.

⑤ 박물관에 가는 것이 공연을 보는 것 만큼 인기 있다.

→ 학교체험학습 동안 무엇을 하고 싶은지 조사한 도표이다. 놀이동산에 가는 것이 35%, 직업 체험에 참가하는 것이 25%, 운동을 하는 것이 20%, 박물관에 가는 것과 공연을 보는 것이 각각 10%이다. 따라서 ⑤가 내용과 일치한다. ①은 Going to amusement parks is the most popular. ②는 Playing sports is the third most popular. ③은 Visiting museums is less popular than playing sports. ④는 Playing sports is more popular than watching performances.로 고쳐져야 한다.

[어휘] attend 동 참석하다   amusement park 놀이동산
performance 명 공연

7 차는 네 교통수단 중에서 가장 느리다. 지하철은 기차보다 더 느리다. 기차는 지하철보다 더 빠르다. 비행기는 그것들 중에서 가장 빠르다.

→ 표의 내용에 따라 (1), (4)는 최상급을 (2), (3)은 비교급을 쓴다.

[어휘] transportation 명 교통수단

8 거위들이 'V'형태로 날아가는 것을 본 적이 있는가? 조류 과학자들에 의하면, 'V'대형으로 날아가는 새들은 혼자인 새보다 더 멀리 날 수 있다. 우두머리 거위가 피곤해지면 다른 거위가 그 무리를 이끈다. 그것들은 또한 속도를 유지하기 위해 서로를 응원한다. 이런 방법으로, 그것들은 그들이 가고자 하는 곳에 빠르고 쉽게 도착할 수 있다.

→ 첫 번째 문장에서 동사가 have seen으로 지각동사가 사용되었으므로 geese의 목적격 보어로 동사원형이나 현재분사를 써야 한다. 따라서 flown은 flying 혹은 fly로 고친다.

'피곤해지다'라는 표현은 get tired로 쓴다. tiring은 '(사람들을) 피곤하게 만드는'이라는 뜻이기 때문에 본인이 피곤할 때는 tired라는 과거분사 형태를 써야 한다.

[어휘] according to ~에 따르면   lead 동 이끌다
cheer up 응원하다   keep up 유지하다

Check-Up 1

(1) Is (2) Does (3) Where (4) you (5) study

(1) 그는 너의 친구니?

(2) 그는 TV보는 것을 좋아하니?

(3) 너는 어디에 사니?

(4) 너는 학생이니?

(5) 미나는 영어를 공부하니?

→ (1), (2), (4), (5)는 의문문을 만들 때 주어와 동사의 수를 확인하고 일반동사의 의문문은 Do/Does를 사용한다는 점에 유의한다. (3)은 의문사가 사용된 의문문으로 장소를 물어보고 있으므로 Where가 알맞다.

Check-Up 2

(1) Where is Jimin? (2) why you like (3) how he goes
(4) what your phone number is (5) who that boy is

(1) 지민이가 어디에 있니? 나는 그를 찾을 수 없어.

(2) 왜 네가 그 영화를 좋아하는지 말해줘.

(3) 너는 그가 어떻게 학교에 가는지를 아니?

(4) 너의 전화번호가 무엇인지 나에게 말해줄 수 있니?

(5) 그 소년이 누구인지 나에게 말해줘.

→ 간접의문문은 '의문사 + 주어 + 동사'로 표현한다. (2), (3), (4), (5)는 모두 간접의문문을 고르면 된다. (1)은 간접의문문이 아닌 의문사가 사용된 일반적인 의문문이 알맞다.

Exercise

1 (1) Are you thirsty?

(2) Is he a basketball player?

(3) Were they in the library?

(4) Is this your book?

(5) Are you from Canada?

2 (1) Did you have a good winter vacation?

(2) Did she drink coffee in the morning?

(3) Does he get up early?

(4) Does the lesson start at 8:00?

(5) Do Mira and John like fall?

3 (1) Where (2) Who (3) When (4) What (5) How

4 (1) Do you know where he lives?

(2) Can you tell me what your name is?

(3) We're not sure if/whether Mr. Kim eats duck.

(4) I want to know if/whether you had lunch.

(5) What do you think she likes?

| 해석 및 해설 |

1 (1) 너는 목이 마르니?

(2) 그는 농구 선수니?

(3) 그들은 도서관에 있었니?

(4) 이것이 너의 책이니?

(5) 너는 캐나다 출신이니?

→ be동사를 사용하는 의문문을 만드는 문제이다. be동사가 포함된 의문문의 어순은 「be동사 + 주어~?」이다.

[어휘] thirsty 형 목이 마른, 갈증이 나는
basketball 명 농구

2 (1) 너는 좋은 겨울방학을 보냈다.

(2) 그녀는 아침에 커피를 마셨다.

(3) 그는 일찍 일어난다.

(4) 그 수업은 8시에 시작한다.

(5) 미라와 John은 가을을 좋아한다.

→ 일반동사의 의문문을 만드는 문제이다. 일반동사의 의문문 어순은 'Do/Does/Did + 주어 + 동사원형~?'이다. (1), (2)는 과거이므로 조동사 Did를 쓴다. (3), (4)는 3인칭 단수이고 현재시제이므로 Does를 쓴다. (5)는 복수이고 현재시제이므로 Do를 쓴다.

3 (1) A: 너는 어디에서 사니?

B: 나는 대전에 살아.

(2) A: 그 소년은 누구니?

B: 그는 나의 남동생이야.

(3) A: 너의 생일은 언제니?

B: 나는 7월 7일에 태어났어.

(4) A: 네가 제일 좋아하는 과목은 무엇이니?

B: 내가 제일 좋아하는 과목은 미술이야.

(5) A: 날씨가 어떠니?

B: 흐려.

→ 의문사를 활용한 의문문을 물어보는 문제이다. B의 대답을 바탕으로 (1)은 어디(where), (2)는 누구(who), (3)은 언제(when), (4)는 무엇(what), (5)는 어떻게(how)가 들어가야 함을 유추할 수 있다.

[어휘] weather 뗑 날씨 cloudy 뗑 구름이 낀

4 (1) 너는 그가 어디 사는지 아니?

(2) 너의 이름이 무엇인지 말해 줄 수 있니?

(3) 우리는 Mr. Kim이 오리고기를 먹는지 확신할 수 없다.

(4) 나는 네가 점심을 먹었는지 알고 싶다.

(5) 너는 그녀가 무엇을 좋아한다고 생각하니?

→ 간접의문문의 어순은 (1), (2)처럼 의문사가 있는 경우에는 '의문사 + 주어 + 동사'이다. (3), (4)처럼 의문사가 없는 경우에는 'if/whether + 주어 + 동사'이다. (5)는 think가 주절의 동사이므로 '의문사 + think + 주어 + 동사'이다. 그리고 (1), (3), (5)의 경우 조동사 does가 쓰인 의문문은 주어가 3인칭 단수이므로 간접의문문으로 바꿀 때 동사에 -s를 붙여줘야 한다.

DAY 28 명령문/감탄문

Check-Up 1

(1) 여기에 주차하지 마라.

(2) 슬퍼하지 마라.

(3) 조심해라.

(4) 네 손을 씻어라.

(5) TV를 꺼라.

Check-Up 2

(1) What (2) How (3) What (4) the table is (5) bag it is

(1) 얼마나 바쁜 날인지!

(2) 그녀는 너무 아름답구나!

(3) 그것은 정말 슬픈 이야기구나!

(4) 그 테이블은 정말 크구나!

(5) 정말 비싼 가방이구나!

→ 감탄문을 만드는 방법에는 'What + a(n) + 형용사 + 명사 + (주어 + 동사)!'과 'How + 형용사 + (주어 + 동사)!'가 있다. 따라서 (1), (3), (5)는 what을 이용한 감탄문이고, (2), (4)는 how를 이용한 감탄문이다.

Exercise

1 (1) Don't(Do not) (2) Open (3) Be (4) Don't(Do not)

(5) Don't(Do not)

2 (1) Don't(Do not) (2) Don't(Do not) (3) Be (4) Clean

(5) swim

3 (1) How (2) How (3) What (4) What (5) What

| 해석 및 해설 |

1 → 명령문은 주어인 you를 생략하고 동사원형으로 시작한다. '~하지 마라'는 금지의 뜻을 가진 부정명령문은 'Don't(Do not) + 동사원형~'으로 쓴다.

[어휘] classroom 뗑 교실 textbook 뗑 교과서

polite 뗑 공손한, 예의 바른 rude 뗑 무례한 worry 뙵 걱정하다

2 (1) 시끄럽게 하지 마라.

(2) 부끄러워하지 마라.

(3) 착한 소녀가 되라.

(4) 네 방을 청소해라.

(5) 여기서 수영하지 마라.

→ 명령문은 동사원형으로 시작한다. '~하지 마라'는 금지의 뜻을 가진 부정명령문은 'Don't(Do not) + 동사원형~'으로 쓴다.

[어휘] noise 뗑 시끄러운 소리 shy 뗑 부끄러운, 수줍은

3 (1) 그는 정말 친절하구나!

(2) 그 산은 정말 높구나!

(3) 정말 똑똑한 생각이었구나!

(4) 정말 높은 건물이구나!

(5) 정말 멋진 사진이구나!

→ (1), (2)는 빈칸 뒤에 바로 형용사 kind와 high가 있으므로 How로 시작하는 감탄문이다. (3), (4) (5)는 빈칸 뒤에 a가 있으므로 What으로 시작하는 감탄문이라는 것을 알 수 있다.

DAY 29 분사구문

Check-Up 1

(1) Talking (2) Being (3) Crossing (4) Knowing

(5) Being

(1) 그녀가 그와 함께 이야기하고 있을 때, 그녀는 계속해서 미소 지었다.

(2) 그녀가 아팠기 때문에, 그녀는 진료를 받으러 갔다.

(3) 만일 네가 그 길을 건넌다면, 너는 그 건물을 보게 될 것이다.

(4) 그녀가 그의 주소를 알았음에도 불구하고, 그녀는 그의 집을 찾을 수 없었다.

(5) 내가 피곤했기 때문에, 나는 아침에 늦게 일어났다.

➡ 분사구문은 접속사와 주어를 생략하고 동사＋-ing로 표현한다.

Check-Up 2

(1) I coming (2) My parents going (3) My brother being

(1) 내가 집에 도착했을 때, 나의 부모님은 저녁식사를 하고 계셨다.

(2) 부모님께서 주무시자마자, 나는 내 컴퓨터를 켰다.

(3) 내 남동생이 아팠기 때문에, 나는 그를 보살폈다.

➡ 분사구문을 만들 때 접속사절과 주절의 주어가 다르면 분사구문 앞에 접속사절의 주어를 그대로 사용한다.

Check-Up 3

(1) Having lost (2) Having seen (3) Having finished

(1) 그가 모든 돈을 잃어버렸었기 때문에, 그는 그 가방을 살 수 없었다.

(2) 그녀가 그를 전에 만난 적이 있기 때문에, 그녀는 그를 아주 쉽게 알아볼 수 있었다.

(3) 비록 내가 그 보고서를 끝냈음에도 불구하고, 나는 그 것을 제출하는 것을 잊어버렸다.

➡ 분사구문을 만들 때 접속사절이 주절의 시제보다 더 앞선다면 분사구문은 Having＋p.p.로 표시한다.

Check-Up 4

(1) Not knowing (2) Not watching (3) Not closing

(1) 그녀가 그에 대해 아무것도 몰랐음에도 불구하고, 그녀는 그를 좋아했다.

(2) 내가 그 영화를 보지 않았기 때문에, 나는 그들이 이야기하는 것을 이해할 수 없었다.

(3) 그가 어젯밤에 창문을 닫지 않았기 때문에, 그는 감기에 걸렸다.

➡ 분사구문의 부정은 분사 앞에 not을 쓴다.

Exercise

1 (1) Listening (2) Being (3) having

2 (1) It raining hard (2) Sam preparing lunch (3) Not knowing him well

| 해석 및 해설 |

1 (1) 라디오를 들으면서, Tom은 그 책을 읽었다.

(2) 어리기 때문에, 그녀는 그 영화를 볼 수 없다.

(3) 그 음식을 본 적이 없어서 우리는 먹는 법을 알지 못했다.

➡ 각 문장들을 보면 두 개의 동사가 접속사 없이 사용되고 있으므로 접속사가 생략된 분사구문으로 밑줄 친 부분을 고쳐야 한다. 세 문장 모두 분사구문으로 고칠 부분이 주절의 주어와 같으므로 동사에 -ing를 붙여 분사구문을 만든다.

[어휘] listen to ~을 듣다

2 (1), (2)는 주절과 접속사 절의 주어가 다르다. 따라서 의미를 명확하게 하기 위해 분사 앞에 주어를 쓴다. (3) 분사구문의 부정은 분사 앞에 not을 쓴다.

[어휘] go on a picnic 소풍을 가다
have a crush on ~을 짝사랑하다

DAY 30 문장의 5형식

Check-Up 1

(1) 주어: She 동사: lives

(2) 주어: many trees 동사: are

(3) 주어: The airplane 동사: has left

(4) 주어: Mike 동사: runs

(5) 주어: The sun 동사: rises

(1) 그녀는 큰 집에서 산다.

(2) 그 공원에는 많은 나무들이 있다.

(3) 그 비행기는 막 공항을 떠났다.

(4) Mike는 Tom보다 더 빨리 달린다.

(5) 태양은 동쪽에서 떠오른다.

Check-Up 2

(1) happy (2) turned (3) keep (4) sweet (5) are

(1) 그녀는 매우 행복했다.

(2) 그 나뭇잎들은 빨갛고 노랗게 변했다.

(3) 그 학생들은 침묵을 유지했다.

(4) 그 케이크는 달콤한 냄새가 난다.

(5) 그 쿠키들은 매우 맛있다.

➜ (1), (4) 보어 자리에는 부사가 아닌 형용사가 와야 한다.
(3), (5) 주어가 복수이기 때문에 단수 동사는 쓸 수 없다. (2) 빨갛고 노랗게 변했다는 의미의 동사는 turn이 알맞다.

Check-Up 3

(1) to buy (2) spending (3) how (4) playing (5) her

(1) 나는 파란 셔츠를 사기를 원한다.

➜ want는 to부정사를 목적어로 취한다.

(2) 나의 여동생은 집에서 그녀의 시간을 보내는 것을 즐긴다.

➜ enjoy는 동명사를 목적어로 취한다.

(3) 너는 어떻게 공항에 가는지 아니?

➜ 공항에 도착하는 방법을 아느냐는 물음이므로 how가 알맞다.

(4) James는 그의 친구들과 함께 농구하는 것을 좋아한다.

➜ love는 동명사나 to부정사를 목적어로 취한다.

(5) 그 아기는 그녀를 좋아하지 않는다.

➜ like 다음에는 소유격이 아닌 목적격이 와야 한다.

Check-Up 4

(1) me a letter (2) tell me the truth

(3) buy my mom a scarf

(4) asked his teacher a difficult question

(5) told us funny stories

(1) Jason은 어제 나에게 편지를 한 통 보냈다.

(2) 그녀는 나에게 진실을 이야기 하지 않았다.

(3) 나는 엄마에게 그녀의 생일 선물로 스카프를 사줄 것이다.

(4) 그는 그의 선생님에게 어려운 질문을 했다.

(5) Smith 양은 수업 시간에 우리에게 재미있는 이야기를 해 주었다.

➜ 모두 4형식 문장이다. 4형식의 문장은 '주어 + 동사 + 간접목적어(~에게) + 직접목적어(~을, 를)'의 어순을 지닌다는 것에 유의하여 배열한다.

Check-Up 5

(1) Ms. Kim made a cake for her son.

(2) Mr. Lee teaches English to me.

(3) Can I ask a question of you?

(4) She gave some books to me.

(5) He bought a black dress for his wife.

(1) 김 씨는 그녀의 아들에게 케이크를 만들어주었다.

(2) 이 선생님은 나에게 영어를 가르친다.

(3) 내가 너에게 질문을 해도 되니?

(4) 그녀는 나에게 몇 권의 책을 주었다.

(5) 그는 그의 부인에게 검은 드레스를 사주었다.

➜ 4형식을 3형식으로 바꾸면 어순이 '주어 + 동사 + 직접목적어 + 간접목적어'가 된다. 이때 동사 teach, give는 간접목적어 앞에 to를, 동사 make, buy는 간접목적어 앞에 for를, 동사 ask는 간접목적어 앞에 of 쓴다.

Check-Up 6

(1) wash (2) burning (3) to turn (4) interesting (5) him

(1) 그녀는 그녀의 아들이 설거지를 하도록 했다.

(2) 그는 무언가가 부엌에서 타고 있는 냄새를 맡았다.

(3) David는 그녀에게 라디오를 꺼줄 것을 부탁했다.

(4) 나는 그 영화가 재미있다는 것을 발견했다.

(5) 그의 아버지는 그가 유명한 야구 선수가 되도록 했다.

➜ 모두 5형식 문장이다. (1) 사역동사 have는 목적격 보어로 동사원형을 취한다. (2) 지각동사 smell은 목적격 보어로 동사원형이나 현재분사를 취한다. (3) ask는 목적격 보어로 to부정사를 취한다. (4) 목적어인 the movie가 재미있는 것이므로 목적격 보어는 현재분사를 취한다. (5) 5형식

의 목적어 자리이므로 목적격 대명사인 him이 알맞다.

1 (1) 1형식 (2) 2형식 (3) 4형식 (4) 5형식 (5) 3형식

2 (1) I heard my mom talking with her friends.

(2) There is a cute teddy bear next to the window.

(3) The music sounds beautiful.

(4) I showed some pictures from Paris to my friends.

(5) My brother told me a scary story.

3 (1) well → good

(2) to come → come

(3) cleanly → clean

(4) to → of

(5) drinking → to drink

| 해석 및 해설 |

1 (1) 민호와 미나는 함께 걸었다.

(2) 나의 영어 선생님은 오늘 매우 화나 보였다.

(3) 엄마는 지난 겨울에 나에게 따뜻한 스웨터를 만들어 주셨다.

(4) 나는 내 친구가 공원에서 개를 산책시키는 것을 보았다.

(5) 그는 그녀를 위해 초콜릿 한 상자를 샀다.

➜ (1) Minho and Mina walked together.
　　　주어　　　　　　동사

(2) My English teacher looks very upset today.
　　　　주어　　　　　　동사　　주격 보어

(3) Mom made me a warm sweater last winter.
　　주어　동사　간접목적어　직접목적어

(4) I saw my friend walk the dog in the park.
주어 동사　　목적어　　목적격 보어

(5) He bought a box of chocolate for her.
　　주어　　동사　　　　목적어

[어휘] look ~처럼 보이다　upset 혱 화난

2 ➜ (1) 5형식 (2) 1형식 (3) 2형식 (4) 3형식 (5) 4형식에 맞게 배열한다.

[어휘] sound 통 들리다　scary 혱 무서운

3 (1) 그 피자는 맛이 좋다.

➜ 2형식 문장에서 주격 보어는 부사가 아닌 형용사가 와야 한다.

(2) 나의 부모님들은 내가 집에 일찍 돌아오도록 하셨다.

➜ 5형식 문장에서 동사가 have/make/let처럼 사역동사가 쓰인 경우에는 목적격 보어로 동사원형이 온다.

(3) 너는 너의 방을 깨끗하게 유지해야만 한다.

➜ 5형식 문장에서 목적격 보어는 부사가 아닌 형용사가 와야 한다.

(4) 그녀는 나에게 많은 질문을 했다.

➜ ask는 3형식으로 쓰일 때 사람 앞에 전치사 of가 쓰인다. 이 문장을 4형식으로 바꾸면 She asked me a lot of questions.가 된다.

(5) Brown 씨는 커피를 한 잔 마시기를 원한다.

➜ 3형식 문장에서 동사에 따른 목적어의 형태를 잘 기억해야 한다. want는 to부정사를 목적어로 취하는 동사이다.

[어휘] taste 통 맛나다　invitation 혱 초대장

1 ④ **2** ⑤ **3** ④ **4** ⑤ **5** ③ **6** ④ **7** Believe in the power of words **8** How did people send messages in the past?

| 해석 및 해설 |

1 A: 너는 네가 그것을 어디에서 샀는지 아니?

B: 나는 그것을 Polar Bear Department Store에서 샀어.

➜ A가 간접의문문으로 물어보고 있는 질문에 B가 물건을 산 장소를 알려주고 있다. 따라서 빈칸에는 장소를 물어볼 때 사용하는 의문사인 where가 필요하다.

[어휘] department store 백화점

2 ① 그를 그 역에서 봤을 때, 나는 매우 놀랐다.

② 피곤했기 때문에, 그녀는 집에 일찍 돌아왔다.

③ 부엌에서 요리를 하면서, 엄마는 노래를 불렀다.

④ 열쇠를 잃어버렸기 때문에, 그녀는 그 문을 열 수가 없었다.

⑤ 공부를 열심히 하지 않아서, 나는 그 시험을 통과하지 못했다.

➜ 분사구문을 부정은 not을 분사 앞에 써야 한다. 따라서 ⑤는 Not studying hard, I failed the test.가 되어야 한다.

3 • 너의 이름이 무엇인지 나에게 말해줘.

• 너는 참 아름다운 이름을 가졌구나!

➜ 첫 번째 문장은 간접의문문이다. 간접의문문은 '의문사 + 주어 + 동사'의 순서이니 빈칸에는 의문사가 온다는 것을 알 수 있다. 두 번째 문장은 감탄문이다. 감탄문은 'What a 형용사 + 명사 + 주어 + 동사' 또는 'How 형용사 + 주어 + 동사'를 쓴다. 따라서 빈칸에 공통으로 들어갈 말은 what이다.

4 Tom은 착한 학생이다. 그는 Kevin의 가방을 들어다 주었다. 그는 Yuri의 숙제를 도와주었다. 그가 얼마나 친절한

정답 및 해설 **39**

지! – 미나

→ 메모의 내용 중 마지막 문장을 보면 How kind he is!'라고 Tom이 친절하다며 감탄하고 있다. 따라서 그를 칭찬한다는 것을 알 수 있다.

5 안전한 자전거 타기

자전거를 타기 전에, 당신은 이런 것들을 점검해야 한다.

☑ 타이어에 공기가 필요한가?

➡ 만약 타이어에 공기가 필요하다면, 타이어를 채워라.

☑ 체인에 기름이 필요한가?

➡ 더 나은 주행을 위해서, 당신은 체인에 기름칠을 해야 한다.

☑ <u>브레이크는 잘 작동하는가?</u>

➡ 빠르고 안전하게 멈추기 위해서 이것을 점검하라.

① 헬멧은 새것인가?

② 자전거는 좋아 보이는가?

③ 브레이크는 잘 작동하는가?

④ 자전거에 바구니가 있는가?

⑤ 당신의 자전거에 칠을 할 필요가 있는가?

→ 빈칸에 다음 문장이 '빠르고 안전하게 멈추기 위해서 이것을 점검하라'라고 되어 있다. 자전거를 멈추기 위해서 필요한 것은 바로 brake이다. 따라서 답은 ③ '브레이크는 잘 작동하는가?'가 알맞다.

[어휘] fill up 채우다 treat ⑧ 대하다

6 나의 가장 친한 친구는 예쁘고 똑똑하지만 나는 아니다. 사람들은 우리를 다르게 대한다. 그들은 그녀에게는 매우 친절하지만 나에게는 아니다. 나는 매우 슬프게 느낀다. 나는 이런 기분을 느끼는 것을 좋아하지 않는다. 내가 어떻게 해야만 할까?

→ (A) treat라는 동사를 꾸며주는 역할을 하는 것은 부사이다. (3형식) (B) feel은 뒤에 형용사 보어가 오는 감각동사이다. (2형식) (C) like는 to부정사나 동명사가 목적어로 오는 동사이다. (3형식)

7 당신은 피곤하다고 느끼는가? 여기 몇 가지 조언이 있다. 행복이 당신의 것이 될 수 있다. 이것들을 시도하고 행복해져라!

1. 음악과 함께 더 나은 삶을 살아라!

• 당신이 제일 좋아하는 노래를 듣고 기분을 풀어라! 좋은 음악은 당신이 긴장을 풀도록 돕는다.

2. 말의 힘을 믿어라!

• 매일 아침 거울을 들여다 보라. '나는 행복해. 나는 오늘 신나.'라고 말하라. 곧 그것이 진짜가 될 것이다!

→ 피곤함을 날려버릴 수 있는 조언이 언급된 글이다. 첫

번째 조언이 명령문이므로 두 번째 조언도 명령문임을 유추할 수 있다. 두 번째 조언의 세부 설명은 매일 아침 거울을 보고 '나는 행복해, 나는 오늘 신나.'라고 말하면 그것이 사실이 될 것이라고 언급하고 있다. 따라서 두 번째 조언으로는 '말의 힘을 믿어라!'가 알맞다.

[어휘] relax ⑧ 이완하다, 긴장을 풀다

8 과거에는 메시지를 전달하는 것이 쉽지 않았다. 왜냐하면 사람들이 전화기나 컴퓨터가 없었기 때문이다. 하지만 그들은 다양한 방식으로 메시지를 전하려고 노력했다. 과거 한국인들은 높은 산에서 불을 피웠고 미국 인디언들은 북을 쳤다. 선원들은 그들의 배에 깃발을 높게 매달았다. 어떤 사람들은 심지어 새의 다리에 메시지를 묶기도 했다.

→ 글의 내용을 파악하여 제목을 만드는 문제이다. 글의 내용이 과거에 메시지를 전달한 방법에 대해 다양한 예를 들어 설명하고 있으므로 제목은 '과거에는 어떻게 사람들이 메시지를 전달했을까?'가 알맞은 제목이 된다.

'의문사 + did + 주어 + 동사'순으로 단어를 배열하고 부사구인 in the past는 문장 마지막에 위치시킨다.

[어휘] beat ⑧ 치다 sailor ⑲ 선원 flag ⑲ 깃발 tie ⑧ 묶다

DAY 31 접속사

Check-Up 1

(1) while (2) Since (3) Because (4) unless (5) Though

(1) 내가 책을 읽고 있던 동안에 나는 잠이 들었다

(2) 내가 어렸을 때부터, 나는 가족들과 많은 장소를 방문해 왔다.

(3) 내가 매우 바빴기 때문에, 나는 너에게 전화할 수 없었다.

(4) 만약 서두르지 않는다면 너는 기차를 놓칠 것이다.

(5) 날씨가 더웠음에도 불구하고, 그는 따뜻한 스웨터를 입었다.

→ 우리말 해석에 자연스러운 접속사를 고른다.

Check-Up 2

(1) ② (2) ③ (3) ② (4) ② (5) ①

(1) 나는 (고래가 포유류라는 것을) 안다.

(2) (그가 창문을 깬 것은) 부주의한 일이다.

(3) 나의 희망은 (나의 가족이 영원히 행복한 것)이다.

(4) 나는 (네가 그 경기에서 이길 수 있다는 것을) 믿는다.

(5) (James와 Thomas가 친구라는 것은) 진실이다.

→ that은 접속사로 쓰여 절(주어+동사)과 절을 이어주는 역할을 한다. (1)과 (4)에는 목적어 자리, (2)와 (5)는 주어 자리, (3)은 보어 자리에 that 들어간다.

Check-Up 3

(1) ~인지 (2) 만약 ~라면 (3) ~인지 (4) ~인지

(5) 만약 ~라면

(1) 그녀가 회복할지가 의문이다.

(2) 너는 집에 일찍 갈 수 있다. 만일 네가 오늘 아프다면.

(3) 네가 그 음식을 좋아하는지 아닌지가 매우 중요하다.

(4) 나는 그가 그 파티에 올지 안 올지 궁금하다.

(5) 만일 내일 비가 온다면, 나는 집에 머무를 것이다.

→ whether가 (1)은 보어 자리, (3)은 주어 자리에서 '~인지'의 의미로 쓰였다. if가 (2)와 (5)는 부사절을 이끌며 '만약 ~라면'의 의미로 쓰였다. (4)는 목적어 자리에서 '~인지'의 의미로 쓰였다.

Exercise

1 (1) 네가 그 이야기를 믿은 것은 멍청했다.

(2) 그가 운전 시험을 통과했음에도 불구하고, 그는 운전을 잘 못한다.

(3) 배가 아팠기 때문에 나는 점심을 먹을 수 없었다.

(4) 네가 샤워하고 있는 동안에, 눈이 많이 내리기 시작했다.

(5) 만약 그가 택시를 타지 않는다면, 그는 늦을 것이다.

2 (1) If you read the book (2) because she was not here (3) that he didn't know my name (4) Although my room was small (5) Whether he will come or not

| 해석 및 해설 |

2 (1) 만약 네가 그 책을 읽는다면, 너는 그 문제를 풀 수 있다.

(2) 그녀가 여기 없었기 때문에 그것을 말하지 마라.

(3) 그가 내 이름을 알지 못한다는 것은 이상했다.

(4) 비록 내 방은 작았지만 나는 그것을 아주 많이 좋아했다.

(5) 그가 올 것인지 아닌지는 중요하지 않다.

DAY 32 상관접속사

Check-Up 1

(1) Both, and (2) not, only, but, also (3) Neither, nor

(1) Tom은 바다에서 수영을 할 수 있다. 나는 바다에서 수영을 할 수 있다. = Tom과 나는 둘 다 바다에서 수영할 수 있다.

(2) 그녀는 예쁠 뿐만 아니라 친절하기도 하다.

(3) Susan은 바이올린을 연주할 수 없다. 나는 바이올린을 연주할 수 없다. = Susan과 나는 둘 다 바이올린을 연주할 수 없다.

→ 우리말 해석에 알맞은 상관접속사를 쓴다.

Check-Up 2

(1) are (2) like (3) were (4) has

(1) Jina와 나는 둘 다 자전거를 탈 수 있다.

(2) Kevin과 그의 친구들은 둘 다 농구하는 것을 좋아하지 않는다.

(3) 그녀뿐만 아니라 그들도 충격을 받았다.

(4) 너 또는 너의 동생이 거실을 청소해야만 한다.

→ (1) both A and B가 쓰였으므로 복수 동사로 수 일치한다. (2) Neither A nor B는 B에 수 일치를 시킨다. (3) Not only B but also B는 B에 수 일치를 시킨다. (4) Either A or B는 B에 수 일치를 시킨다.

Exercise

1 (1) Both, and (2) not only, but also (3) Either, or

(4) Not, but (5) Neither, nor

2 (1) We can learn from people as well as from books

(2) Either Sora or James has to come early tomorrow.

(3) He is not handsome but cute.

(4) Not only he but also she loves to go shopping.

(5) Neither Somin nor I can play tennis.

3 (1) like (2) dancing (3) have (4) are (5) nor

| 해석 및 해설 |

1 → 상관접속사의 의미를 묻는 문제이다. 상관접속사의 의미와 수 일치에 유의한다.

상관접속사	의미	수 일치
both A and B	A, B 둘 다	복수동사
either A or B	A 또는 B	B에 일치
neither A nor B	A, B 둘 다 아닌	B에 일치
not A but B	A가 아니라 B	B에 일치
not only A but also B	A뿐만 아니라 B도	B에 일치
B as well as A		B에 일치

[어휘] have gone to (결과) ~에 가고 없다 brave ⑲ 용감한 decide ⑧ 결정하다 prepare ⑧ 준비하다

2 제시된 단어들에 포함된 상관접속사의 쓰임에 유의하여 영작한다. (1) B as well as A (2) either A or B (3) Not A but B (4) Not only A but also B (5) Neither A nor B의 쓰임에 유의하여 영단어를 배열한다.

[어휘] people ⑲ 사람

3 (1) Jim과 Sue는 둘 다 과학을 좋아한다.

➡ both A and B는 복수 동사를 사용한다.

(2) Sally는 노래 부르기뿐만 아니라 춤도 잘 춘다.

➡ 상관접속사는 같은 형태의 단어들을 연결할 때 사용한다. singing과 같은 형태인 dancing으로 고친다.

(3) 그 또는 너 둘 중 하나는 그 방을 청소해야 한다.

➡ Either A or B는 B에 동사를 일치시킨다. 따라서 you에 일치시켜 have를 쓴다.

(4) 내 여동생이 아니라 그녀의 친구들이 키가 크다.

➡ Not A but B는 B에 동사를 일치시킨다. her friends는 복수이므로 are을 쓴다.

(5) Tom과 Minji 둘 다 피아노를 못 친다.

➡ 'A, B 둘 다 아니다'라고 할 때는 Neither A nor B를 사용하므로 and는 nor로 고쳐야 한다.

[어휘] science ⑲ 과학

Check-Up 1

(1) Do you know the boy who is wearing a cap?

(2) There is a book which was written by Alex.

(3) The man who is next to the window looks so sad.

(4) I will have dinner with the girls who are my students.

(5) I like the dog which is very cute.

---

(1) 너는 그 소년을 아니? 그는 모자를 쓰고 있다. → 너는 모자를 쓰고 있는 그 소년을 아니?

(2) 책이 한 권 있다. 그것은 Alex에 의해 쓰여졌다. → Alex에 의해 쓰여진 책이 한 권 있다.

(3) 그 남자는 매우 슬퍼보인다. 그는 창문 옆에 있다. → 창문 옆에 있는 그 남자는 매우 슬퍼보인다.

(4) 나는 그 소녀들과 함께 저녁을 먹을 것이다. 그들은 나의 학생들이다. → 나는 나의 학생들인 소녀들과 함께 저녁을 먹을 것이다.

(5) 나는 그 개를 좋아한다. 그것은 매우 귀엽다. → 나는 매우 귀여운 그 개를 좋아한다.

➡ (1), (3), (4)는 선행사가 사람이므로 주격 관계대명사 who를 활용하여 한 문장으로 만든다. (2), (5)는 선행사가 각각 사물, 동물이므로 주격 관계대명사 which를 활용하여 한 문장으로 만든다.

Check-Up 2

(1) I know the girl whom Mr. Kim met yesterday.

(2) Lydia is wearing the shirt which Daniel bought for her.

(3) Ms. Jeong is an English teacher whom Yuna respects.

(4) This is the boy whom I like very much.

(5) Mike lost the book which he borrowed from his friend.

---

(1) 나는 그 소녀를 안다. 김 씨는 어제 그녀를 만났다. → 나는 김 씨가 어제 만난 그 소녀를 안다.

(2) Lydia는 그 셔츠를 입고 있다. Daniel은 그것을 그녀를 위해 사주었다. → Lydia는 Daniel이 그녀를 위해 사 준 그 셔츠를 입고 있다.

(3) 정 씨는 영어 선생님이다. 유나는 그녀를 존경한다. →

정 씨는 유나가 존경하는 영어선생님이다.

(4) 이 사람이 그 소년이다. 나는 그를 매우 좋아한다. → 이 사람이 내가 매우 좋아하는 그 소년이다.

(5) Mike는 그 책을 잃어버렸다. 그는 그것을 그의 친구로부터 빌렸다. → Mike는 그의 친구로부터 빌린 그 책을 잃어버렸다.

→ (1), (3), (4)는 선행사가 사람이므로 목적격 관계대명사 whom 활용하여 한 문장으로 만든다. (2), (5)는 선행사가 각각 사물이므로 목적격 관계대명사 which를 활용하여 한 문장으로 만든다.

Check-Up 3

(1) That is the house whose door is painted black.

(2) I know James whose voice is really beautiful.

(3) This is the book whose cover is made of wood.

(4) We know a girl whose family is from Denmark.

(5) There was a king whose name was Jun.

(1) 저것이 그 집이다. 그것의 문은 검은색으로 칠해져 있다. → 저것이 문이 검은색으로 칠해진 그 집이다.

(2) 나는 James를 안다. 그의 목소리는 정말 아름답다. → 나는 목소리가 정말 아름다운 James를 안다.

(3) 이것은 그 책이다. 그것의 표지는 나무로 만들어졌다. → 이것은 표지가 나무로 만들어진 그 책이다.

(4) 우리는 한 소녀를 안다. 그녀의 가족은 덴마크 출신이다. → 우리는 가족이 덴마크 출신인 한 소녀를 안다.

(5) 한 왕이 있었다. 그의 이름은 Jun이었다. → 이름이 Jun인 한 왕이 있었다.

→ 소유격 관계대명사 whose는 선행사가 사람이든 사물이든 관계없이 사용할 수 있다.

Exercise

1 (1) who (2) whom (3) which (4) whose (5) that

2 (1) whom/that (2) which (3) that (4) who (5) which

3 (1) ×, 나는 그 책이 누구의 것인지 모른다.

(2) ○, 그는 별명이 '책벌레'인 소년이다.

(3) ×, 제가 그 책을 빌릴 수 있을까요?

(4) ○, 나는 매우 흥미로운 책을 빌렸다.

(5) ×, Sam은 그가 어제 그 책을 읽었다고 말했다.

| 해석 및 해설 |

1 (1) 저 사람이 나를 그 파티에 초대한 소녀다.

→ 선행사 the girl 뒤에 바로 동사가 나오므로 주격 관계대명사인 who가 알맞다

(2) 저 사람이 내가 공원에서 만난 그 소년이다.

→ 선행사가 the boy로 사람이고, 뒤에 주어 동사가 오므로 목적격 관계대명사 whom이 알맞다.

(3) 이것이 우리가 어제 구입한 컴퓨터다.

→ 선행사가 the computer로 사물이고, 뒤에 주어 동사가 오므로 목적격 관계대명사 which가 알맞다

(4) 저 사람이 오늘이 그의 생일인 소년이다.

→ 선행사 뒤에 나오는 명사를 보면 '그의 생일'이라고 해석되므로 소유격 관계대명사인 whose가 알맞다.

(5) 이것은 팝콘을 만드는 기계이다.

→ 선행사가 a machine으로 사물이고 뒤에 바로 동사가 오므로 주격 관계대명사 that이 알맞다.

[어휘] machine ⑲ 기계

2 (1) 이 사람은 내가 도서관에서 만난 그 소녀다.

→ 선행사가 사람이고 뒤에 주어+동사가 이어져 목적격 관계대명사를 써야 하는 자리이므로 who를 대신하여 whom이나 that을 쓸 수 있다.

(2) 엄마가 나를 위해 만들어 준 피자는 맛있었다.

→ 선행사가 사물이고 뒤에 주어+동사가 이어져 목적격 관계대명사를 써야 하는 자리이므로 that을 대신하여 which를 쓸 수 있다.

(3) 이것은 내가 그 파티에서 입을 정장이다.

→ 선행사가 사물이고 뒤에 주어+동사가 이어져 목적격 관계대명사를 써야 하는 자리이므로 which를 대신하여 that을 쓸 수 있다.

(4) 나는 춤을 매우 잘 추는 한 소녀를 안다.

→ 선행사가 사람이고 바로 동사가 나와 주격 관계대명사를 써야 하는 자리이므로 that을 대신하여 who를 쓸 수 있다.

(5) 이것은 그녀가 최근에 샀던 사진이다.

→ 선행사가 사물이고 뒤에 주어+동사가 이어져 목적격 관계대명사를 써야 하는 자리이므로 that을 대신하여 which를 쓸 수 있다.

[어휘] recently ㉑ 최근에

3 (1) whose가 의문사로 '누구의'라고 해석한다. 주절 뒤에 '의문사＋주어＋동사'의 간접의문문이 쓰였다.

(2) whose가 소유격 관계대명사로 사용된 문장이다.

(3) that이 명사 book을 수식하는 지시형용사로 쓰였다.

(4) that이 주격 관계대명사로 사용되었다.

(5) that이 접속사로 사용되어 '~라는 것/~라고'로 해석한다.

[어휘] bookworm 책벌레 borrow ⑧ 빌리다

DAY 34 관계대명사 2

Check-Up 1

(1) 나는 한 친구가 있는데, 그 친구는 캘리포니아 출신이다.
(2) 그녀는 반지를 끼고 있는데, 그것은 꽤 비싸 보인다.
(3) Kevin은 형이 한 명 있는데, 그는 중학교에서 수학을 가르친다.

→ 세 문장 모두 관계대명사가 계속적 용법으로 사용되었다는 점에 유의하여 해석한다.

Check-Up 2

(1) what (2) that (3) what (4) what (5) that

(1) 나는 네가 말한 것을 믿을 수가 없다.
(2) 그는 내가 돌봐주어야만 하는 소년이다.
(3) 이것은 내가 찾고 있는 것이다.
(4) 그 영화는 내가 정말 보고 싶었던 것이다.
(5) 나는 Tom에게 그가 정말 읽기를 원했던 책을 주었다.
→ 관계대명사 앞에 선행사가 있는 경우에는 that을, 선행사가 없이 '~한 것'이라고 해석하는 경우에는 what을 쓴다.

Exercise

1 (1) that (2) who (3) whose (4) whom (5) what
2 (1) which(that) (2) who(that) (3) don't (4) what (5) what
3 (1) I like the girl that is wearing a green skirt.
(2) Jacob found a book which had colorful pictures.
(3) Look at the picture that Jiho drew yesterday.
(4) I saw a boy whose eyes were blue.
(5) What I want to eat is a bagel.

| 해석 및 해설 |

1 (1) 이것이 내가 본 것 중 가장 흥미로운 영화이다.
→ 선행사 사물이므로 관계대명사는 that이 알맞다.
(2) 나는 어제 나를 도와준 그 소년들을 기억한다.
→ 선행사가 사람이고 뒤에 동사가 오므로 주격 관계대명사인 who가 알맞다.
(3) Mike는 머리카락이 빨간색인 한 소녀를 만났다.
→ 선행사가 사람이고 '그녀의 머리카락'으로 해석되므로 소유격 관계대명사로 whose가 알맞다.
(4) 그들은 김 선생님이 가르친 학생들이다.
→ 선행사가 사람이고 뒤에 주어 + 동사가 이어지므로 목적격 관계대명사 whom이 알맞다.
(5) 사진 찍기는 그가 자유 시간에 하는 것이다.
→ 선행사가 없으므로 선행사를 포함한 관계대명사 what이 알맞다.

[어휘] remember ⑧ 기억하다 take a picture 사진을 찍다

2 (1) 아빠는 내가 집으로 가지고 온 그 개를 좋아하지 않는다.
→ the dog라는 선행사가 있으므로 관계대명사 what이 아닌 which나 that을 써야 한다.
(2) 청바지를 입고 있는 그 남자를 봐라.
→ 선행사 the man이 있기 때문에 선행사를 포함하는 관계대명사 what 대신에 who 또는 that을 써야 한다.
(3) 저들이 똑같아 보이지 않는 그 쌍둥이 자매들이다.
→ 선행사가 복수인 sisters이므로 관계대명사가 포함된 문장의 동사는 don't를 써야 한다.
(4) 네가 저녁 식사로 먹고 싶은 것을 말해라.
→ me는 뒤에 나온 have(먹다)의 대상이 될 수 없기 때문에 선행사가 아니다. 그래서 선행사를 포함하는 관계대명사 what을 써야 한다.
(5) Jenny는 그녀의 학생들이 제안한 것을 아주 마음에 들어 했다.
→ suggested의 목적어가 없고, loved 다음에 선행사가 빠져있기 때문에 선행사를 포함하는 관계대명사 what이 적절하다.

[어휘] wear ⑧ 입다 blue jean 청바지

3 제시된 단어와 관계대명사의 쓰임에 유의하여 영작한다.
(1) 선행사는 the girl, 관계대명사는 that을 사용하여 영작한다.
(2) 선행사는 a book, 관계대명사는 which를 사용하여 영작한다.
(3) 선행사는 the picture, 관계대명사는 that을 사용하여 영

작한다.

(4) 선행사는 a boy, 관계대명사는 whose를 사용하여 영작한다.

(5) 선행사를 포함한 관계대명사인 what을 사용하여 영작한다.

[어휘] skirt 몡 치마 colorful 혱 다채로운
bagel 몡 베이글(도넛같이 생긴 딱딱한 빵)

DAY 35 관계부사

Check-Up 1

(1) where (2) when (3) why (4) where (5) why

(1) 뉴질랜드는 사람들이 왼쪽에서 운전하는 몇 안 되는 나라들 중 하나이다.
(2) 12월 26일이 내가 태어난 날이다.
(3) 그것이 그가 항상 늦는 이유이다.
(4) 부산은 Mina가 사는 도시이다.
(5) Thomas는 그가 어제 오지 않은 이유를 나에게 말했다.
➡ (1), (4)는 선행사가 장소를 나타내므로 관계부사는 where를 쓴다. (2)는 선행사가 시간을 나타내므로 관계부사는 when을 쓴다. (3), (5)는 선행사가 이유를 나타내므로 관계부사는 why를 쓴다.

Exercise

1 (1) Do you know the reason why she was late?
(2) This is how my mom made delicious hot cakes.
(3) This is the place where I lost my purse.
(4) Saturday is the only day when I can relax.
(5) April is the month when my father was born.

2 (1) where (2) when (3) when (4) why

3 (1) why you don't like me
(2) when I go swimming
(3) where I can ride a roller coaster
(4) how you got to the subway station
(5) the way people buy products

| 해석 및 해설 |

1 (1) 너는 그녀가 늦은 이유를 아니?
➡ 선행사가 the reason이므로 관계부사 why를 사용하여 한 문장으로 만든다.
(2) 이것이 나의 엄마가 맛있는 핫케이크를 만드는 방법이다.
➡ 선행사가 the way이므로 관계부사 how를 사용하여 한 문장으로 만든다.
(3) 이곳이 내가 지갑을 잃어버린 장소이다.
➡ 선행사가 the place이므로 관계부사 where를 사용하여 한 문장으로 만든다.
(4) 토요일이 내가 편하게 쉴 수 있는 유일한 날이다.
➡ 선행사가 the only day이므로 관계부사 when을 사용하여 한 문장으로 만든다.
(5) 4월은 나의 아버지가 태어나신 달이다.
➡ 선행사가 the month이므로 관계부사 when을 사용하여 한 문장으로 만든다.

[어휘] reason 몡 이유 delicious 혱 맛있는

2 (1) 이곳은 그가 일하는 건물이다.
➡ 장소를 나타내는 선행사가 왔으니 관계부사 where를 사용한다.
(2) 12월은 호주에서 더운 달이다.
➡ 시간을 나타내는 선행사가 왔으니 관계부사 when을 사용한다.
(3) 가을은 많은 과일들이 익어가는 계절이다.
➡ 시간을 나타내는 선행사가 왔으니 관계부사 when을 사용한다.
(4) 이것은 내 친구들이 이 카페를 좋아하는 이유이다.
➡ 이유를 나타내는 선행사가 왔으니 관계부사 why를 사용한다.

[어휘] month 몡 달 ripe 혱 익은

3 (1) 네가 나를 싫어하는 이유를 말해줘.
➡ the reason을 통해 관계부사 why가 등장하는 문장을 연결한다.
(2) 토요일은 내가 수영을 가는 날이다.
➡ the day를 통해 관계부사 when이 등장하는 문장을 연결한다.
(3) 나는 롤러코스터를 탈 수 있는 놀이동산에 방문할 것이다.
➡ an amusement park를 통해 관계부사 where가 등장하는 문장을 연결한다.
(4) 당신이 그 지하철 역에 어떻게 도착했는지 나에게 말해

주세요.

→ 방법을 나타내기 때문에 관계사 how를 쓴 다음 문장을 구성한다.

(5) 인터넷은 사람들이 제품을 사는 방식을 바꾸어 버렸다.

→ the way 라는 선행사 다음에 문장을 차례대로 구성한다.

[어휘] product 몡 제품

Final Test 9

1 ③ 2 ⑤ 3 ① 4 ② 5 ③ 6 ② 7 ③ 8 (1) blind
(2) teacher 9 because 10 (1) whom → who, that
(2) that → which

| 해석 및 해설 |

1 • 민수와 세미는 둘 다 테니스 치는 것을 좋아한다.
• 나의 아버지는 피자를 만들고 나의 어머니는 청소를 하고 계신다.

→ 첫 번째 문장은 'A와 B 둘 다'라는 상관접속사 'both A and B'가 쓰였다. 두 번째 문장은 아버지와 어머니가 하고 있는 일을 단순하게 나열하고 있으므로 and가 들어가야 한다.

2 ① Jane는 매우 기쁘기 때문에 크게 웃는다.
② 그는 그 문이 잠겨 있기 때문에 그 집안으로 들어갈 수가 없다.
③ 이 머핀은 내 엄마가 만들었기 때문에 맛있을 것이 틀림없다.
④ 내가 어제 아팠기 때문에, 나는 그 콘서트에 갈 수 없었다.
⑤ 그 남자는 샌드위치를 먹으면서 그 방으로 들어갔다.

→ 접속사 as의 뜻을 파악하는 문제이다. ①~④는 모두 '~ 때문에'라는 뜻이고, ⑤는 '~하면서'라는 뜻이다.

3 ① 수학과 과학은 둘 다 나에게 어렵다.

→ both A and B 구문이 주어로 사용된 경우에는 항상 동사를 복수 형태로 쓴다. 따라서 be동사 is가 아닌 are를 써야 한다.

② 소미와 소영 둘 중 한 명은 그 방을 청소해야만 한다.

→ either A or B는 B에 수 일치를 하므로 알맞다.

③ 김 씨와 나는 둘 다 술 마시는 것에 흥미가 없다.

→ neither A nor B는 B에 수 일치를 하므로 알맞다.

④ Golden 씨는 유치원에서 음악을 가르치는 선생님이다.

→ 선행사가 3인칭 단수이므로 teaches가 알맞다.

⑤ 미술과 체육은 십대들에게 인기 있는 과목들이다.

→ 선행사가 복수이므로 are가 알맞다.

[어휘] kindergarten 몡 유치원

4 중국의 한 똑똑한 소녀가 한 가지 아이디어가 있었다. 그녀는 빈 유리잔을 막대기로 쳤다. 그녀는 "얼마나 예쁜 소리야!"라고 말했다. 그녀는 그 유리잔에 물을 채우고 다시 그것을 두들겼다. 이제 그 소리는 더 낮았다. 그리고 그녀는 그 물을 약간 마셨다. 그녀는 한 번 더 그 유리잔을 두들겼다. 그 소리는 더 높았다. 그녀는 몇몇의 유리잔들을 함께 놓았다. 각 유리잔에는 다른 양의 물이 들어있었다. 다른 유리잔들을 두드리면서 그녀는 곡조를 연주할 수 있었다. 그녀의 모든 친구들은 그 유리잔 음악을 좋아했다. 중국에 있었던 여행가들도 그랬다.

→ (A) 감탄문의 어순은 'What a/an 형용사 + 명사 + 주어 + 동사' 또는 'How 형용사/부사+주어+동사'이다. 관사 a가 있으니 What이 알맞다.

(B) a little은 셀 수 없는 명사 앞에, a few는 셀 수 있는 명사 앞에 서서 '약간의, 적은'이라는 의미를 지닌다. 뒤에 오는 명사가 glasses로 셀 수 있는 명사이므로 a few가 알맞다.

(C) 선행사가 travelers로 사람이므로 주격 관계대명사 who가 알맞다.

[어휘] clever 몡 영리한 empty 몡 텅 빈
tap 동 가볍게 두드리다 play tunes 곡조를 연주하다

5 아기들이 밤에 울 때, 대부분의 부모들은 아기들을 보살피기 위해서 빨리 일어난다. (B) 하지만 만약에 부모들이 귀머거리라서 들을 수 없으면 어떨까? 그것이 신호견이 도울 수 있는 때이다. (C) 그 개는 그의 주인을 빨리 깨울 수 있다. 그의 주인이 일어났을 때 그 개는 아기에게로 달려간다. (A) 만약 그 주인이 따라오지 않는다면, 그 개는 다시 한 번 그것을 한다. 그 개는 그의 주인이 아기에게로 도착할 때까지 앞뒤로 달릴 것이다.

→ 글의 순서를 묻는 문제는 글의 내용과 함께 등장하는 접속사나 지시어에 유의해야 한다. (A), (B), (C)는 주어진 문장과 다른 상황에 처해 있는 부모를 돕는 신호견에 대한 내용이다. 따라서 주어진 문장의 부모와 다른 상황에 처한 귀머거리 부모를 신호견이 도울 수 있다는 (B)가 오고 이어서 신호견이 귀머거리 부모를 돕는 내용인 (C)와 (A)가 이어지는 것이 알맞다.

[어휘] owner 몡 주인 back and forth 앞뒤로
deaf 몡 귀먹은. 귀가 들리지 않은 signal dog 신호견

6 친애하는 홍보 담당자께,
두 십대들의 부모로서, 저는 텔레비전 광고에서 당신들 회사가 에너지 드링크를 홍보하는 방식에 대해서 매우 걱정

이 됩니다. 당신들의 광고는 종종 젊은이들이 바쁜 도시의 거리들을 이리저리 점프하고 뛰어다니는 것을 보여줍니다. 비록 그 광고가 신나고 즐거워 보일지는 모르나, 그것들은 그들이 본 것을 따라하려고 시도하는 어린이들에게는 매우 위험합니다. 바로 며칠 전, 저의 13살짜리 아들은 주차된 차 위로 뛰어오르려고 노력하다가, 무릎을 다쳤습니다. 저는 당신의 회사가 명성에 걸맞도록 올바른 일을 할 것이라고, 그 광고들을 텔레비전에서 즉각 철수할 것이라고 믿습니다.

진심을 담아,
Norah Partridge로부터

→ (A) '~로서'라는 의미를 지닌 전치사 As가 알맞다. Because는 접속사이기 때문에 뒤에 '주어 + 동사'가 있는 절 형태가 와야 한다.
(B) 재미는 있지만 아이들에게는 위험하다는 내용이므로 '비록 ~ 일지라도'라는 뜻의 양보를 나타내는 접속사 Although가 알맞다.
(C) 선행사 children은 사람이고 뒤에 try라는 동사가 오기 때문에 주격 관계대명사 who가 알맞다.
[어휘] be concerned about ~에 대해 염려하다 promote 통 홍보하다 advertisement 명 광고 reputation 명 명성 take off (광고 등을) 내리다

7 우주비행사들은 달 표면에 물이 없다는 것을 발견했다. 달은 사막보다 더 건조하다. 그들은 달에는 살아있는 것이 – 동물이나 식물도 – 없다는 것을 알아냈다. 그러나 과학자들은 달의 표면 아래에서 물과 얼음처럼 보이는 것을 발견했다. 그 물은 완전한 액체가 아니다. 그것의 대부분은 다른 화학 물질들과 결합되어 있다. 그러므로 당신이 달에 방문했을 때, 당신은 다른 화학 물질들로부터 물을 분리할 수 있어야만 한다. 그러면, 당신은 그 물을 마실 수 있을 것이다.

→ 선택지를 보면 빈칸에 두 문장을 연결하는 관계대명사가 들어간다는 것을 알 수 있다. 동사 discovered 뒤에 목적어가 없다. 따라서 빈칸에는 선행사를 포함하는 관계대명사 what이 알맞다.
[어휘] astronaut 명 우주비행사 surface 명 표면 beneath 전 ~의 아래에 completely 부 완벽히 liquid 명 액체 combine 통 결합시키다 separate 통 분리하다

8 Susan은 20년 동안 교사로 일했다. 그녀는 피아노와 기타를 칠 수 있다. 그녀는 혼자서 마흔 다섯 개의 나라들을 방문해왔다. 그녀에게는 어떤 특별한 것이 있을까? 글쎄, 그녀가 볼 수 없다는 것을 제외하고는 아무것도 없다. 그녀는 평생 장님이었다. 그녀의 부모는 그녀가 특수학교에 다니는 것을 원하지 않았다. 그래서 그들은 그녀를 그 지역의 고등학교에 보냈다. 그녀는 훌륭한 학생이었고 대학에 진학했다. 대학을 졸업하고 그녀는 앞을 볼 수 없는 아이들을 위한 학교의 선생님이 되었다.

→ though는 '비록~일지라도'라는 뜻을 가진 접속사이다. 글 전체 내용을 해석해 보면 Susan이 비록 앞을 볼 수 없지만 특수학교 교사가 되었다는 것을 알 수 있다.
[어휘] except 전 ~을 제외하고 blind 형 눈 먼 entire 형 전체의 local 형 지역의

9 지난 일요일, 나의 가족들은 놀이동산에 갔다. 나는 그 놀이동산의 놀이기구 줄에 서 있을 때 신이 났다. 나의 여동생 Lucy는 나와 함께 그 놀이기구를 타고 싶어했다. 그 놀이기구의 입구 바로 앞에서, 경호원이 Lucy를 막고 그녀의 키를 쟀다. 그녀는 110cm였다. 그 놀이기구에 타기 위해서, 그녀는 120cm를 넘어야만 했다. 결국, Lucy는 엄마와 함께 나를 기다려야만 했다. 불쌍한 Lucy!

질문: Lucy에게는 무슨 일이 일어났나?
대답: 그녀는 그녀의 키가 120cm보다 더 작았기 때문에 그 놀이기구를 탈 수 없었다.

→ 글의 내용을 보면 Lucy가 키가 작아서 놀이기구를 탈 수 없었다는 것을 알 수 있다. 따라서 알파벳 b로 시작하면서 인과 관계를 나타내는 접속사로는 because가 알맞다.
[어휘] entrance 명 입구 measure 통 측정하다

10 예전에 전쟁에서 패배한 왕이 한 명 있었다. 그가 동굴에서 그의 적으로부터 은신처를 구축하고 있는 동안, 그는 거미를 한 마리 봤는데, 그 거미는 거미줄을 만들려고 노력하고 있었다. 그 거미가 올라가는 동안, 거미줄이 부서졌고 거미는 떨어졌다. 하지만 거미는 포기하지 않았다. 오르기 위해 계속해서 노력했다. 마침내, 그 거미는 성공적으로 거미줄을 완성했다. 그 왕은 생각했다. "만일 작은 거미 한 마리도 저렇게 용감하게 실패를 직면한다면, 내가 왜 포기해야만 하는가?" 그리고, 그는 그의 군사를 모아서 그의 적에 계속해서 맞서 싸웠다. 마침내, 그는 그의 왕국을 다시 얻었다.

→ 첫 번째 문장에서는 whom은 목적격 관계대명사이다. 하지만 뒤에는 동사 was가 왔으니 주격 관계대명사를 써야 한다. 선행사가 사람인 a king이므로 주격 관계대명사 who 또는 that을 써야 한다.
두 번째 문장에서 쉼표 다음에 that이 나와 있다. 관계대명사의 계속적 용법에는 that을 쓸 수 없다. 선행사가 a spider로 동물이고 뒤에 동사가 이어지므로 주격 관계대

사 which를 써야 한다.

[어휘] defeat 동 쳐부수다, 좌절시키다
shelter 명 피난 장소, 대피소 enemy 명 적 spider web 거미줄
face 동 직면하다 regain 동 되찾다 kingdom 명 왕국

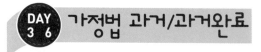

Check-Up 1

(1) had (2) studied (3) took (4) could (5) would

(1) 만일 미나가 점심을 먹는다면, 그녀는 배가 고프지 않을 텐데.
(2) 만일 네가 공부를 열심히 한다면, 너는 그 시험을 통과할 텐데.
(3) 만일 John이 택시를 탄다면, 그는 제시간에 공항에 도착할 텐데.
(4) 만일 그들이 영국 출신이라면 그들은 영어를 말할 수 있을 텐데.
(5) 만일 내가 아이라면, 나는 그 애니메이션을 좋아할 텐데.
→ 가정법 과거는 현재 사실의 반대를 표현하는 것으로 'If 주어 + 과거동사, 주어 + 조동사의 과거 + 동사원형'로 나타낸다.

Check-Up 2

(1) have been (2) have gone (3) had been (4) had came
(5) had watched

(1) 만일 내가 너의 조언을 들었다면, 나는 승자가 될 수 있었을 텐데.
(2) 만일 날씨가 좋았다면, 우리는 소풍을 갔을 텐데.
(3) 만일 그 시험이 쉬웠다면, 그녀는 높은 성적을 얻을 수도 있었을 텐데.
(4) 만일 그녀가 왔다면, 그녀는 그녀의 여동생을 만났을 텐데.
(5) 만일 Olivia가 그 영화를 봤다면, 그녀는 무서워했을 텐데.
→ 가정법 과거완료는 과거 사실의 반대를 표현하는 것으로 'If 주어 + had p.p., 주어 + 조동사의 과거 + have p.p.'

로 나타낸다.

Exercise

1 (1) could (2) would (3) had left (4) didn't come
(5) have been
2 (1) were (2) had (3) had known (4) had told
3 (1) had (2) were (3) have undrestood (4) had had
4 (1) If I had enough money, I could buy a new car.
(2) I could have eaten the cookies if I had not been on a diet.
(3) If it weren't raining, I could go out to play tennis.
(4) If we had had a key, we could have entered the room.
(5) If she knew Chinese, she could read the book.

| 해석 및 해설 |

1 (1) 만약 그녀가 부자라면, 그녀는 차를 살 수 있을 텐데.
(2) 만일 그가 충분한 시간이 있었다면, 그는 당신을 도왔을 텐데.
(3) 만약 내가 작별 인사 없이 떠났다면, 그들은 슬퍼했을 텐데.
(4) 만약 내가 그녀의 생일 파티에 가지 않는다면, Susie는 실망할 텐데.
(5) 만일 내가 한국에 혼자 머물렀다면, 나는 아주 외로웠을 텐데.
→ 가정법 과거는 'If 주어 + 과거시제, 주어 + would/ should/could/might + 동사원형'으로 현재 사실에 대한 반대로 가정을 하고, 가정법 과거완료는 'If 주어 + had + p.p., 주어 + would/should/could/might + have + p.p.' 로 과거 사실을 반대로 가정한다. (1), (4)는 가정법 과거, (2), (3), (5)는 가정법 과거완료 문장이다.

[어휘] disappointed 형 실망한

2 (1) 만일 내가 민하라면, 나는 그 제안을 받아들일 텐데.
→ 주절에 '주어 + would + 동사원형'이 왔기 때문에 'If 주어 + 과거동사/were'인 가정법 과거가 적합하다.
(2) 내게 연필이 있다면, 너에게 빌려줄 수 있을 텐데.
→ 주절에 '주어 + could + 동사원형'이 왔기 때문에 'If 주어 + 과거동사/were'인 가정법 과거가 적합하다.
(3) 만일 내가 그의 전화번호를 알았다면, 나는 그에게 전화를 했을 텐데.
(4) 만일 네가 그녀에게 진실을 말했다면, 더 좋았었을 텐데.

→ (3), (4) 주절이 '주어 + would + have + p.p.'가 왔으므로 if절은 가정법 과거완료(If + 주어 + had + p.p.)로 써야 한다.

[어휘] accept ⑧ 받아들이다 suggestion ⑲ 제안 truth ⑲ 진실

3 (1) 만일 내가 백만 달러를 가지고 있다면, 나는 해변에 멋진 집을 살 텐데.

→ would buy를 통해 가정법 과거라는 것을 알 수 있으므로 have를 had로 고쳐야 한다.

(2) 만일 내가 너라면, 나는 그에게 미안하다고 말할 텐데.

→ would say를 통해 가정법 과거라는 것을 알 수 있으므로 be를 were로 고쳐야 한다.

(3) 만약 네가 민호에게 그 상황을 설명했었더라면, 그는 그것을 이해했었을 텐데.

→ had explained를 통해 가정법 과거완료라는 것을 알 수 있으므로 would 다음에 have understood를 써야 한다.

(4) 만약 내가 내 교과서를 가지고 있었더라면, 나는 내 숙제를 끝냈었을 텐데.

→ would have finished를 통해 가정법 과거완료라는 것을 알 수 있으므로 had had로 써야 한다.

[어휘] million ⑲ 백만 beach ⑲ 해변 explain ⑧ 설명하다 situation ⑲ 상황

4 (1) 나는 지금 새 차를 살 충분한 돈이 없다.

→ 만일 내가 충분한 돈이 있다면, 나는 새 차를 살 텐데.

(2) 나는 다이어트 중이었기 때문에 그 쿠키들을 먹을 수 없었다.

→ 만일 내가 다이어트를 하지 않았다면, 나는 그 쿠키를 먹을 수 있었을 텐데.

(3) 비가 오기 때문에, 나는 테니스를 치러 나갈 수 없다.

→ 비가 오지 않는다면, 나는 테니스를 치러 나갈 수 있을 텐데.

(4) 우리는 열쇠가 없었기 때문에 그 방에 들어갈 수 없었다.

→ 만일 우리가 열쇠를 가지고 있었다면, 그 방에 들어갈 수 있었을 텐데.

(5) 그녀는 중국어를 모르기 때문에 그 책을 읽을 수 없다.

→ 만일 그녀가 중국어를 안다면, 그 책을 읽을 수 있을 텐데.

→ 직설법의 시제가 현재일 경우에는 현재 사실에 반대해서 가정하는 가정법 과거로 바꾼다. 따라서 (1), (3), (5)는 가정법 과거로 바꾼다. 직설법의 시제가 과거일 경우에는 과거의 사실에 반대해서 가정하는 가정법 과거완료로 바꾸면 된다. 따라서 (2), (4)는 가정법 과거완료로 바꾼다.

DAY 3 7 I wish/as if 가정법

Check-Up 1

(1) were (2) could (3) liked (4) could (5) had

(1) 내가 어른이라면 좋을 텐데
(2) 내가 프랑스어를 할 수 있으면 좋을 텐데
(3) 네가 나를 좋아하면 좋을 텐데
(4) 내가 핀란드를 방문할 수 있으면 좋을 텐데
(5) 내가 형이 있다면 좋을 텐데

→ I wish 가정법 과거는 'I wish + 주어 + 과거동사'로 표현한다. 특히 be동사의 경우 were를 쓰고 조동사는 would, could와 같이 과거형을 쓴다.

Check-Up 2

(1) had met (2) had learned (3) had woken (4) had not been (5) had loved

→ 다섯 문장 모두 I wish 가정법 과거완료를 써야 하기 때문에, 밑줄 친 부분을 had + p.p.로 써야 한다.

Check-Up 3

(1) were (2) knew (3) were (4) were not (5) loved

→ 다섯 문장 모두 as if 가정법 과거를 써야 하기 때문에, 밑줄 친 부분이 일반 동사라면 과거 시제를, be동사라면 were를 써야 한다.

Check-Up 4

(1) had not been (2) had watched (3) had been (4) had not been (5) had had

→ 다섯 문장 모두 as if 가정법 과거완료를 써야 하기 때문에, 밑줄 친 부분을 had + p.p.로 써야 한다.

Exercise

1 (1) I wish it had been sunny yesterday.

(2) I wish I were healthy.

(3) I wish I had learned Chinese.

(4) I wish I were as smart as John.

(5) I wish my mom were good at cooking.

2 (1) as if he were happy

(2) as if he were smarter than me

(3) as if he had liked her

(4) as if she were good at singing

(5) as if he had not been drunk

| 해석 및 해설 |

1 〈보기〉 나는 여동생이 없는 것이 유감이다.

→ 내가 여동생이 있다면 좋을 텐데.

(1) 나는 어제 날씨가 화창하지 않았던 것이 유감이다.

→ 어제 날씨가 화창했다면 좋을 텐데.

(2) 나는 내가 건강하지 않은 것이 유감이다.

→ 내가 건강하다면 좋을 텐데.

(3) 나는 중국어를 배우지 않았던 것이 유감이다.

→ 내가 중국어를 배웠다면 좋았을 텐데.

(4) 나는 내가 John만큼 똑똑하지 않은 것이 유감이다.

→ 내가 John만큼 똑똑하면 좋을 텐데.

(5) 나는 엄마가 요리를 못하는 것이 유감이다.

→ 나의 엄마가 요리를 잘하면 좋을 텐데.

➡ 현재의 사실과 반대되거나 이룰 수 없는 소망을 말할 때는 'I wish + 주어 + 과거시제'를, 과거의 사실에 반대되거나 이룰 수 없는 소망을 말할 때는 'I wish + 주어 + 과거완료'를 쓰면 된다. (1), (3)은 'I wish + 주어 + 과거완료'를, (2), (4), (5)는 'I wish + 주어 + 과거 시제'를 쓴다.

[어휘] sunny 📵 화창한 Chinese 📵 중국어
cooking 📵 요리

2 〈보기〉 사실, 그녀는 지난밤에 잘 잤다.

→ 그녀는 마치 지난밤에 잘못 잤던 것처럼 보인다.

(1) 사실, 그는 행복하지 않다.

→ 그는 마치 행복한 것처럼 행동한다.

(2) 사실, 나의 형은 나보다 똑똑하지 않다.

→ 나의 형은 마치 그가 나보다 똑똑한 것처럼 나를 대한다.

(3) 사실, Tony는 그녀를 좋아하지 않았다.

→ Tony는 마치 그가 그녀를 좋아했던 것처럼 말한다.

(4) 사실, Tiffany는 노래를 잘 하지 않는다.

→ Tiffany는 마치 그녀가 노래를 잘 하는 것처럼 말한다.

(5) 사실 그는 술에 취했었다.

→ 그는 마치 술에 취하지 않았던 것처럼 말한다.

➡ '마치 ~인 것처럼'이라는 뜻으로 현재 사실을 반대로 가정할 때는 'as if + 주어 + 과거 시제'를, '마치 ~였던 것처럼'이라는 뜻으로 과거 사실을 반대로 가정할 때는 'as if + 주어 + 과거완료'를 사용한다. (1), (2), (4)는 'as if + 주어 + 과거'를, (3), (5)는 'as if + 주어 + 과거완료' 시제를 쓴다.

Final Test 10

1 ⑤ **2** ② **3** ④ **4** ③ **5** (1) am → were (2) can → could

6 It seems as if I were sleeping

| 해석 및 해설 |

1 만약 내가 그의 이메일 주소를 알았더라면, 나는 그에게 이메일을 보냈을 텐데.

➡ 주절에 '주어 + 조동사 과거형 + have + p.p.'가 왔으므로 if절에는 'If + 주어 + had + p.p.'를 써야 가정법 과거완료 문장이 완성된다.

2 ① 만일 Jane이 아프지 않다면, 그녀는 학교에 갈 텐데. = Jane은 아파서 학교를 갈 수 없다.

② 만일 그녀가 그것을 안다면, 그녀는 나를 도와줄 텐데. ≠ 그녀가 그것을 알았음에도 불구하고, 그녀는 나를 도와주지 않았다.

③ 만일 내가 약간의 돈이 있다면, 나는 그 신발을 살 수 있을 텐데. = 내가 약간의 돈이 없기 때문에, 나는 그 신발을 살 수 없다.

④ 나는 내가 해외여행을 갈 만큼 충분한 자유시간이 있다면 좋을 텐데. = 나는 해외여행을 갈 만큼 충분한 자유시간이 없는 것이 유감이다.

⑤ Watson 씨는 마치 그가 Sherlock Holmes를 아는 것처럼 행동한다. = 사실, Watson 씨는 Sherlock Holmes를 알지 못한다.

➡ 가정법 과거는 현재 사실에 대한 반대의 의미를 나타낸다. 가정법 과거 문장을 직설법으로 바꿀 때 시제는 현재로, 내용은 반대로 쓴다. ②는 해석에서 보듯 의미가 일치하지 않는다.

3 ① 그는 마치 힘든 시간을 겪은 것처럼 보인다.

② 나는 그녀가 너 만큼 키가 크면 좋을 텐데.

③ 만약 비가 오지 않는다면, 나는 축구를 하러 나갈 수 있을 텐데.

④ 만일 그가 열심히 일을 했다면, 그는 성공했을 텐데.
⑤ 만일 그들이 부자였다면, 그들은 그 집을 살 수 있었을 텐데.
➜ ④는 주절을 통해 가정법 과거완료 문장임을 알 수 있다. 따라서 if절의 has worked는 had worked가 되어야 한다.

4 선생님: 만일 너희가 백만장자라면, 무엇을 하고 싶니?
Billy: 저는 멋진 차를 사고 싶어요.
Cindy: 만일 제가 백만장자라면, 저는 가난한 사람들을 도울거에요.
David: 저는 가족들과 여행을 가고 싶어요.
➜ 빈칸이 포함된 문장의 if절의 시제는 과거이다. 따라서 빈칸에는 가정법 과거의 동사 형태인 '조동사+동사원형'이 와야 하므로 would help가 알맞다.
[어휘] millionaire 명 백만장자 take a trip 여행을 가다

5 만약 내가 Harry Potter라면, 나는 나르는 빗자루를 타고 Quidditch(퀴디치)를 할 것이다. 퀴디치는 빗자루 위에서 하는 마법의 스포츠이다. 일곱 명의 선수들로 이루어진 두 팀이 4개의 나르는 공을 이용하여 경기를 한다. 그것은 마법사들과 마녀들 사이에서 가장 인기 있는 게임이다. 내가 Harry Potter 시리즈를 읽었을 때, 그 경기는 매우 재미있는 것처럼 보였다. 나는 내가 Harry와 그의 친구들과 함께 그 경기를 할 수 있으면 좋을 텐데.
➜ 첫 번째 문장은 주절의 would play로 보아 가정법 과거의 문장임을 알 수 있다. 따라서 if절의 am을 were로 고쳐야 한다.
마지막 문장은 I wish 가정법 과거이다. 따라서 can 대신 과거형인 could를 써야 한다.
[어휘] Quidditch 명 퀴디치(해리포터에 나오는 가상의 스포츠)
broomstick 명 빗자루 wizarding 형 마법의 wizard 명 마법사
witch 명 마녀

6 Mom: 네 아버지는 지금 무엇을 하고 계시니?
Sally: 눈을 감고 쇼파에 누워 계셔요.
Mom: 아버지는 주무시고 있니?
Dad: 아니. 자고 있는 것처럼 보이긴 하지만, 나는 지금 라디오를 듣고 있어.
Sally: 에이, 아빠. 제가 아빠가 주무시는 줄 알고 이미 라디오를 껐어요.
➜ 대화의 흐름으로 보아 현재 사실의 반대를 가정하고 있으므로 as if 가정법 과거를 쓴다.
[어휘] couch 명 쇼파

**Remember
Your Dream!**

공부하느라 힘드시죠?
으라차차^^ 소리 한번 지르세요.
언제나 여러분의 성공을 기원할게요 *^^*

− 공부책 잘 만드는 쏠티북스가 −

www.saltybooks.com

www.saltybooks.com

400만여 명의 수강생을 기록한
EBS 영문법 강의의 허준석 쌤,
이제 혼자서도 공부할 수 있는
혼공 중학영문법 책으로 공부하자!

53740

값 15,000원
ISBN 979-11-88005-38-3

쏠티북스
SALTYBOOKS

9 791188 005383

Believe in yourself!

Remember Your Dream!

공부하느라 힘드시죠?
으라차차^^ 소리 한번 지르세요.
언제나 여러분의 성공을 기원할게요*^^*

- 공부책 잘 만드는 쏠티북스가 -

www.saltybooks.com | 070-8615-7800

중학영단어 총정리
한권으로 끝내기

중학교 1·2·3학년의 모든 영단어를 한권으로 완전정복!
중학영단어 1,500개를 비롯하여 중학영숙어와 초등영단어까지 체계적으로 영단어 실력의 기본을 다질 수 있도록 구성하였다.

중학수학 총정리
한권으로 끝내기

중학교 1·2·3학년의 수학개념 한권으로 완전정복!
고등수학의 기초가 되는 중학수학의 연계개념을 최단기간에 복습 정리하고 언제나 다시 찾아볼 수 있도록 구성하였다.

중학국어 문법 총정리
한권으로 끝내기

중학교 1·2·3학년의 국어문법을 한권으로 완전정복!
개정교육과정에 따른 중학국어의 문법 성취기준을 완벽하게 분석하여, 중학생이면 꼭 알아 두어야 하는 필수개념을 일목요연하게 정리하였다.

고1 수학 총정리
한권으로 끝내기

고등 1학년 수학의 모든 것 한권으로 완전정복!
9종 수학교과서와 개념서를 철저히 분석하여 '고1 수학의 개념과 공식'을 꼼꼼하게 완벽 정리하였고 시험대비를 위한 다양한 필수문제를 수록하였다.

하루 1시간 총 37일, 중학교 3년치 영문법을 한권으로 끝낸다!

필수개념 134개로 엄선해서 정리한
중학영문법 총정리

❶ 이해하기 쉽게 설명하다
딱딱하고 어려운 영문법을 그림과 친절하고 자세한 설명으로
누구나 쉽게 혼자서도 공부할 수 있다.

❷ 영문법의 기본을 빨리 다지다
중학영어 교과서에서 다루는 영문법 중 필수개념만을 뽑아
기본을 빨리 다질 수 있게 최적화하였다.

❸ 체계적인 학습을 하다
'기본개념 → 적용문제 → 응용문제' 구성으로 체계적으로
중학영문법을 접근하고 정복할 수 있다.

❹ 영어시험에 신속히 대비하다
중학교 3개 학년의 영문법을 찾기 쉽게 정리하고
내신/학력평가 대비를 위한 다양한 문제를 수록해 놓아,
시험 직전 해당 내용을 신속히 찾아가며 공부할 수 있다.

"이 영문법 책은 다음 학생들에게 적극 추천합니다!"

중3, 예비고1 "중학영문법의 필수개념을 단기간에 총정리하고 싶은 학생"
초5, 초6, 중1, 중2 "중학영문법 전체를 남보다 빨리 예습/복습하고 싶은 학생"
고1, 고2 "고등영어의 기초가 되는 중학영문법의 기본기를 다시 다지고 싶은 학생"

53740

값 15,000원
ISBN 979-11-88005-38-3

쏠티북스
SALTYBOOKS

9 791188 005383